국제기구의
과거 · 현재 · 미래

유네스코 아태교육원 국제기구 총서 **1**

국제기구의
과거·현재·미래

인   쇄: 2013년 11월 22일
발   행: 2013년 11월 29일

기   획: 유네스코 아시아태평양 국제이해교육원
엮은이: 최동주·조동준·정우탁
발행인: 부성옥

발행처: 도서출판 오름(www.oruem.co.kr)
등록번호: 제2-1548호(1993. 5. 11)
주   소: 서울특별시 서초구 서초동 1420-6
전   화: (02) 585-9122, 9123/팩   스: (02) 584-7952

ISBN   978-89-7778-410-9   93340

* 잘못된 책은 교환해 드립니다.
* 값은 뒤표지에 있습니다.

copyright ⓒ 2013 by APCEIU

이 도서의 국립중앙도서관 출판시도서목록(CIP)은 서지정보유통지원시스템
홈페이지(http://seoji.nl.go.kr)와 국가자료공동목록시스템(http://www.nl.go.
kr/kolisnet)에서 이용하실 수 있습니다.   (CIP제어번호: CIP2013024550)

이 저서는 2012년 정부(교육과학기술부)의 재원으로 한국연구재단의 지원을 받아
수행된 연구임(NRF-2012S1A5B4A01035996)

유네스코 아태교육원 국제기구 총서 **1**

국제기구의
과거·현재·미래

최동주·조동준·정우탁 엮음

APCEIU 오름

International Organizations
Past, Present and Future

Edited by
CHOI DongJu · JO DongJoon · CHUNG Utak

APCEIU · ORUEM Publishing House
Seoul, Korea
2013

발간사

    오늘날 국제사회는 단일국가의 힘만으로는 해결하기 힘든 문제들로 몸살을 앓고 있다. 이러한 전지구적 문제에 대응하기 위해 이른바 글로벌 거버넌스가 주목받고 있고, 그 핵심적 주체로서 국제기구에 대한 국내외의 관심 역시 증가하고 있다. 또한 국제기구에 대한 한국의 참여 역시 날로 증가하고 있으나, 국제기구에 대한 전문적·체계적 연구는 그리 활발하지 않은 실정이다. 이에 유네스코 아시아태평양 국제이해교육원은 한국연구재단의 후원을 받아 3개년 동안 종합적이고 체계적인 국제기구 연구를 실시하고 이를 국제기구 총서 시리즈로 발간하여 국제기구학 발전의 토대를 마련하고자 한다.

    유네스코 아시아태평양 국제이해교육원은 유네스코의 대표적 교육사업인 국제이해교육을 중점적으로 실현하고자 하는 유네스코 카테고리 II 국제기구이다. 유네스코는 전쟁의 원인을 인간의 마음에서 찾는 철학에 기초하여 인간의 마음속에 평화의 씨앗을 심고자 국제이해교육을 주창하였다. 이러한 취지에 공감한 대한민국 정부는 2000년에 유네스코와 협정을 맺고 유네스코 아시아태평양 국제이해교육원을 설립하였다. 국제이해교육은 '모든 사람들이 더불어 함께 사는 세상을 만들기 위하여, 다른 나라와 민족, 문화와 생활습관 등을 바르게 이해하고, 민주주의와 인권, 사회 정의와 평등, 지속가능한 발전과 평화로운 세계를 일구어 내는 세계시민의식 함양'을 목표로 한다. 따라서 아태국제이해교육원이 전지구적 문제의 해결에 핵심적 역할을 하고 있는 국제기구에 대해 체계적 연구를 진행하고 국제기구 총서 시리즈를 발간하는 것은 매우 타당하고 적절한 사업이다.

국제기구 총서 시리즈는 연구의 총론으로서 국제기구에 대한 이론적 검토와 더불어 역사적 발전을 조망해보는 제1권과 개별 국제기구에 대한 심층적 연구를 담은 각론 9권을 포함하여 총 10권으로 발간될 예정이다. 특히 국제기구 총서의 총론격인 제1권 『국제기구의 과거, 현재, 미래』는 글로벌 거버넌스의 관점에서 국제기구의 과거, 현재, 미래를 관통하는 주요한 주제들을 연구·검토하여 글로벌 거버넌스 시대에 국제기구의 역할과 위상이 어떠한 변화를 거쳐 왔는지를 살펴보고 미래의 변화에 대한 바람직한 대응전략을 제시함으로써 향후 계속될 개별 국제기구 연구의 토대를 제공하고 있다.

마지막으로 이 책의 출판을 위해 연구 및 집필진으로 적극적으로 참여해주신 교수님들과 한국연구재단의 지원에 깊은 감사를 드리며, 이 책이 국제기구 연구에 토대를 제공하고, 나아가 국제이해교육의 증진에 일조할 수 있기를 진심으로 바란다.

2013년 11월
유네스코 아시아태평양 국제이해교육원장
정우탁

머리말

한국 내의 국제기구에 대한 관심은 세계정치에서 한국이 수행하는 역할에 따라 변화하고 있다. 1940~50년대 국제기구는 마치 멀리 떨어진 구세주처럼 추앙을 받았다. 정부수립 과정과 6.25전쟁에서 국제연합은 한국의 생존을 결정하는 듯 보였다. 국제기구의 중요성이 너무 크게 보였기 때문에 각 대학에서 개설된 "국제조직론"이라는 강좌는 항상 만원이었다. 반면, 1960~80년대 한국이 경제성장에 기반한 내적 자신감을 가지게 되면서 국제기구에 대한 관심이 사그라졌다. 국제기구로부터의 도움보다는 자조가 더 강조되었다. 그러나 1990년대 이후 국제기구에 대한 관심은 이상 현상이라고 할 수 있을 만큼 다시 더욱 커졌다. 국제기구가 세계문제해결과정에서 중요한 역할을 수행하고 있고, 또 한국의 경제성장과 민주화로 한국인의 국제기구 진출이 현실화되었기 때문이다. 이제 젊은 한국인은 국제기구 진출을 꿈꾼다.

하지만 국제기구 진출에 대한 이러한 한국의 관심에 비하여 국제기구에 대한 이해는 따라가지 못하고 있다. 국제기구가 보이는 여러 모습을 종합적으로 이해하기보다는 국제기구의 특정 모습에만 초점을 맞추는 경향이 나타나고 있다. 또한, 국제기구 진출을 꿈꾸는 젊은이들이 가진 환상을 재생산하고 열망을 자극함으로써, 국제기구를 국제정치의 현실 속에서 이해하기보다는 신비의 영역에 두려는 움직임도 나타난다. 국제기구를 전문적으로 연구하는 학자들도 국제기구의 실상을 보여주는 연구와 교육활동을 하기보다는, 학계의 담론에 매몰되어 국제정치에서 국제기구의 역할에 대한 논쟁에 집중하고 있다. 한국에서 국제기구는 거대 담론과 환상 속에 있다.

이러한 현실 속에서 국제기구에 대한 좀 더 체계적인 연구의 필요성이 제기됨에 따라 총론과 각론 총 10권으로 구성된 국제기구 총서 시리즈가 기획되었다. 특히 연구의 총론으로서 이 책은 국제기구의 민낯을 드러내자는 문제의식 속에서 국제기구의 출현, 역할, 진화를 역사적 관점에서 조망하고자 한다. 영토적 배타성을 근간으로 하는 국제사회에서 국경을 가로지르는 초국경 쟁점의 등장이 국제기구의 출현 배경임을 보이고, 초국경 쟁점의 해결을 위한 회합 방식의 원형과 진화과정을 드러내며, 국제정치학의 거대 담론이 국제기구를 바라보는 시각을 정리한다. 또한 한국과 국제기구의 관계를 역사적으로 조망하며 앞으로 한국이 국제기구에서 감당할 도전과 임무를 밝힌다. 국제기구에 대한 일반적 이해와 한국적 경험을 결합하여, 국제기구의 민낯은 물론 민낯 이면에 숨겨진 본질을 드러낸다.

구체적으로, 제1장에서는 국제기구가 국제사회에 필요한 이유와 국제사회에서 수행하는 역할을 중심적으로 검토하고 있다. 다음 제2장에서는 기존의 국가 중심 국제기구체제와 글로벌 거버넌스에 대해 논하고, 국제기구를 바라보는 다양한 이론적 시각을 살펴보고 있다. 제3장은 국제기구의 역사적 발전과정과 경로를 통시적으로 분석하여 19세기로부터의 유산이 현재의 국제기구의 형성에 남긴 영향을 살펴보고 있다. 제4장에서는 글로벌 거버넌스의 주요한 행위자인 국제기구 활동의 정당성을 담보해주는 국제규범에 관해 논하고 있고, 제5장에서는 국제기구에서의 한국의 활동과 전략에 대해 살펴보고 있다. 마지막으로 제6장에서는 앞 장들에서 논의한 바 있는 국제기구의 과거와 현재에 대해 다시 한번 정리하는 한편, 새롭게 재형성되고 있는 글로벌 거버넌스 방향성의 국제기구에 대한 영향과 이에 대응하기 위한 국제기구의 개혁에 대해 논하고 있다. 이상과 같이 국제기구 총서 시리즈의 총론으로서 이 책은 국제기구의 과거, 현재, 미래를 조망하면서, 글로벌 거버넌스의 시대에 국제기구의 역할과 위상이 어떻게 변화해 왔는지 살펴보고 앞으로의 변화에 대한 바람직한 대응전략을 제시함으로써 향후 계속되는 개별 국제기구 연구의 발판을 마련하고자 한다.

이 책이 만들어지는 과정에서 많은 이들의 도움을 받았다. 국제기구의 민낯을 드러낸다는 문제의식을 공유하여 또는 개인적 인연에 이끌려 필진에 참여한 연구자들에게 감사드린다. 공편자들이 편집의 일관성을 위하여 집필진의 전문성을 일부 침해할 때도 너그러이 이해해 주심에 특히 감사드린다. 또한, 유네스코 아시아태평양 국제이해교육원(APCEIU)이 주무기관으로서 제공한 행정적 업무지원에 감사드린다. 정우탁 원장, 김광현 팀장, 김도희 박사는 연구진이 집필방향을 잡는 데 큰 도움을 주었다. 이미지, 이정원, 변아롱, 조선정 연구조교는 자료를 정리하고 편집을 도와 연구진의 집필속도를 높였다.

이 책을 통하여 많은 분들이 국제기구의 실상을 이해하고, 많은 젊은이들이 국제기구 진출의 길을 잡고 실현해 나가기를 기대한다.

공동 편저자 조동준·최동주

차례

✢ 발간사 • 정우탁 | 5

✢ 머리말 • 조동준 · 최동주 | 7

제1장   **국제기구의 필요성** | *15*   **조동준**

   Ⅰ. 서론: 문제의 성격과 해결장치의 부정합   17

   Ⅱ. 지구화의 충격과 인류의 대응방식   18

   Ⅲ. 지구화의 도전에 대한 세 가지 해결책   30

   Ⅳ. 국제기구의 두 얼굴   44

   Ⅴ. 결론   49

제2장 국제기구의 정의와 상충하는 시각 | 53 정구연

Ⅰ. 서론 55
Ⅱ. 국제기구의 정의와 특성 61
Ⅲ. 국제기구에 관한 상충하는 시각 75
Ⅳ. 결론 93

제3장 국제기구의 역사적 발전 | 97 조정인

Ⅰ. 서론 99
Ⅱ. 국제기구 역사적 발전의 상관관계 101
Ⅲ. 19세기 국제회의 발전과정 그리고 혁신 107
Ⅳ. 20세기 제1차 세계대전의 결과물
    국제연맹(League of Nations) 118
Ⅴ. 20세기 제2차 세계대전의 결과물
    현대판 강대국협조체제 유엔 123
Ⅵ. 결론 131

제4장 국제기구와 국제규범의 제도화 | 137 장혜영

    Ⅰ. 서론: 글로벌 거버넌스와 규범 139
    Ⅱ. 국제기구와 규범 142
    Ⅲ. 새로운 규범의 창출 157
    Ⅳ. 규범의 제도화 유형 164
    Ⅴ. 결론 179

제5장 국제기구와 한국 | 183 유현석

    Ⅰ. 서론 185
    Ⅱ. 한국과 국제기구: 역사 186
    Ⅲ. 글로벌 거버넌스와 한국 197
    Ⅳ. 결론 210

제6장 글로벌 거버넌스의 시각에서 본 국제기구의
위상 및 역할: 총론적 이해를 위하여 | 219   최동주

  Ⅰ. 서론 221
  Ⅱ. 국제기구 위상 및 역할의 역사적 조명 225
  Ⅲ. 글로벌 거버넌스의 새로운 방향성과
      국제기구의 위기와 도전 230
  Ⅳ. 새로운 환경에 대한 국제기구의 대응과제 243
  Ⅴ. 결론 266

✛ 참고문헌 | 271

✛ 색인 | 285

✛ 필자 소개(가나다 순) | 293

제1장 국제기구의 필요성

조동준

Ⅰ. 서론: 문제의 성격과 해결장치의 부정합

Ⅱ. 지구화의 충격과 인류의 대응방식

Ⅲ. 지구화의 도전에 대한 세 가지 해결책

Ⅳ. 국제기구의 두 얼굴

Ⅴ. 결론

I. 서론: 문제의 성격과 해결장치의 부정합

　인류는 이제 운명공동체이다. 핵무기 보유량은 이미 인류의 멸망을 가져올 정도로 충분하며, 인간 활동에 따른 기후변화는 인류의 생존에 큰 위협요인이 되었다. 또한 인류는 공해의 관리, 지구표준 제정, 침략행위 대처 등과 같이 지구 전체에 영향을 미치며 인류의 공동 노력을 요구하는 여러 문제를 맞이하고 있다. 인류가 공동의 문제에 직면하게 된 근본적 이유는 과학기술의 발달이다. 과학기술의 발달로 인류는 자연적 경계를 넘어 다양한 인간관계를 맺게 되었고, 이전에는 활용하기 어려웠던 자원과 공간을 활용할 수 있게 되었다. 이러한 변화는 정치공동체 간 접촉과 경쟁을 증폭시켰고, 초국가-국제문제를 운영하는 방식의 필요성을 강화시켰다.

　인류는 상호의존되어 있지만, 영토적 배타성을 주장하는 국가가 17세기 이후 국경을 가로지르는 문제를 해결하는 주요 주체이다. 17세기 이래 주권국가로 이루어진 국제사회가 확대 재생산되면서, 개별 국가가 자국 안에서 발생하는 모든 문제의 궁극적 해결자가 되었다. 주권국의 영토 배타성이 인류가 직면한 문제의 초국가성과 부합하지 않기 때문이었다. 심지어 특정 문제가 타국에서 유래하여 자국으로 유입될 경우에도 문제 유발자가 책임을 지기보다는, 문제가 유입된 최종 종착점에 위치한 국가가 문제를 해결해야만 했다. 주권의 영토배타성은 특정 영토 안에서 국가의 통제력을 강화하는 데 도움을 주었지만, 초국적 문제 해결에는 취약성을 보일 수밖에 없었다.

근대 이후 인류는 초국가-국제문제를 관리하고 해결하는 여러 방식을 발전시켰다. 근대국가체제가 형성된 이래 서양에서는 외교를 통하여 국가 간 문제를 해결했고, 근대국가체제가 세계로 확장되면서 외교는 국제쟁점을 해결하는 가장 중요한 방식이 되었다. 19세기 이후 초국가-국제관계의 질적·양적 증가로 인하여 국제쟁점과 관련된 당사국이 증가하게 되었고, 이는 다자외교의 등장으로 이어졌다. 국제관계의 복합성 증가는 다자외교를 정례화·상설화시키려는 노력으로 나타났고, 이는 국제기구의 창설로 이어졌다.

이 장은 세 부분으로 구성된다. 첫째, 지구화의 충격을 검토한 후, 지구화로 인하여 초래된 몇 가지 중요한 쟁점, 쟁점을 해결하는 방식을 검토한다. 둘째, 초국경 쟁점에 대처하고 해결하는 과정에서 국제기구의 역할을 검토한다. 셋째, 국제기구가 가지는 한계를 검토하면서 국제기구가 세계정치 운영에서 가지는 장점과 단점을 평가한다.

II. 지구화의 충격과 인류의 대응방식

지구화는 사회현상의 여러 영역에서 지구 전체에 미치는 영향이 증가되는 현상이다. 즉, 물리적 공간에 의하여 떨어져 있는 인류의 삶에서 상호의존성이 증가되는 현상이다. 지구화는 인류의 역사시대에 등장한 무역제국 (페르시아, 그리스, 로미, 비잔틴, 오토만제국 등)과 함께 이미 등장했지만 15세기 지리상의 발견으로 본격화되었다. 특히 19세기 후반부터 국경을 가로지르는 경제적 활동이 증가하면서, 지구화는 그 속도와 영향이 급격히 증가하였다. 이 절에서는 지구화가 인류에게 초래한 공통의 도전과제, 이를 해결하기 위하여 인류가 발전시킨 방안을 검토한다.

국제기구의 과거·현재·미래

1. 19세기 이후 지구화

지리상의 발견은 역사시대 이후 진행된 지구화의 속도를 갑자기 높였다.[1] 인류의 고대문명이 복수 지역에서 성장할 즈음, 인류는 벌써 상호의존의 관계에 놓이기 시작하였다. 고대 초원길, 해로, 찻길, 비단길을 통하여 인류의 주요 문명권은 이미 상호 영향을 주고받고 있었다. 이 상황에서 15~16세기 지리상의 발견은 병렬적으로 성장하던 인간집단을 촘촘하게 연결했다. 지리상의 발견 이전에는 일부 사람만 공간의 장벽을 넘어 이동할 수 있었지만, 지리상의 발견 이후 많은 사람이 공간의 장벽을 넘기 시작하였다.[2] 특히, 1820년대 증기선이 등장하면서 인간집단 간 상호작용은 매우 빠르고 대규모로 진행되었다. 콜럼버스가 70일에 걸쳐 횡단했던 대서양을, 1819년 Savannah호는 29일, 1838년 Great Western호는 15일, 1881년 Servia호는 7일 만에 횡단하였다. 지구상 주요 문명은 이미 19세기 중엽에 인류로 통합되었다.

19세기 이후 지구화는 경제적 측면에서 크게 세 단계로 구분될 수 있다.[3] 첫째 단계는 대략 1870년부터 1913년으로 비국가 행위자에 의한 자본과 노동의 급격한 이동, 물류비 인하와 자유무역으로 인한 급격한 교역량 성장이라는 특징을 가진다. 1870년 영국의 금본위제도 채택 이후 성장한 세계무역은 1차 대전 직전 최고점에 도달하였지만, 1차 대전의 영향으로 급격히 감소하였다. 1920년대 세계무역량이 회복세를 보였지만, 1929년 시작된 대공

---

[1] 인류가 상호 연결되어 있다는 개념을 포함하는 세계체제는 이미 기원전 3천 년에 만들어졌다(Andre G. Frank, "A Theoretical Introduction to 5000 Years of World-System History," *Review* 13-2(1990), pp.228-233).

[2] 1600년부터 1950년까지 영국에서 브라질, 호주, 미국으로 이민을 떠난 사람이 1,475만 명에 달했고, 1500년부터 1870년까지 아프리카에서 강제로 신대륙에 끌려온 흑인이 939만 명이다. Angus Maddison, *The World Economy* (Paris, France: Organization for Economic Cooperation and Development, 2006), p.37.

[3] World Bank, *Globalization, Growth, and Poverty* (New York, NY: Oxford University Press, 2002), pp.23-29.

연도	범선		증기선		총 해운량	
	영국	세계	영국	세계	영국	세계
1470	n.a.	320	0	0	n.a.	320
1570	51	730	0	0	51	730
1670	260	1,450	0	0	260	1,450
1780	1,000	3,950	0	0	1,000	3,950
1820	2,436	5,800	3	20	2,448	5,880
1850	3,397	11,400	168	800	4,069	14,600
1900	2,096	6,500	7,208	22,400	30,928	96,100
1913	843	4,200	11,273	41,700	45,935	171,000

자료: Maddison(2006), p.97

황의 여파로 세계무역은 더욱 감소하였다. 대공황 이후 국가들은 배타적 경제권을 형성하면서 장벽을 쌓아 올렸다. 영토적 배타성을 주장하는 주권국가가 비국가 행위자가 초래하는 초국경적 활동을 통제하는 상황이 전개되었다.

둘째 단계는 2차 대전 직후부터 1970년대 초반까지다. 2차 대전 승전국은 국제통화기금에 의하여 국가의 금융정책이, 관세와 무역에 관한 일반협정에 의하여 국가의 무역정책이 규제되도록 합의함으로써, 지구화와 국가주권을 양립시키려고 노력하였다. 구체적으로 1944년 형성된 브레턴우즈체제는 국가가 자국 화폐의 평가를 변경하고 무역장벽을 자의적으로 구축함으로써 세계경제를 교란시키는 행위를 방지하기 위한 국제사회의 합의였다. 2차 대전 이후 1970년대 초반까지 주권국가 간 합의로 초국경 경제활동이 국제기구의 통제 아래서 본격화되었다.

1973년 미국의 금태환 포기선언과 1차 석유파동은 2차 대전 직후 국제합

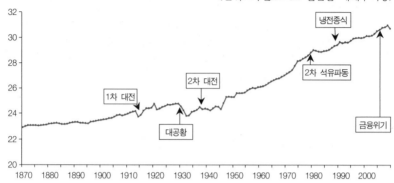
의에 기반하여 초국경 경제활동을 통제하려던 2차 대전 승전국의 계획이 더 이상 작동되지 않음을 보였다. 브레턴우즈체제의 수호자 역할을 담당하던 미국이 달러의 금태환 부담에서 벗어나기 위하여 달러의 금태환을 포기하였다. 국제통화기금을 통한 금융정책 통제는 이후 심각하게 약화되었다. 또한 1973년 이스라엘에 대한 이집트/시리아의 연합공격이 실패한 이후 중동국가에 의한 석유의 무기화는 1차 석유파동으로 이어졌다. 이는 국제합의에 기반한 제한된 자유무역을 심각하게 훼손하였다. 더욱이 1차 석유파동 이후 경제침체에서 벗어나기 위하여 국가들이 보호무역을 채택하면서 지구화의 추세가 1970년대 중반 이후 약화되었다.

셋째 단계는 1980년대부터 지금까지이다. 1980년대 미국과 영국에서 시작된 신자유주의는 비국가 행위자에 의하여 지구화가 추동되는 결과를 초래하였다. 자유무역의 확산, 초국경 행위자의 출현, 자본과 노동의 급격한 이동 등이 이 시기에 진행되었는데, 이는 시장에 대한 국가 개입을 반대하는 신자유주의의 정치이념과 결부되어 있다. 신자유주의는 냉전 이후 전 세계

금태환본위제도

금태환본위제도는 금으로 가치가 평가된 화폐를 금과 교환할 수 있고, 화폐 간 교환비율이 고정되어 있고, 타국의 지불요청에 대비하여 화폐와 금을 대외준비로 보유하는 체제이다. 금태환본위제도는 20세기 이전에도 존재하였지만, 2차 대전 직후부터 1973년까지 국제통화체제가 금태환본위제에 기반하였다.

로 확산되는 추세를 보이고 있으며, 동시에 국가 개입의 추세는 점차 약화되고 있다. 그 결과 초국경 활동에 대하여 주권국가가 직접 통제하거나, 주권국가 간 합의에 기반하여 간접적으로 통제하려는 현상이 약화되고 있다.

정치적 측면에서 지구화는 두 가지 지표로 확인할 수 있다. 첫째, 주권국가로 인정을 받는 정치 단위체의 숫자이다. 주권 개념은 중세질서가 해체되면서 절대왕정이 성장하는 시기에 등장하여, 웨스트팔리아 조약 이후 국제사회의 표준으로 인정을 받고 있다.[4] 20세기 중반까지 주권은 통상적으로 영토적 배타성을 주장하고 지켜낼 수 있는 정치 단위체에 대한 국제사회의 인정, 주권국가의 국내문제에 개입하지 말아야 한다는 불간섭 원칙, 주권의 영토적 배타성이 미치는 영역 안에서 최고 정치적 권위 등을 포함한다.[5] 〈그림 2〉가 보여주듯이, 주권국가로 인정을 받는 정치 단위체는 19세기 초 겨우 23개국에 불과하였다. 23개국은 유럽과 북미에만 존재했고, 아시아, 아프리카, 남미, 호주 등 지구상 대부분의 정치 단위체들이 주권국가로 인정

---

4 김명섭, "탈냉전기 세계질서와 국가주권," 『세계정치』 25집 1호(2004), pp.20-23; 박상섭, "근대 주권 개념의 발전과정," 『세계정치』 25집 1호(2004), pp.101-107.

5 Stephen, D. Krasner, "Sharing Sovereignty: New Institutions for Collapsed and Failing States," *International Security* 29-2(2004), pp.87-89; Stephen D. Krasner, "Sovereignty: Organized hypocrisy," in Henry Steiner and Philip Alston, eds., *International Human Rights in Context: Law, Politics, Morals* (New York, NY: Oxford University Press, 2000), pp.575-577.

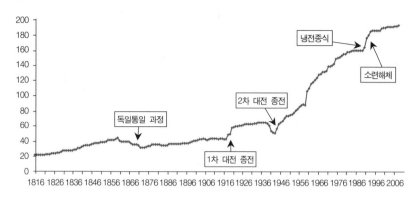

〈그림 2〉 주권국가의 숫자

자료: Correlates of War Project, "State System Membership List, v2011," http://correlatesof war.org(검색일: 2013.6.21)

을 받지 못하였다. 반면, 20세기 후반 지구에서 영토적 배타성을 주장하는 거의 대부분 정치 단위체들이 주권국가로 인정을 받았다. 주권국가로 인정을 받지 못하는 정치 단위체가 영토적 배타성을 주장하는 공간은 이제 거의 남아 있지 않다.

둘째, 국가 간 상주외교사절의 파견이다. 초국경 활동이 증가하고 국제사회의 구성원이 증가함에 따라, 국가 간 상주외교사절의 파견이 예상된다. 〈그림 3〉은 상호 상주외교사절을 파견한 국가쌍의 숫자가 증가하고 있는 모습을 보여준다. 지구화가 진행되면서 국가 간 쟁점 조정의 필요성이 증대하였고, 이는 상주외교사절을 파견한 국가쌍의 증가로 이어졌다고 추정할 수 있다. 또한 〈그림 3〉을 보면 냉전종식 후 상주외교사절단을 유지하는 국가쌍이 급격히 감소하였다는 특이현상이 발견된다. 냉전종식 후 더 이상 체제경쟁의 필요성이 없게 되자, 많은 국가들이 상주외교사절을 파견하지 않게 되었다. 이런 상황적 변화가 반영되어, 냉전 직후 상주외교사절을 유지하는 국가쌍이 일시적으로 급락하는 현상이 나타난다.

군사적 측면에서 지구화의 한 지표는 무력충돌의 횟수이다. 국제사회에

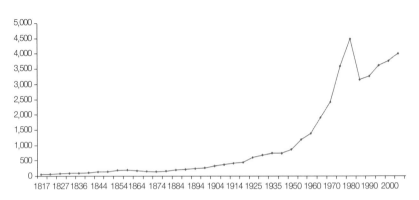

〈그림 3〉 상주사절을 교환한 국가쌍(dyad)

자료: Reşat Bayer, "Diplomatic Exchange Data Set, v2006.1," http://correlatesofwar.org(검색일: 2013.6.21)

서 국가로 인정을 받는 국가군이 많지 않고 이들 간 초국경 활동이 약할 때, 무력분쟁의 발생 빈도는 낮다. 반면, 국제사회에서 국가로 인정을 받는 국가군이 증가하고 이들 간 초국경 활동이 강할 때, 무력분쟁의 발생 빈도가 높다. 〈그림 4〉는 무력분쟁의 발생 빈도가 약간의 변동은 있지만 전반적으로 증가하고 있음을 보여준다. 특히 1960년대부터 무력분쟁의 발생 빈도가 증가하는데, 이는 신생독립국의 등장으로 국제사회의 규모가 증가하는 현상을 일부 반영하지만, 지구화의 증가로 국가 간 이해갈등이 증가하고 일부 이해갈등이 무력충돌로 악화된다고 추정할 수 있다. 특히 1차 대전과 2차 대전 당시 무력분쟁의 발생 빈도가 1960년대 이후 무력분쟁의 발생 빈도와 유사하다는 점은 지구화의 불편한 진실을 간접적으로 보여준다.

흥미롭게도 〈그림 5〉는 1870년 이후 미국행 이민통계가 초국경 경제활동의 성쇠와 상관관계를 가지고 있음을 보인다. 즉, 초국경 경제활동이 왕성할 때 미국행 이민자의 숫자가 증가한 반면, 초국경 경제활동이 축소될 때 미국행 이민자의 숫자도 감소한다. 이 통계는 통념과 일치하지 않는다. 예를 들어, 2차 대전 직전 유럽에서 정치적 박해로 인하여 미국행 이민이 증가하였다는 통설은 역사적 이민통계와 부합하지 않는다. 1930~40년대 미국행 이민자는 1차 대전 이후보다는 증가하였지만, 미국 이민의 역사통계와는 다른 형태를 보인다.

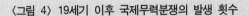

〈그림 4〉 19세기 이후 국제무력분쟁의 발생 횟수

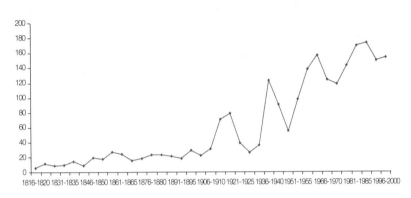

자료: Faten Ghosn and Scott Bennett, "Militarized Interstate Disputes(v3.10)," http://corre-latesofwar.org(검색일: 2013.6.21)

〈그림 5〉 미국행 이민과 경제적 지구화의 연계

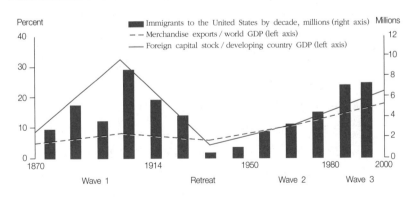

출처: World Bank(2002), "Figure 1," p.23

초국경 인구이동의 통계와 경제활동 통계가 연관되어 있다는 점은 지구
화가 단순히 과학기술의 발달에 기반하지 않다는 점을 보여준다. 만약 과학
기술이 지구화의 주요 동력이라면, 초국경 경제활동과 인구이동이 점차 증
가하는 추세를 보여주어야 하는데, 두 사회활동은 부침을 거듭한다. 두 사회
활동의 부침은 놀랍게도 패권국의 정치이념과 연관되어 있다. 1차 대전 이
전 패권국 영국이 자유주의를 채택한 시기와 1980년대 이후 패권국 미국이
신자유주의를 채택한 시점이 지구화의 융성기와 겹친다. 반면, 양차 대전
사이 국제패권을 둘러싼 치열한 경쟁이 전개되던 시기, 1970년대 브레턴우
즈체제에 대한 도전이 진행되던 시기에는 지구화의 하강기와 겹친다. 두
사회현상 간의 연관성은 지구화의 또 다른 중요한 원인이 국제정치적 환경
임을 보여준다 하겠다.

2. 지구화가 몰고 온 도전

인간의 활동이 정치공동체의 밖으로 나가는 빈도와 강도가 약할 때, 주권
국가는 국내 사회활동을 규율하는 법적·제도적 장치를 제공하였다. 인간의
활동이 정치공동체 밖에서 진행될 때에도, 그 활동이 진행되는 영토에 대한
배타적 관할권을 주장하는 주권국가가 질서를 제공하였다. 국경을 가로지르
는 인간활동이 있더라도 그 규모가 제한적이라면, 주권국가의 영토적 배타
성과 국제사회의 불간섭 관행은 큰 문제를 일으키지 않는다. 주권국가가 그
영토 안에서 질서를 제공하며 국경을 가로지르는 활동을 하는 사람은 해당
국가의 권위를 따라야만 했다.

하지만 대항해시대 이후 지구화가 본격화되면서 인류는 공동으로 해결해
야만 하는 문제에 직면하고 있다. 인류가 직면한 공통문제는 심지어 패권국
의 노력으로도 해결할 수 없을 정도로 중대하고 상호 연결되어 있다. 현재
진행되고 있는 기후변화가 대표적 예이다. 만약 지구의 기후변화가 화석연
료의 사용으로 인하여 발생하였다면,[6] 화석연료 사용의 감소가 문제해결의

대항해시대

대항해시대는 15세기 초 포르투갈의 엔히크 왕자(Infante Dom Henrique, 1394~1460)의 아프리카 항로 개척을 시점으로 17세기 초까지 유럽 각국이 인도와 중국으로 가는 항로를 개척하며 새로운 땅을 발견하기 위한 탐험을 진행하였던 연대를 가리킨다. 대행해 시대를 거치면서 인류는 통합된 연결망을 갖추게 되었다.

첩경이다. 그러나 기후변화와 관련하여 동일한 목표를 가지고 있다 하더라도 국가들이 상이한 가치를 추구하면 문제해결이 쉽지 않을 수 있다. 화석연료를 통하여 산업화에 필요한 동력을 얻고자 노력하는 국가들이 화석연료의 사용을 줄이려는 압박을 거부하면, 국제사회의 다수 국가가 이산화탄소 배출량을 줄인다고 하더라도 문제는 해결되지 않는다.

인류가 지구화로 인하여 당면하게 된 공통문제는 크게 셋으로 구분할 수 있다. 첫째, 인류 공통의 표준 제정이다. 다자 간 초국경 활동이 진행될 때, 누가 어떤 권위에 기반하여 질서를 제공하는가는 단순한 표준 제정의 문제가 아니라 국가 이익과 관련되어 있다. 제국 건설 초기 단계에서 자국의 표준을 주변국에 강요했던 역사적 경험에서도 알 수 있듯이 특정 표준의 선택은 패권국의 이해와 결부될 수 있다. 즉, 모든 국가가 자국에게 유리한 표준의 제정을 원하고 이를 둘러싼 경쟁이 진행될 수밖에 없는 가운데, 강대국과 패권국은 자국에게 유리한 표준이 제정되도록 할 수 있다. 반면, 다른 국가는 강대국과 패권국에 의한 표준 설정에 반대한다. 따라서 국제사회의 표준 제정을 둘러싸고 갈등이 있을 수밖에 없다.

최근 유럽환경기준European Emission Standards을 둘러싼 이해갈등은 표준 제

---

6 1860년부터 2010년까지 화석연료 사용으로 인하여 약 1,850억 톤의 탄소가 대기 중으로 방출되었고, 대기 중 이산화탄소가 30% 증가하였다.

정이 이해관계와 밀접하게 연관되어 있음을 보인다. 2014년 9월부터 시행될 Euro 6 환경기준에 따르면 디젤을 사용하는 승용차의 경우 1Km 주행 기준 0.5그램, 산화질소는 0.080그램, 미세먼지 배출은 0.005그램으로 정해져 있다. 휘발유를 사용하는 승용차의 경우 1Km 주행 기준 1.0그램, 산화질소는 0.06그램, 미세먼지는 0.005그램으로 정해져 있다. 유럽환경기준을 충족시키기 위하여 연비가 높고 오염배출을 줄이는 엔진의 개발이 필요한데, 이는 대부분 개발도상국에게는 심각한 진입장벽으로 작동한다. 환경규제가 무역장벽으로 작동하는 그린 라운드Green Round의 대표적 예가 될 수 있다. 유럽시장에 수출을 많이 하는 한국은 유럽환경기준의 설정에 관여하지 못하기 때문에, 유럽환경기준을 일방적으로 수용하고 있다. 한국은 '전기·전자제품 및 자동차의 자원순환에 관한 법률(자원순환법)'을 시행하면서 유럽연합과 동일한 기준을 전기, 전자제품, 자동차의 유해물질 규제에 적용하고 있다.

둘째, 국제공공재 창출이다. 국제공공재는 비배제성과 비경합성을 갖는다. (1) 비배제성은 일단 창출되면 특정 행위자의 사용을 막을 수 없는 속성, (2) 비경합성은 일방의 소비가 다른 행위자의 소비에 영향을 미치지 않는 속성을 의미한다. 국제공공재의 속성으로 인하여 모든 행위자는 다른 국가가 창출한 국제공공재의 소비에 관심을 가지는 반면, 국제공공재의 창출에 기여할 유인을 가지지 않는다.[7] 국제공공재의 속성상 무임승차가 최적 선택이기 때문이다. 따라서 국제공공재가 필요함에도 불구하고 국제공공재가 공급되지 않는다.

우주로부터 유해광선의 지구 침투를 막는 오존층 보존을 위한 활동이 국제공공재의 예로 들 수 있다. 오존층의 보존은 오존층 파괴로부터 직접적 피해를 입는 극지방 근처 국가에게 집중적으로 편익을 가져온다. 그러나 오존층 보존에 기여하지 않은 행위자를 그 편익으로부터 배제할 수는 없다.

---

7 Mancur Olson, *The Logic of Collective Action* (Cambridge, MA: Harvard University Press, 1965), pp.20-22.

또한 오존층 보존으로 인한 편익을 누리는 과정에서 서로 경합할 필요가 없다. 오존층이 존재하는 한 모든 행위자가 오존층 보존으로 인한 편익을 향유한다. 따라서 오존층 보존이 당위임에도 불구하고 많은 국가들은 오존층 보존에 관심을 두지 않는다. 오존층이 심각하게 훼손된 1990년대에 이르러서야 오존층 보호를 위한 국제협력이 오존층 파괴로 인한 집중적 피해를 겪는 국가를 중심으로 진행되었다.[8]

셋째, 국제공유재의 관리이다. 국제공유재는 비배제성과 경합성을 가지는데, (1) 비배제성은 누구도 국제공유재의 소비로부터 배제시킬 수 없는 속성, (2) 경합성은 일방의 소비가 다른 행위자의 소비를 불가능하게 만드는 속성이다. 국제공유재의 두 가지 속성으로 인하여 국제공유재는 항상 남용과 파괴의 위험에 놓인다. 과거 인류의 과학기술이 초보적일 때는 자연환경을 바꿀 수 있는 능력이 부재하였기 때문에 자연환경이 국제공공재처럼 보였다. 그러나 인류의 과학기술이 자연의 재생능력을 상회하면서, 공공재가 공유재가 되었다.[9]

고래가 대표적 예이다. 선사시대부터 17세기까지 인류가 고래를 사냥했

---

8 Detlef Sprinz and Tapani Vaahtoranta, "Interest-Based Explanation of International Environmental Policy," *International Organization* 48-1(1994), pp.89-93.

9 Garret Hardin, "The Tragedy of the Commons," *Science* 161-3859(1968), pp. 1243-1243.

지만 당시 과학기술의 한계로 인하여 대부분 고래의 개체수 회복속도를 능가하지 못했다. 따라서 인류의 고래사냥과 고래의 생존은 무관했었다. 하지만 산업혁명을 거치면서 인류의 과학기술이 급격히 늘어났고, 인류는 고래의 멸종을 초래할 능력을 구비하게 되었다.[10] 20세기 초 귀신고래와 보리고래처럼 대형고래는 멸종 직전에 처했었다. 고래의 개체수 유지가 모두에게 이익이지만, 국제공유재가 가진 속성으로 인하여 국가 간 협력은 느릴 수밖에 없다. 포경산업의 경우에도 고래의 멸종이라는 위험이 현실화된 후에야 국가 간에 제한적 협력이 진행되었다.

III. 지구화의 도전에 대한 세 가지 해결책[11]

지구화가 몰고온 도전에 대처하는 방식은 크게 외교제도, 패권, 거버넌스로 요약될 수 있다. 외교제도는 사실상 국제관계에서 발생하는 쟁점을 해결하기 위한 기제로 출발하였지만, 다자외교로 진화되면서 인류공통의 문제를 해결하는 기제로 활용되고 있다. 패권은 인류 공통의 문제가 해결될 경우 가장 많은 편익을 얻는 행위자이기 때문에, 자국의 이익을 위하여 간혹 인류공통의 문제를 자발적으로 해결하는 데 기여하기도 한다. 마지막으로 거버넌스는 기존 외교제도와 패권이 가진 한계를 극복하면서 인류 공통의 문제를 해결하는 방식으로 등장하고 있다. 이 절에서는 지구화가 몰고 온 도전에 대처하는 방식을 차례로 검토한다.

---

10 Charlotte Epstein, *The Power of Word in International Relations: Birth of an-Whaling Discourse* (Cambridge, MA: the MIT Press, 2008), pp. 46-50.

11 이 부분은 졸고 [조동준, "제14장 세계정치 운영방식의 변환과 한국의 참여," 하영선·남궁 곤 편, 『변환의 세계정치』(서울: 을유문화사, 2010)]를 부분 수정함.

1. 외교제도

외교는 국경을 초월하는 쟁점을 해결하는 과정에서 가장 빈번하게 사용된다. 외교제도는 근대 서유럽에서 정착된 국가 간 접촉양식으로 현재 통상적으로 지칭되는 외교의 원형이다. 외교는 크게 정치공동체 간 의사소통의 과정, 좁게는 "독립국가의 정부 간 공적인 관계를 운용·경영하는 데 원용되는 지략과 책모"라고 규정된다.12 외교는 하나의 제도로서 국가 간 공적인 관계를 규율하는 원칙, 규칙, 그리고 관행을 포함하는 골격으로, 국가 간 교섭이 진행되는 장에서 준수되어야 할 포괄적 원칙부터 세부행동규칙까지를 포괄한다. 이 제도는 15세기 중반 이탈리아 도시국가 간 교섭과정에서 등장하여 여러 시행착오를 거치면서 17세기 절대왕정시기에 정착되었다. 외교제도는 19세기 후반 사회변화를 반영하면서 변모했기 때문에 20세기 초반을 기준으로 '전통외교'와 '신외교'로 나누어진다.

1) 전통외교제도

전통외교에는 2가지 원칙이 있었다. 첫째, 외교관의 활동은 방해를 받지 말아야 한다는 점이다. 외교사절은 외교사절을 수용하는 정치공동체의 영역 안에서 활동해야 하기 때문에 파견국 보호를 받기 힘들다. 반면, 외교사절을 수용한 정치공동체는 외교사절의 역할을 제약할 수 있는 기제를 가지고 있다. 이처럼 업무환경이 절대적으로 불리한 상황에서, 외교사절이 성공적으로 임무를 수행할 수 있도록 외교사절에게 면책특권이 부여되었다. 외교관의 활동을 외교사절 수용국의 관할권 밖에 둠으로써 외교사절이 원활히 활동할 수 있도록 했다.

둘째, 외교사절은 파견자의 대리인으로 대우받아야 한다는 원칙이다. 절대왕정기에 대사는 파견군주의 대리자로 외교사절 수용국의 군주와 동격으로 간주되었다. 이러한 대표 개념은 면책특권제도로 정착되었다. 이에 따라

---

12 Ernest Satow, *A Guide to Diplomatic Practice* (London, UK: Longman, 1958), p.1.

외교사절이 공식적으로 업무를 수행하는 장소는 외교사절 파견국의 영토처럼 간주되어 본국법의 적용을 받게 되었다.

전통외교제도에는 2가지 특이한 양식이 있었다. 첫째, 상주외교사절제도이다. 상주외교사절제도의 원형은 교황이 비잔틴제국에 파견한 상주외교사절까지 거슬러 올라간다. 근대적 의미의 상주외교사절은 1450년 밀라노공국이 피렌체공국에 파견한 상주대사에서 유래되었다.[13] 이후 15년 동안 상주외교사절이 이탈리아 도시국가 사이의 관계에서 보편화되었다. 15세기 후반에는 유럽 각국까지 이탈리아 도시국가 간 상주외교사절 양식을 호혜적으로 적용하기 시작했다. 상주외교사절은 파견자의 의사를 전달하는 부정기적 사신과 달리 주재국에 상주하면서 임무를 처리했다.

둘째, 독특한 의전절차이다. 근대 유럽국제사회는 비잔틴 외교양식을 수용했다. 비잔틴제국은 사신을 파견하는 방식, 외국 사신을 접견하는 방식, 교섭을 진행하는 방식을 체계화시켰다. 비잔틴제국과 빈번하게 접촉했던 이탈리아 도시국가는 비잔틴제국의 외교관행을 받아들였다. 이탈리아 도시국가의 외교관행은 15세기 후반 이후 유럽 각국으로 전파되었다. 유럽 각국은 비잔틴제국의 외교관행을 변용하면서, 조약체결을 위한 교섭절차, 교섭진행, 제반의식의 진행, 상석권 문제 등을 서서히 정돈해 나갔다.

유럽의 전통외교제도에서 다루어졌던 여러 의제는 2가지로 분류될 수 있다. 첫째, 정치적 의제로 왕위계승, 전쟁과 관련된 제반사항, 영토 변경, 동맹, 세력균형 모색 등을 포함한다. 외교관은 정치적 의제에서 군주의 이익혹은 주장을 관철하기 위하여 다양한 수단을 동원했다. 둘째, 통상 의제로무역과 관련된 제반의제를 포함한다. 운송수단의 발달로 정치공동체 간 교역이 확대되자 통상과 관련된 의제의 중요성이 증가했다. 통상교섭의 관행과 조약은 이후 자국민을 보호하기 위한 영사제도의 발전으로 이어졌다.

전통외교제도는 나폴레옹전쟁 이후 등장한 유럽협조체제를 통하여 2가지측면으로 변모했다. 첫째, 유럽의 5대 강대국을 비롯한 여러 국가들은 함께

---

13 Harold Nicolson, *Diplomacy* (Oxford, UK: Oxford University Press, 1963), p.50.

국제기구의 과거·현재·미래

모여 유럽 안에서의 국가 간 문제와 유럽 밖에서의 국가 간 문제를 해결했다. 이는 기존의 양자외교 이외에 새로운 국가 간 갈등의 해결기제로서 다자외교가 등장했음을 의미한다. 전통적 양자외교는 여러 국가와 관련되어 있는 쟁점을 해결하는 기제로 한계를 가졌기 때문에 유럽 강대국은 다자외교를 발전시켰다. 다자외교의 관행은 모든 국가들이 참여하는 만국평화회의와 같은 대규모 국제모임으로 확대되었다. 둘째, 유럽 5대 강국과 유럽 각국은 협상으로 합의에 도달하는 관행을 정착시켰다. 명확한 규정과 절차가 마련되지는 않았지만 강대국이 특별한 지위를 갖는 다자외교의 틀 안에서 강대국 간 협의에 따른 합의사항이 준수되었다. 이처럼 유럽협조체제에서 유럽 국가들은 특정 쟁점을 해결하기 위한 임시적·부정기적 다자외교를 활용했다. 19세기 다자외교는 회의 시작부터 이행까지 모든 과정에서 국가 간 협의가 필요했기 때문에 높은 불확실성을 내포하고 있었고, 많은 시간을 필요로 했다.

2) 신외교제도

유럽의 전통외교제도는 19세기 나폴레옹전쟁 이후 제1차 세계대전까지 성공적으로 작동되었다. 최소한 유럽 지역에서는 몇 차례 주요한 전쟁을 제외하면 다른 시기에 비해서 매우 평화로운 시기를 보냈다. 그러나 전쟁방지라는 면에서 성공적이었던 전통외교제도는 2가지 이유로 흔들리기 시작했다. 첫째, 민주주의의 등장이다. 민주주의는 공적 영역에서 시민에 의한 통제를 기본 원칙으로 하기 때문에 외교활동도 시민의 통제영역 안에 있어야 한다. 반면 전통외교의 의제는 군주의 전유물이라고 여겨졌다. 17세기 이후 외교관은 귀족층으로부터 충원되었다. 따라서 민주주의의 성장은 전통외교제도의 근간과 충돌할 수밖에 없었다. 19세기 외교사절의 교섭 결과에 대한 비준제도의 등장이 보여주듯이 전통외교제도는 민주주의에 적용하면서 변모했다.

둘째, 제1차 세계대전의 엄청난 피해로 인하여 근대 외교제도에 대한 회의가 증가했다. 전통외교는 군주의 권모술수를 진행하는 과정이었기 때문에 기밀유지가 필수적이었다. 특히 근대 유럽 국가들은 복잡한 비밀동맹을 통하여 세력균형과 생존을 모색했다. 비밀동맹의 존재 가능성으로 인하여 강대국도 소국에 대하여 도발을 쉽게 하지 못하기 때문에 비밀동맹은 근대 유럽의 국제체제를 안정화시키는 기제였다. 하지만 비밀동맹으로 인하여 소규모 국지전도 연쇄반응과정을 거쳐 대규모 전쟁으로 확산될 위험성도 있었다. 실제로 제1차 세계대전은 오스트리아-헝가리제국과 세르비아의 국지적 갈등에서 시작하여 비밀동맹으로 인한 연쇄작용과정을 거쳐 850만 명의 전투원 사망이란 결과로 귀착되었다. 비밀외교가 제1차 세계대전의 원인으로 지목되면서 제1차 세계대전 이후 전통외교제도에 대한 도전이 강해졌다.

20세기 신외교제도가 유럽의 근대외교제도에 비해 다른 점은 다음과 같다. 첫째, 개방성이다. 제1차 세계대전 강화의 밑그림을 제공했던 윌슨 14개 조항의 첫 조항은 평화조약이 공개적으로 이루어진 후로, 외교는 항상 대중들에게 숨김없이 공개된 상태에서 진행되어야 한다고 밝히고 있다. 공개외교open diplomacy는 국제연맹에 의하여 채택되어 "국제연맹 가맹국이 연맹 가입 이후 체결한 모든 국제조약과 협정은 국제연맹 사무국에 등록되어야 하며 사무국에 의하여 공개되어야 한다"는 베르사유 조약 18조로 나타났다. 상기 조항이 유엔 헌장 102조에 동일하게 다시 천명된 사실에서 보이듯이 유엔도 공개외교의 원칙을 채택하고 있다. 개방성의 원칙에 따라 외교교섭의 과정과 결과가 공중에게 공개되고 있다.

둘째, 외교에 대한 공적 심사와 통제이다. 이는 외교관의 충원과정, 외교관의 활동, 결과 및 평가로 나눌 수 있다. 먼저 대부분의 국가들은 외교관의 충원과정에서 표준화된 시험을 도입하여 상대적으로 다양한 사회계층으로부터 외교관이 충원될 수 있도록 하여, 외교가 귀족층의 전유물이 되지 못하도록 하고 있다. 외교관의 활동도 본국의 긴밀한 통제를 받게 되었다. 마지막으로 교섭결과는 국내 비준과정을 거치도록 하여 외교관의 자율성이 축소되고 있다.

셋째, 다양한 의제와 행위자이다. 국가 간 접촉이 여러 영역에서 발생함에 따라 외교의 의제가 확대되었다. 전통적으로 주요 의제였던 정치와 통상

관련 의제의 중요성은 상대적으로 줄어든 반면, 환경·인권·문화 등 다양한 분야의 의제에 대한 중요성이 증가하고 있다. 의제가 다양해지면서 행위자 또한 다양해졌다. 외교관이 여전히 중요한 행위자이지만 특정분야에 전문가들이 외교에 직접 참여하게 되는 현상이 보편화되었다. 각 부처는 외교를 담당하는 부서를 독자적으로 두면서 외무부와 함께 혹은 외무부를 통하지 않고 직접 참여하고 있다. 또한 비정부 행위자도 국가 간 교섭에 참여하고 있다.

넷째, 정례적·상설적 다자외교이다. 19세기에 확립된 다자외교는 이미 발생한 특정 쟁점을 해결하기 위한 국가대표자들의 교섭이었다. 따라서 사건발생 후 의전과 회의 진행방식을 둘러싼 관련국 간 합의를 필요로 했기 때문에 다자외교가 시행되기 위해서는 많은 시간이 소요되었다. 20세기 들어 국가들은 문제해결의 신뢰성과 신속성을 높이기 위하여 다자외교를 정례적·상설적으로 진행했다. 다자외교를 정례화·상설화하는 모습은 적극적으로는 국제기구 창설, 소극적으로는 연례행사 개최의 형태로 나타났다. 특히 국제연맹과 유엔은 전 세계 국가가 참여하는 정례적·상설적 다자외교의 대표적 예이다. 매년 9월 둘째 주 시작되는 유엔의 정기회의는 다자외교의 정례화를, (유엔)사무국 직원을 통하여 지속되는 업무수행은 다자외교의 상설화를 의미한다.

2. 패권의 역할

패권국은 압도적인 국력 우세에 기반하여 국제질서와 규범을 만드는 과정에 큰 영향력을 행사하고, 국제사회의 문제해결 과정에도 핵심 역할을 수행한다. 패권은 주요 강대국의 이해관계를 반영하면서 국제질서와 규범을 만들어가는 세계정치 운영방식이다. 이는 일방적으로 정치공동체 간 질서와 규범을 정하는 제국의 운영방식과 주권국가 간 협의를 통하여 국제사회의 쟁점을 해결하는 외교의 중간 지점에 위치한다. 국제사회의 구성원이 법적으로 동등한 지위를 가지지 못했던 근대 이전에는 패권과 제국이 세계정치 운영방식으로서 당연하게 받아들여졌다. 국제사회의 구성원이 법적으로 동등한 지위를 가지게 된 근대 이후 국제사회 문제해결과정에서도, 패권은 공인되지는 않았지만 실질적인 세계정치 운영방식으로서 작동하고 있다.

역사적으로 보면 패권국과 제국이 국제질서와 규범을 만들어가는 과정은 몇 단계를 거친다. 첫째, 특정 국가는 기술혁신 또는 정치-군사기법의 도입 등을 통하여 압도적인 국력 우세를 차지한다. 둘째, 새롭게 부상한 국가는 기존 국제질서와 규범을 변경하려고 한다. 이 단계에서 국제질서와 규범을 둘러싼 갈등이 표출될 가능성이 매우 크다. 셋째, 기존 국제질서와 규범을 유지시키던 국가가 새롭게 부상한 국가에게 패배하고, 신흥국은 새로운 국제질서와 규범을 만든다. 이처럼 국제질서와 규범의 변화는 패권국 혹은 제국의 부침과 밀접하게 연결되어 있다.

근대 이후 로마제국과 중국처럼 일방적으로 정치공동체 간 규범과 질서를 정하는 제국이 존재하지 않았지만, 국제질서와 규범을 만드는 과정에서 중요한 역할을 담당한 패권국은 존재했다. 15세기 포르투갈과 스페인, 16세기 네덜란드, 17~19세기 영국, 17~18세기 프랑스, 20세기 미국은 패권국의 면모를 갖추었다. 이 국가들은 새로운 국제질서와 규범을 도입하는 과정에서 기존 질서와 충돌을 경험했으며, 때로는 다른 강대국과의 협상을 거치기도 했다. 패권부상기 전쟁 → 패권유지기 평화 → 패권쇠퇴기 전쟁으로 이어졌던 국제정치의 역사는 패권안정론, 세력전이론, 장주기론 등의 이론적 토대가 되었다.

패권국이 세계정치 운영에 필요한 국제질서와 규범을 만드는 과정에서 큰 영향력을 행사하려는 이유에 관하여 대립되는 2가지 설명이 있다. 하나는 패권국이 원하는 국제질서와 규범이 국제시회에 필요한 공공재의 성격을 지니고 있기 때문이라는 입장이다.[14] 패권국은 국제사회에서 차지하는 비중

---

14 Charles Kindleberger, *The World in Depression, 1929-1939* (Berkeley, Ca: University of Berkeley Pres, 1973); Charles Kindleberger, "Dominance and Leadership in the

이 크기 때문에 국제공공재 창출로 인한 이익을 가장 많이 향유한다. 따라서 비록 다른 국가들이 국제공공재 창출에 기여하지 않고 이익만 누린다고 할지라도 패권국이 국제공공재 창출과 유지를 위하여 지불하는 비용이 국제공공재로 인한 이익보다 크지 않다면, 패권국은 국제공공재 창출과 유지에 필요한 비용을 자발적으로 지불할 수 있다.[15] 따라서 패권국은 국제공공재의 성격을 일부 지니고 있는 국제규범과 질서를 제공할 수 있다. 반면, 패권국이 쇠퇴하여 국제사회에서 차지하는 비중이 줄고, 국제규범과 질서를 유지하는 데 필요한 비용이 향유하는 이익보다 많아질 경우 패권국은 자국이 만든 질서를 스스로 버릴 수도 있다.

다른 하나는 패권국이 원하는 국제질서가 패권국의 국익을 보호하기 위한 장치이며, 국제규범은 패권국의 국내규범이 국제사회로 투영된 결과라는 입장이다.[16] 부상하는 패권국은 압도적 국력 우세에 기반하여 다른 국가의 동의를 얻어낼 수 있지만, 사안마다 패권국의 영향력을 직접 행사하는 방식은 비효율적이다. 새로운 패권국은 먼저 자국의 이익과 부합하는 국제질서와 규범을 만들고, 이를 통해서 국가 간 상호작용을 규율하려 한다. 새로운 패권국이 새롭게 국제질서와 규범을 만드는 과정에서는 국가 간 충돌이 발생할 개연성이 매우 높다. 하지만 일단 국제사회가 새로운 패권국의 이익과 일치하는 국제질서 및 규범을 수용하고 나면 국가 간 상호작용은 원만하게 규율된다.

패권이 세계정치에서 운영되는 과정은 세 단계의 시기로 나눌 수 있다. 첫 단계인 패권부상기에는 패권국 내 정치주도세력이 자신이 가진 가치와 규범에 일치하는 정치지향을 국가정책으로 투영하고, 이를 자국의 압도적

International Relations: Exploitation, Public Goods, and Free Rides," *International Studies Quarterly* 25-2(1981), pp.242-254.

15 Olson(1965), pp.23-25.

16 David A. Lake, *Power, Protection, and Free Trade: International Source of U.S. Commercial Strategy, 1887-1939* (Ithaca, NY: Cornell University Press 1988), pp. 24-29, 40-44.

국력을 이용해 국제사회에 관철시키려 한다. 이 단계에서는 부상하는 패권국 내 정치주도세력의 가치체계가 다른 사회세력의 가치체계와 충돌하면서 대체하는 현상이 발생한다. 두 번째 단계는 패권유지기로, 패권국 내 정치주도세력의 정치지향이 국제사회로 이미 투영된 이후 전개된다. 패권국은 국제규범과 질서를 운영하고 위반자를 규율한다. 패권국이 만든 국제규범과 질서는 일정 부분 국제공공재의 성격을 띠고 있기 때문에, 이를 공짜로 이용하려는 국가들이 발생할 수밖에 없다. 패권국은 무임승차행위를 규제한다. 또한 패권국이 만들 국제질서와 규범으로 인하여 피해를 보는 국가들로부터 오는 도전을 막는다. 마지막 단계는 패권해체기로, 패권국이 패권유지비용을 더 이상 감당하지 못하게 됨에 따라 패권이 쇠퇴하는 단계이다. 패권국이 만든 국제질서와 규범이 국익에 더 이상 도움이 되지 않을 만큼 패권국이 쇠퇴하거나 도전행위를 효과적으로 막을 방법이 없는 상태에 이르면, 패권국은 스스로 패권질서와 규범을 부정하거나 패권에 대한 도전을 방관한다.

패권은 의도하지 않은 과정을 통하여 국제규범과 질서를 형성하기도 한다. 패권국이 차지하는 영향력으로 인하여 패권국에서 작동되는 관행이 국제규범으로 전환될 수도 있다. 최근 항공안전을 위한 검색관행의 변화가 대표적인 예이다. 9.11 테러가 발생하기 전, 각국은 항공협정에 따라 항공안전에 필요한 조치를 시행했다. 9.11 테러가 발생한 후, 미국은 항공안전에 필요한 검색기준을 강화했고, 다른 국가들 역시 최소한 미국행 비행기에 대한 검색기준을 강화했다. 미국행 비행기 탑승자에 대한 검색기준을 충족시키지 않을 경우 미국 내 이착륙이 금지될 수 있는 상황에서 각국은 스스로 비용을 지불하면서 강화된 검색기준을 충족시키고 있다. 이는 패권이 의도하지 않지만 세계기준을 정해버리는 현상을 보여준다.

3. 거버넌스의 등장

거버넌스는 '개별 행위자와 공적·사적 기관들이 공통문제를 관리하는 여

거버넌스란?

거버넌스(Governance)는 중층적 뜻을 내포하고 있기 때문에 쉽게 이해하기 어려운 용어이다. 거버넌스는 문제해결 과정과 문제를 해결하는 과정에서 추구해야 할 규범적 측면(예를 들어 폭력보다는 협력, 일방적 명령보다는 협의, 위계적 조직보다는 비위계적 집단의 창발성)을 강조하기 때문이다. 이 용어에 대한 번역어가 복수로 등장했지만, 문제해결 과정과 규범적 측면을 동시에 포함하는 데에는 한계가 있어, 번역을 시도하지 않았다.

러 방식의 총합'으로 정의된다. 거버넌스는 크게 두 가지 속성을 동시에 가지고 있다. 첫째, 거버넌스는 정부 행위보다 포괄적 개념으로 국가 행위자와 비국가 행위자들이 자신들의 필요를 충족하기 위하여 활용하는 비정부 기제와 공식적 정부의 제도를 포함한다.[17] 거버넌스는 다양하고 상충적인 이해를 조정하기 위하여 협력하는 과정에서 행위자 간 상호작용의 양상과 상호작용을 규율하는 공식적 준거와 비공식적 준거로 구성되어 있다. 거버넌스는 국경을 초월하여 인류 전체 혹은 다수에게 영향을 초래하는 쟁점을 관리하고 문제를 해결하는 과정에서 다양한 행위자 간 상호작용과 그들의 상호작용을 규율하는 준거로 구성된다.

둘째, 거버넌스는 문제해결을 위한 과정을 의미한다. 거버넌스의 어원인 거번govern은 어떤 상태에 질서를 부여하거나 문제를 해결한다는 뜻을 가진 동사이다. 즉, 문제해결의 주체가 꼭 정부일 필요는 없지만 거버넌스의 어원

---

17 Commission on Global Governance, *Our Global Neighborhood: Report of the Commission on Global Governance* (Oxford, UK: Oxford University Press, 1995), p.2; James N. Rosenau, "Governance, Order and Change in World Politics," in James N. Rosenau and E. O. Czempiel, eds., *Governance without Government: Order and Change in World Politics* (Cambridge, UK: Cambridge University Press, 1992), p.4.

은 원래 문제해결과 관련되어 있다. 따라서 거버넌스는 특정 문제해결방식을 적용하여 문제를 해결하는 과정까지를 포함한다. 이 경우 문제해결이라는 점에는 기존 정부, 통치 등과 유사하지만, 문제해결과정에서 '거버넌스'라고 규정되는 특정 방식을 적용한다는 점에서 차이를 보인다.[18] 거버넌스 앞에 붙은 '글로벌'은 해결되어야 할 문제의 지리적 영역이 매우 넓다는 뜻을 가질 뿐이다.

세계정치 운영방식으로서 거버넌스는 다른 운영방식인 외교나 패권과 비교하여 두 가지 측면에서 차이가 있다. 첫째, 외교와 패권을 통한 문제해결과정에서는 국가가 주도적 역할을 담당한다. 반면, 거버넌스에서는 여러 형태의 비국가 행위자와 국가가 동시에 주요 행위자로 참여하여 상대적으로 비국가 행위자들의 참여 정도가 높다. 둘째, 외교와 패권을 통한 문제해결과정에서는 문제해결의 준거가 국가 간 암묵적 혹은 묵시적 동의의 표현인 국제법과 국가 간 합의이다. 외교와 패권은 국가의 공식통로를 통하여 국제쟁점이 해결되는 과정에서 적용된다. 반면, 거버넌스에서는 사회규범, 비국가 행위자 간 합의 혹은 관행도 문제해결의 준거로 사용되고 있다. 거버넌스에서는 여러 유형의 행위자 간 협의, 토론 등 새로운 형태의 상호작용방식을 통하여 이루어진다.

거버넌스가 세계정치 운영방식으로 부상한 이유는 몇 가지로 나누어볼 수 있다. 첫째, 지구화 현상의 심화이다. 시장의 압력으로 촉발된 지구화로 인하여 국가와 비국가 행위자들은 국경을 넘어 전 세계로 빠르게 접근할 수 있게 되었다. 이들의 상호작용은 초국가 테러집단, 인터넷 상거래와 같이 특정국가가 관할할 수 없는 다양한 현상을 유발했다. 둘째, 냉전의 종식이다. 냉전시기 인류는 사회주의 진영, 자유주의 진영, 그리고 비동맹 진영으로 분리되어 있었나. 냉전시기 각 진영은 진영 내부에서 공동의 문제해결을

---

18 글로벌 거버넌스가 독특한 문제해결방식이라고 주장하는 학자들이 있지만, 필자는 "글로벌"을 해결해야 될 문제의 지리적 영역으로 해석한다. 즉, 글로벌 거버넌스는 인류의 다수에 영향을 미치는 문제를 해결하는 독특한 방식인 동시에 문제를 해결하는 과정을 포함한다.

위하여 노력했지만, 진영을 가로지르면서 문제를 해결하려는 노력은 상대적으로 약했다. 냉전의 종식은 진영 간 경계를 허물어 모든 정치공동체가 참여할 수 있는 환경을 마련했다. 셋째, 국가와 시장의 영역 밖에서 존재하는 비국가 행위자들로 구성된 지구시민사회의 성장이다. 지구화로 인해 각국 내에 존재하던 시민사회는, 서로 연결되고 그물망을 형성하면서 국경을 초월한 지구시민사회로 성장했다. 넷째, 국가주권의 한계이다. 이미 초국가 쟁점이 증가된 현실에서 영토적 배타성을 근간으로 하는 국가주권은 문제해결의 주체로서 국가의 한계를 노출시켰다. 또한 초국가문제를 해결하는 데 필요한 지식과 자원을 주권국가가 독점하지 못함에 따라, 초국가문제를 해결하는 과정에서 국가의 위상이 상대적으로 약화되었다.

4. 동아시아 지역문제 해결방식

동아시아 지역문제를 해결하는 방식은 어떠한가? 역사적으로 보면, 동아시아 지역정치를 운영하는 방식은 시기에 따라 다르다. 19세기 중반부터 20세기 초까지 동아시아는 세계정치운영의 객체로서 세력균형의 대상이었다. 이후 20세기 초반부터 제2차 세계대전까지는 일본 중심의 지역 패권이 동아시아 지역정치 운영에서 가장 두드러진 특징이었다. 제2차 세계대전이 끝난 후에는, 강한 국가들이 외교를 통해 지역정치를 운영하는 모습을 보여왔다. 한편, 냉전이 끝난 후에는 비국가 행위자들이 지역정치 운영에 참여하는 현상이 드러나고 있다.

현시점에서 동아시아 지역의 문제가 해결되는 과정을 보면 두 가지 특징이 나타난다. 첫째, 문제해결방식으로 외교가 가장 선호되고 있다. 이는 동아시아 지역에 존재하는 강한 국가를 반영한다. 제2차 세계대전 이후 일본, 한국, 대만, 싱가포르에서 경제발전을 주도하는 강한 국가는 비국가 행위자를 압도했다. 중국, 몽골, 북한, 베트남에서는 공산주의 정권이 들어서서 국가가 사회를 개조했다. 다른 신생독립국들도 국가주도형 모형을 받아들였다. 냉전 이후 동아시아에서 국가와 외교 중심성이 조금씩 약화되고 있지만, 동아시아에서 문제해결의 주요 주체는 국가이며 문제를 해결하는 방식은 외교이다.

둘째, 국경을 초월하는 공통 정체성이 약하기 때문에, 초국경 행위자가 활동할 수 있는 여건이 약하다. 동아시아는 자연적 경계로 획정된 공간단위로서, 동서로는 말레이반도부터 태평양 일부 도서까지 남북으로는 몽골부터 적도 부근의 도서까지를 포함한다. 이 지역은 산맥과 해양 등의 자연적 경계로 극동 지역과 인도차이나로 구성되어 있다. 두 지역은 원래 중국의 전통질서 안에서 한 권역으로 이해되었지만, 서양 열강은 동아시아를 두 개로 분절된 지역으로 이해하였다. 동아시아 정치 단위체들이 서양 열국의 영향권 아래 편입되면서 단일한 지역적 개념은 사라졌다. 20세기 중엽 일본이 아시아의 지역패권국으로 대동아공영권을 내세우면서 동아시아가 단일지역으로 인지되기 시작했으나, 일본의 패배 이후 인지적 산물로서 동아시아는 큰 의미를 갖지 못했다.

현재 동아시아 국가만을 포괄하는 지역협력체가 동아시아 지역에 존재하지 않는다. 동아시아 국가들이 참여하는 지역협력체는 동남아시아국가연합Association of South-East Asian Nations, 1967년 출범, 아세안확대장관회의ASEAN Ministers' Meeting/Post-Ministerial Conference, 1967년 출범, 아세안지역포럼ASEAN Regional Forum, 1994년 출범, 동아시아-라틴아메리카협력포럼Forum for East Asia-Latin America Cooperation, 1999년 출범, 아시아-태평양경제협력체Asian-Pacific Economic Cooperation Conference, 1989년 출범, 그리고 아시아-유럽정상회의Asia-Europe Meeting, 1996년 출범이다. 이 가운데 동남아시아국가연합을 제외한 5개 협력체는 동아시아에 속하지 않은 국가를 회원국으로 포함시키고 있다. 이는 동아시아의 약한 정체성을 보여주는 예이다.

동아시아의 약한 정체성은 역내 지역정치 운영에 있어 주권국가에 상위하는 지역기구가 없다는 점으로 나타난다. 역내 상호작용의 강도는 높지만, 동아시아를 포괄하는 정체성의 미비로 말미암아 동아시아 국가만이 참여하는 협력체조차 존재하지 않는다. 반면, 상호작용의 강도가 매우 강하고 역내

동남아시아국가연합

동남아시아국가연합(Association of South-East Asian Nations)은 동남아시아 지역의 경제적·사회적 기반 확립과 각 분야에서의 평화적이며 진보적인 생활수준의 향상을 목적으로 1967년 설립된 국가협의체이다. 창립 회원국은 필리핀, 말레이시아, 싱가포르, 인도네시아, 타이 등 5개 국이었다. 1984년 브루나이, 1995년 베트남, 1997년 라오스와 미얀마, 1999년 캄보디아가 가입하였다. 동아시아에서 중국, 일본, 한국의 경쟁관계로 인하여 지역 강대국이 주도하는 지역기구가 만들어지지 못하는 상황에서, 동아시아 지역정치의 핵심으로 작동한다.

패권국이 없는 유럽에서는 초국가 기구가 지역정치 운영에서 중요한 역할을 담당하고 있다. 상호작용의 강도가 강하고 역내 패권국이 있는 미주 지역에서는 미국의 패권이 지역정치 운영에서 중요한 역할을 담당하고 있다.

ASEAN이 동아시아 지역정치의 중심에 위치하는 현상은 동아시아 지역정치의 현주소를 보여준다. ASEAN에 참여하는 국가의 경제규모는 일본과 중국의 1/3 수준이며 한국 경제력의 1.8배에 해당된다. 그럼에도 불구하고 'ASEAN+3'이라는 명칭이 나타내듯이, 동아시아 강국이 아니라 ASEAN이 동아시아 지역정치를 주도하고 있다. 동아시아 강국 간 경쟁관계로 인하여 동아시아 강국이 ASEAN이 주도하는 지역정치에 따라가는 형편이다. 반면, 동아시아 주요 3개국은 부정기적인 정상회담과 외무장관회담을 통하여 지역의 주요 문제를 협의하고 있지만, 2010년에서야 동아시아 3국이 정상회담과 외무장관회담을 제도화하기 위하여 '3국 협력사무국'을 설치하기로 합의할 정도로 주요 3국 간 협력은 답보 상태에 놓여 있다.

IV. 국제기구의 두 얼굴

국제기구는 3개 이상의 국가에 공식회원을 두고 회원의 합의를 법의 원천으로 하여 설립된 조직이다. 국제기구는 '직원, 예산, 그리고 사무실 등을 지니고 있으며 구체적인 구조를 구비한 물적인 실체'이다.[19] 국제기구는 국가 간 합의를 안정적으로 실행하기 위한 제한적 기제로 출발했다. 국가들이 합의에 도달한다고 하더라도 합의를 실행시킬 행위자가 없는 상황에서 국제기구가 새로운 대안수단으로 등장했다. 국제기구는 인류의 공통문제를 해결하는 과정에서 회합의 장, 실행기제, 감시기제 등 다양한 역할을 담당한다. 이 절에서는 국제기구가 담당한 역할을 검토한 후, 국제기구의 한계를 점검한다.

1. 국제기구의 긍정적 역할

국제기구는 인류 공동의 문제를 해결하는 과정에서 다양한 역할을 맡는다. 첫째, 국제기구는 위임받은 업무에서 벗어나 새로운 쟁점 해결을 위한 토론장을 제공하며, 더 나아가 쟁점을 해결할 새로운 방식을 제기한다. 예를 들어, 유엔유럽경제이사회UN Economic Council for Europe는 유럽 국가들이 경제문제를 토론하고 해결하는 장으로서 설립되었지만, 1970년대 유럽에서 발생하는 산성비와 같은 초국가적인 오염문제를 해결하기 위한 토론장이었다. 유럽경제이사회 회원국들은 초국가 오염을 해결하기 위하여 오랜 토론을 거친 후 1979년에 최초의 환경협약인 '장거리 국경이동을 하는 대기오염에 관한 제네바협약Convention on Long-Range Transboundary Air Pollution'을 도출했고, 이

---

19 Oran Young, *International Cooperation: Building Regimes for Natural Resources and the Environment* (Ithaca, NY: Cornell University Press, 1989), p.31.

를 실행하기 위한 여러 의정서에 합의했다. 특이하게 유럽경제이사회 회원 국들은 초국가 대기오염을 규제하기 위한 협약과 의정서의 이행을 관리하는 업무를 유럽경제이사회 사무국에 맡겼다. 이로써 유럽경제이사회는 본래 목 적에서 벗어나 영역을 확대했다.

최근 대인지뢰금지협약이 집속탄금지협약의 진화에 기여한 현상은 국제 기구가 다른 쟁점영역에서 현안 해결을 위한 장소로 활용될 수 있다는 점을 보여준다. 대인지뢰금지협약 당사국회의는 아직 제도화가 본격적으로 진행 되지 않은 상태로 약한 사무국만을 두고 있는데, 대인지뢰금지협약 당사국 회의는 집속탄금지를 위한 논의를 진행하기 위한 장소로 활용되었다. 이미 대인지뢰금지가 거의 보편적으로 실행되고 있는 상황에서 대인지뢰금지협 약 당사국회의는 대인지뢰에 대한 금지는 물론 집속탄사용금지를 주요 의제 로 삼았다.

둘째, 국제기구가 공통기준을 마련하는 역할을 담당한다. 국제기구는 이 미 공통 관심사를 공유한 국가 간 합의에 기반하여 창설되는데, 초국경 쟁점

대인지뢰와 집속탄

대인지뢰는 사람의 무게가 가해지면 터지도록 설계된 폭발물이다. 대인 지뢰는 민간인과 전투원을 구별하여 설치될 수 없고, 피해자에게 평생 장애를 남겨 불필요한 고통을 주며, 한번 설치하면 약 500년 동안 효력 을 발휘하기 때문에 1997년 '대인지뢰의 사용, 비축, 생산, 이전금지 및 폐기에 관한 협약(Convention on the Prohibition of the Use, Stockpiling, Production and Transfer of Anti-Personnel Mines and on their Destruction, 대인지뢰금지협약)'으로 불법화되었다.
집속탄은 다수 소형 폭탄들을 포함한 대형무기로, 살상반경 안에 있는 민간인과 전투원에게 무차별적 피해를 준다. 2008년 '집속탄협약(The Convention on Cluster Munitions)'으로 집속탄도 불법무기로 규정되 었다.

을 규율하기 위한 공통기준의 설립에 관심을 가진다. 국제공공연맹은 대부분 특정 쟁점에서 초국경 공통기준을 마련하는 데 관여한다. 국경을 가로지르는 철도, 우편, 전신, 검역 등 다양한 쟁점에서 국제기구는 당사국회의를 통하여 공통기준을 마련한다.

셋째, 국제기구는 실행기관으로서 세계정치 운영에 직접 관여한다. 전(全)지구적 혹은 초국가적 문제를 해결하기 위한 국가 간 합의를 도출한 후, 회원국들은 회원국 간 안정적 의사소통과 회원국 간 합의이행을 관리하는 업무를 수행하기 위한 조직으로서 국제기구를 만든다. 국제기구는 위임받은 업무를 수행하고, 그 내용을 회원국에게 보고한다. 또한 회원국의 합의에 따라 국제기구에 새로운 업무가 추가되기도 된다. 이런 측면에서 보면 국제기구는 세계정치 운영과정에서 국가의 활동을 보조하는 부차적 기능을 수행한다.

넷째, 국제기구는 새로운 생각의 탄생에 관여한다. 국제기구가 특정 쟁점 영역에서 토론장의 역할을 담당하거나 다른 쟁점영역까지 관할하게 되는 과정에서 담론이 생성되고 성장하는 장소가 될 수 있다. 인간안보 개념은 국제기구가 새로운 담론의 출생을 담당하는 과정을 보여준다. 1990년대 초반 냉전종식과 함께 체제경쟁이 종결되면서 개발에 대한 관심이 약화되는 상황에서 UNDP는 공포로부터 자유와 결핍으로부터 자유를 보장하는 인간안보 개념을 1994년 처음으로 언급하였다. 인간안보 개념은 출발부터 명확하지 않은 요인에 기반하고 있었지만, UNDP는 인간안보 개념을 효과적으로 확산시켰다.

2. 국제기구 과잉의 문제

국제기구는 만능해결책이 아니라 국제기구가 오히려 공통의 문제해결을 막는 걸림돌이거나 기존 갈등을 강화시킬 수 있다. 국제기구가 인류 공동의 문제를 해결하는 과정에서 부정적 역할을 담당하게 되는 경우는 크게 세

가지로 나누어 볼 수 있다.[20] 첫째, 국제기구가 정당성 확보를 위한 전투장이 될 수 있다. 냉전 시기 유엔을 비롯한 모든 국제기구가 체제경쟁을 위한 전투장이었다. 특히 분단국가의 경우, 정당성을 확보하기 위한 경쟁은 국제기구에서 치열하게 진행되었다. 국제기구는 공통의 문제를 해결하기 위한 장소가 아니라 상대방을 깎아 내리고 모욕하기 위한 공간이 되었었다.

　냉전 이후에도 국제기구가 정당성 경쟁을 위한 장이 되는 경우가 발생한다. 2010년 7월 9일 유엔안전보장이사회가 천안함 침몰을 초래한 공격을 규탄하는 의장성명(S/PRST/2010/13)은 안보리가 정당성 확보를 위한 공간이며, 안보리 회원국이 상충하는 입장을 모두 만족시키려는 노력이 문제 해결에 도움을 주지 못할 수도 있다는 점을 명확히 보여준다. 이 의장성명은 한국의 외교적 승리를 의미하는 몇 구절을 담고 있다. 첫째, 2010년 3월 26일 서해에서 발생한 현상을 '공격attack'으로 규정하는 표현이다. 특정 현상에 대한 규정이 명확하지 않을 경우 통상적으로 '사건incident'으로 표현되는 외교적 용례에서 '공격'은 분명 한국에게 유리한 현상 규정이다. 둘째, 북한이 천안함 폭침에 책임이 있다는 민관합동조사단의 조사결과에 대하여 안보리가 우려한다는 문안이다. 북한이 공격 주체로 명시되지 않았지만 북한의 관련성이 간접적으로 언급되었다. 셋째, 안보리가 "천안함 침몰을 초래한 공격을 규탄한다condemn"는 문안이다. 어감이 매우 강한 '규탄'을 사용함으로써 안보리가 천안함 폭침을 정죄한다는 뜻이 표현되었다. 넷째, 한국의 자제가 명시되고 있다. 천안함 폭침의 피해를 입은 한국이 상황을 악화시키지 않기 위하려 노력하고 있다는 점이 국제사회에서 인정을 받았다.

　반면, 동일한 문건이 북한으로 하여금 '위대한 외교적 승리'를 주장할 수 있는 근거를 포함하고 있다. 첫째, "안보리가 천안함 폭침과 관련이 없다고 밝힌 북한을 포함한 관련국의 반응을 유의한다takes note of"는 표현이다. 이처

---

20 Giulio M. Gallorotti, "The Limits of International Organization: Systemic Failure and the Management of International Relations," *International Organization* 45-2 (1991), pp.192-218.

럼 안보리 의장성명은 북한의 무관성을 간접적으로 담은 내용을 포함함으로써, 북한이 외교적 승리를 주장할 수 있도록 하였다. 둘째, "갈등과 상황 악화를 막기 위하여 적절한 경로를 통한 조속한 직접 대화와 협상"을 촉구하는 문안이다. 한반도의 대치상황이 '전쟁 직전'이라고 강조하는 북한 입장이 부분적으로 반영되었다. 셋째, "역내에서 추가 공격이나 적대행위"를 방지해야 함을 강조한 문안이다. 이 표현은 한국의 대북 보복조치를 피하려는 북한과 중국의 바람을 반영하고 있다. 이명박 대통령과 김태영 국방부 장관이 천안함 폭침에 대한 보복을 직접 또는 간접으로 언급하는 상황에서, 북한은 한국의 대북 보복조치를 두려워했고 중국은 미국이 한국의 대북 보복조치를 자제시켜야 한다는 의견을 가지고 있었다.

둘째, 국제사회가 쉽게 해결할 수 없는 문제에 대하여 국제기구가 부적절한 대안을 마련함으로써 상황을 더 악화시킬 수 있다. 1994년 르완다 사건이 대표적이다. 르완다에 오랫동안 진행된 후투족과 투치족 간 갈등이 쉽게 해결될 수 없음에도 불구하고 소수 국제평화군으로 종족분쟁을 막으려던 노력이 오히려 양측의 갈등을 심화시킨 결과를 초래했었다. 국제사회에서 주요 문제가 발생하고 어느 누구도 선뜻 문제해결을 위한 노력을 하지 않을 경우, 국제사회는 국제기구에 큰 기대를 하게 된다. 그러나 이런 상황에서 국제기구가 내리는 처방이 상황을 악화시킬 수 있다. 1979년 G7 정상회담에서 수요 중심의 경제성장전략을 권고했지만, 이는 경제위기를 심화시켰던 전례가 있다.

셋째, 국제기구의 활동이 주권국가들로 하여금 인류 공동의 문제를 회피하는 수단이 될 수 있다. 국제기구가 회원국의 위임을 받는 제한적 행위자임에도 불구하고, 국제사회에서 국제기구가 매우 중요한 역할을 수행하거나 수행할 수 있디는 믿음이 있다. 이 믿음에 국제기구가 부합하여 활동할 때, 다른 국가는 인류 공동의 문제를 해결하기 위한 활동에 참여하지 않는 면죄부로 인식할 수도 있다.[21]

---

21 기후변화를 둘러싼 갈등선이 대표적인 예다. 국제사회의 전문가로 구성된 International

V. 결론

지구화는 인류가 공동으로 해결해야 하는 문제를 발생시켰다. 영토적 배타성을 주장하는 주권국가로 구성된 국제사회는 구체적으로 공통 표준을 마련하며, 국제공공재를 창출하고 유지하며, 국제공유재를 보존해야 한다. 인류는 지구화로 인한 도전에 대처하기 위하여 지금까지 외교, 패권, 거버넌스 등 몇 가지 문제해결방식을 발전시켜왔다. 시간축을 두고 보면, 국가 중심성이 강한 문제해결방식, 즉 외교와 패권의 중요성이 상대적으로 약화되는 반면, 비국가행위가 중요한 역할을 담당하는 거버넌스의 중요성이 상대적으로 강화되고 있다. 하지만 이런 변화는 상대적 중요성에서 의미를 가질 뿐이며, 여전히 국가 중심성에 기반한 문제해결방식이 강하다.

국제기구는 인류 공동의 문제를 해결하는 과정에서 중요한 역할을 담당할 수 있다. 구체적으로 (1) 인류 공동의 문제를 규율할 공통 표준을 만들고, (2) 국제기구 구성원의 위임을 받아 실제 문제해결에 관여하는 행위자가 될 수 있으며, (3) 국제기구 구성원들이 만날 수 있는 장소 제공자의 역할을 담당할 수 있으며, (4) 새로운 생각이 만들어지고 확산되는 담론 출현과 경쟁의 공간이 될 수 있다. 〈그림 6〉이 국제기구의 증가 추세를 보이고 있는데, 이는 최소한 인류 공동의 문제가 늘어나고 있으며 국제기구가 문제해결의 수단으로 모색되고 있음을 추론케 한다.[22]

반면, 국제기구는 인류 공동의 문제를 악화시킬 수도 있다. (1) 쉽게 해결되지 않는 문제임에도 불구하고, 국제사회의 압박과 기대에 따라 임시방편

Panel on Climate Change는 기후변화의 원인을 화석연료사용 중 배출되는 가스로 지목하고, 온실가스 감축을 위한 노력을 권고하였지만 주권국가의 제한적 합의만을 이끌어 냈다. 약한 감축의무를 국가에게 부여한 교토의정서마저 유명무실해지는 상황은 국제기구의 무능함을 보여준다.

22 'International organization'을 국제기구로 번역하는 관행은 국제사회의 문제해결이라는 국제기구의 기능에 초점을 맞추고 있다. 국제기구 안에 있는 사람 간에 강한 유대감이 있다면 '국제조직'으로 번역하는 편이 더 어울린다.

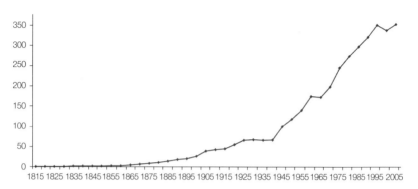

자료: Jon C. Pevehouse, Timothy Nordstrom and Kevin Warnke, "International Governmental Organization(IGO) Data(v2.3)," http://correlatesofwar.org(검색일: 2013.6.21)

적 대안을 제공할 수 있으며, (2) 국제기구의 외형적 활동이 주요국으로 하여금 인류 공동의 문제 해결과 거리를 두는 핑곗거리가 될 수 있고, (3) 국제기구가 문제해결의 공간이기보다는 정당성을 확보하기 위한 경쟁의 장소가 될 수 있다. 국제기구가 인정을 받기 위한 경쟁의 공간으로 전락하면, 국제기구는 더 이상 인류에게 필요하지 않은 존재가 될 수 있다.[23]

---

23 국제기구의 부정적 기능이 누적될 때, 국제기구는 소멸될 수 있다. 조직으로서 국제기구의 생존력이 강하다는 통념과 달리, 국제기구의 생존력은 그다지 높지 않다. 국제기구를 만든 주권국가의 합의에 의하여 국제기구가 사라지는 현상이 종종 발생한다.

✢ Gallorotti, Giulio M. "The Limits of International Organization: Systemic Failure and the Management of International Relations." *International Organization* 45-2. 1991.

　이 논문은 국제기구가 문제해결에 도움을 주지 못하는 원인을 체계적으로 제시하여, 국제기구를 과도하게 맹신하는 오류를 범하지 않는 데 도움을 준다. 국제기구를 문제해결의 수단으로 좁게 보는 단점이 있지만, 국제기구가 문제를 악화시킬 수 있는 상황을 이해하는 데 도움을 준다.

✢ Hardin, Garret. "The Tragedy of the Commons." *Science* 161-3859. 1968.

　이 논문은 공유재 소비 과정에서 집단의 합리성과 개인의 합리성이 충돌하게 되는 과정을 인구, 오염, 토지 사용의 예를 들어 구체적으로 설명한다. 인류가 공유재 소비를 둘러싼 갈등을 해결하기 위하여 사용한 기제를 검토한 후, 당사자 간 합의를 대안으로 제시한다. 이 논문은 국제공유재 관리 과정에서 국제기구의 긍정적 기여와 한계를 이해하는 데 도움을 준다.

✢ Olson, Mancur. *The Logic of Collective Action*. Cambridge, MA: Harvard University Press, 1965.

　이 책은 공동의 목적을 가지지만 협력을 하지 않는 집단행동의 논리를 공공재의 속성으로 설명한다. 또한 집단행동의 논리를 극복하는 방법을 노동운동을 예로 들어 제시한다. 국제협력이 이루어지지 않는 이유를 분석하는 데 중요한 시사점을 제공한다.

✢ Union of International Association. *The Yearbook of International Organizations*. Leiden, Netherlands: Brill, 1948-.

이 총서는 국제정부간기구와 국제비정부기구의 목록(Vol.1), 연락처
(Vol.2), 주제별 국제기구 분류(Vol.3), 국제기구에서 발행한 문서목
록(Vol.4), 관련 통계(Vol.5), 국제기구에 근무하는 인물사전(Vol.6)
등을 담고 있다.

제 2 장 국제기구의 정의와 상충하는 시각

정구연

Ⅰ. 서론
Ⅱ. 국제기구의 정의와 특성
Ⅲ. 국제기구에 관한 상충하는 시각
Ⅳ. 결론

I. 서론

최근 국제사회가 직면한 도전은 기존의 주권국가 중심 국제체제에 대한 위협이며, 빠른 속도로 그 외연이 확장되어가고 있다. 전통적 안보위협요소로 간주되어왔던 핵무기 및 대량살상무기의 확산, 테러리즘 등으로부터의 위협뿐만이 아니라, 기후변화, 자원고갈, 식량안보 및 인도주의적 위기, 빈곤과 질병의 확산 등 국제사회는 과거에 목격하지 못했던 비전통적 위협으로부터의 도전에도 직면하고 있는 것이다.

또한 걷잡을 수 없는 세계화의 흐름은 위와 같은 위협요소를 전지구적 차원으로 확산시키고 있으며, 동시에 국제관계 주요행위자들의 전통적인 역할과 관계를 변화시키고 있다. 특히 그 중에서도 국제사회의 주요 구성단위였던 주권국가의 쇠퇴를 가져오고 있다고 관찰된다.[1] 우선 주권국가 내부의

---

[1] 국제법적으로 국가(state)란 법인격체이며, 국가를 하나의 단일한(unitary) 전체로 간주하기 때문에 국가 이외의 행위자인 시민사회 및 비국가적 행위자의 존재를 인정할 이론적 여지가 존재하지 않는다. 또한 전통적인 국제관계학에서도 시민사회란 국가의 일부일 뿐이며, 이 둘은 수직적인 관계에 놓여 있다. 피터 윌레츠, "지구정치에서의 초국가 행위자와 국제기구," 존 베일리스·스티브 스미스·퍼트리샤 오언스 편저, 하영선 외 역, 『세계정치론』(서울: 을유문화사, 2012), p.413.

국민들은 세계화로 인해 그들의 정부와 국가에 대한 충성심allegiance 대신 인종, 종교, 언어 등 시민 개개인의 정체성에 따른 집단의식을 형성하고 있다는 점에서 그러하다. 이와 같은 내부적 충성심의 약화뿐만이 아니라, 주권쇠퇴론을 뒷받침하는 더욱 중요한 근거는 앞서 언급한 세계화와 초국가적인위협에 대해 주권국가가 독자적으로 대응할 능력이 부재하다는 점이다. 과거 주권국가들이 유일한 행위자로서 주권국가 중심 관계구축을 통해 국제사회를 이끌어왔지만, 이제는 주권국가 이외의 다양한 행위자들이 새로이 국제사회에 등장하였고, 이제 주권국가들은 위에 언급한 문제점들을 해결하기위해 국제사회의 다양한 수준에 존재하는 이들 새로운 행위자들과의 수평적협력이 필요해졌다. 일부 이론가들은 바로 이러한 현상이 주권의 쇠퇴를 의미한다고 주장하며, 1648년 웨스트팔리아 조약 체결 이후로 국제사회의 근간이 되어온 주권국가의 규범, 즉 국가는 대내적 절대성을 향유하며 어떠한상위 권위체에도 복종하지 않는 대외적 독립성을 유지한다는 규범을 약화시키고 있다고 강조한다.[2]

물론 근본적으로 주권공백sovereignty gap이라는 용어가 말해주듯이, 무정부상태의 국제사회는 국제적 공공재를 보호하고 제공해줄 수 있는 초국가적권위체가 부재하다.[3] 국제사회의 공동의 문제를 해결하고 동시에 주권국가의 개별이익을 구현하기 위해 국제사회는 정책적 조정coordination과 집합행위collective action를 필요로 하는 상호의존 상황에 노출되어왔던 것이다. 그러나이때의 상호의존은 기본적으로 국가라는 전통적 분석 단위 사이의 상호의존이었으며, 국가들은 비록 국내적 운신의 폭이 축소되더라도 국제기구에 참여하거나 국제조약에 서명함으로써 공동의 문제를 해결해왔다. 이러한 과정을 통해 인류가 살아가는 일상은 예측 가능한 수준에서 유지되어왔는데, 단순한 예로 우편은 국경을 넘어 배달되고, 사람들은 세계 이곳저곳으로 여행

---

2 Margaret P. Karns and Karen A. Mingst, 『국제기구의 이해: 글로벌 거버넌스의 정치와 과정』(서울: 명인문화사, 2011), p.28.

3 Steven W. Hook, *U.S. Foreign Policy: The Paradox of World Power*(Washington D.C.: CQ Press, 2011), p.277.

을 다닐 수 있으며, 여러 소비제품들은 무역을 통해 세계 각국으로 운송되어
왔다. 즉 국제사회는 주권공백에도 불구하고 일정한 질서를 이루어왔으며,
이러한 질서는 안정적으로 관리되어왔던 것이다. 그러나 이와 같이 주권국
가들이 참여하여 형성된 국제기구 중심 글로벌 거버넌스체제는 최근의 현안
들에 대해 적절히 대응하는 모습을 보여주지 못하고 있다. 더욱이 앞서 언
급한 초국가적 위협의 확산과 세계화의 흐름으로부터 야기되는 문제들은 각
각의 국가 및 지역에 따라 서로 다른 강도와 범위로 발생한다. 또한 강대국
들은 위와 같은 문제들을 관리할 수 있는 역량을 충분히 갖추고 있는 반면
약소국들, 특히 실패국가failed states들은 위와 같은 초국가적 위협과 세계화의
영향력에 대응할 여력조차 없다. 요컨대 초국가적 위협과 세계화에 대한 주
권국가들의 비대칭적 대응능력은 그 어떤 행위자의 일방적인 노력으로도 작
금의 현안들을 해결할 수 없음을 보여주고 있으며, 이들에 대해 어떻게 대응
하고 관리해야 하는가라는 방법론적인 논의가 대두되게 되었다.

　이를 해결하기 위한 대안으로서 새로운 글로벌 거버넌스 수립의 필요성
이 1990년대부터 논의되어왔다. 세계화는 앞서 언급한 바와 같이 새로운
위협요소를 확산시킨다는 점에 있어 국제사회가 직면한 도전을 더욱 확대시
킨 것도 사실이지만 세계화를 기반으로 한 네트워크 형성을 통해 위협요소
를 극복할 수 있는 기회를 제공하기도 하였다. 세계화로 인한 현대의 네트
워킹은 교통·통신을 비롯한 과학기술의 발전, 자유주의의 확산 및 민주주
의 발전을 기반으로 한 초국가적 네트워크 형성을 의미한다. 더욱이 국가,
시민사회 및 다양한 비국가적행위자들 사이에 전례 없는 수평적 네트워킹이
가능해졌으며, 이로부터 형성된 새로운 글로벌 거버넌스가 바로 현재 국제
사회가 직면한 초국가적 위협에 대응할 수 있는 대안으로 부상하게 되었다.

　전통적으로 거버넌스란 '개인들과 기구들이 공동의 문제를 공적 또는 사
적으로 해결하는 다양한 방식들을 집약한 것'으로 정의되어왔다.[4] 이는 관

---

[4] Commission on Global Governance, *Our Global Neighbourhood: Report of the
Commission on Global Governance* (Oxford: Oxford University Press, 1995), p.2.

습과 같이 비공식적일 수도 있고, 법과 규범, 제도 및 기구와 같이 보다 공식적인 형태를 띠고 있을 수도 있으며 거버넌스와 관련된 활동, 규칙, 제도적 장치, 그리고 의사결정과정을 포괄적으로 아우르는 용어로 사용되어왔다. 특히 글로벌 거버넌스에 있어서는 단순히 주권국가들뿐만이 아니라 국제기구, 시민사회조직, 사적 영역의 행위자 등이 다자적으로 참여하여 그들이 당면한 공동의 문제를 해결하는 구조와 과정을 동시에 의미한다. 비록 국가들은 아직까지 주권적 지위에 근거해 보다 더 큰 영향력을 거버넌스 형성과정에 행사하고는 있으나 최근 비국가적 행위자들도 적극적으로 글로벌 거버넌스 형성에 참여하고 있다.

글로벌 거버넌스의 개념적 정의와 범위는 지난 세기동안 끊임없이 변화해왔다. 그 변화의 기저에는 새로운 거버넌스의 창출을 요구하는 끊임없는 시대적 변화가 존재해왔으며, 특히 지난 20세기 양차 세계대전, 세계화와 민주화 등이 이에 해당된다. 예컨대 제1차 세계대전 이전 시기의 거버넌스란 국내적 차원에 국한되어 있었으며, 그 후 산업화와 경제적 통합으로 인해 국경을 넘나드는 사회기반시설을 구축해야 하는 등 경제적 영역에서의 필요성에 의해 구축된 정부간국제기구가 바로 글로벌 거버넌스를 의미했다.[5] 제2차 대전 이후의 국제사회는 전쟁으로 폐허가 된 유럽을 복구하기 위해, 그리고 지도국가로 부상한 미국은 스스로의 국가이익을 보호할 수 있는 자유시장 경제체제 확산을 위한 글로벌 거버넌스의 존재가 필요로 하게 되었으며, 그것은 국제통화기금과 세계은행 등으로 구체화되었다.[6]

그러나 초국가적 위협과 세계화로 인해 이전과 달라진 최근의 국제사회는 또 다른 글로벌 거버넌스의 형성을 필요로 하고 있다. 특히 주권국가

---

[5] Craig N. Murphy, *International Organization and Industrial Change: Global Governance since 1850* (New York: Oxford University Press, 1996), p.9.

[6] 이러한 이유로 이 당시까지의 글로벌 거버넌스를 정부간국제기구모델(Intergovernmental Model, IGO Model)로 일컫기도 한다. Miles Kahler, "Global Governance Redefined," Paper Presented at the Conference of Globalization, the State, and Society, Washington University School of Law, St. Louis, 13-4 November 2003, pp.1-2.

중심의 국제기구에만 의존해왔던 현재의 거버넌스체제에 새로운 행위자를 포함시켜 수평적으로 확장시킨 글로벌 거버넌스에 대한 요구로 이어지게 되었다. 그러나 새로운 시대적 요청에도 불구하고 현재의 국제기구 중심 거버넌스체제가 또 다른 형태의 확장된 글로벌 거버넌스로 대체되기에는 어려울 것으로 예측된다. 글로벌 거버넌스의 확장에 대한 요구는 기본적으로 현재의 국제사회의 변화에 주권국가와 국제기구들이 적절히 대응하지 못하고 있다는 점을 가정하고 있다.

이러한 가정의 문제는 단순히 국가주권을 국제사회에서의 영향력과 능력의 측면에서만 정의내리고 있으며, 이를 바탕으로 최근 국가주권은 약화되고 있다고 결론내리고 있다는 점이다. 궁극적으로 이는 주권국가들이 주요 행위자로 참여한 국제기구 중심 글로벌 거버넌스체제를 비국가적 행위자들을 포함한 확장된 글로벌 거버넌스로 대체되어야 한다는 주장으로 귀결되고 있다. 그러나 국가주권은 단순히 힘power과 영향력influence 뿐만이 아니라 권위authority에 기반을 두고 있다. 즉 한 국가의 정부가 금융자본이나 사상의 흐름, 유행, 질병 등의 확산을 통제하지 못하는 것은 하나의 사회학적 현상일 뿐이며, 주권국가의 정치적 권위authority와 제도화된 법적 지위legal status에 대한 도전을 가져올 수 없다.7 오히려 확장된 글로벌 거버넌스의 필요성을 주장하는 측이 내리는 주권의 정의에 따르면 이제껏 그 어떤 국가도 완벽한 주권을 가진 적이 없다는 사실을 직시해야 하며, 외부로부터의 영향력으로부터 그 어떤 국가도 자유롭지 않다는 점을 인지해야 할 것이다.

또한 이러한 법적 지위는 그 어떤 초국가적 위협에도 변화하지 않는다. 국가 주권의 지위는 비국가적 행위자나 사적 단체가 아닌 다른 국가들에 의해서만 부여된 것이며, 그러하기에 주권이란 단지 다른 국가들과의 관계에서만이 권위의 제한을 받을 뿐이다. 요컨대 국가주권이란 정치적 권위와 법적 지위를 의미하며, 이는 다시 정당성을 바탕으로 한 통치right to rule 및

---

7 Kalevi J. Holsti, *Taming the Sovereigns: Institutional Change in International Politics* (New York: University of Cambridge Press, 2004), p.136.

복종에의 의무duty to obey를 일컫는다.8 더욱이 국제사회의 위기상황 혹은 유사시 강제적 수단을 사용할 수 있는 적법한 행위자는 국가이며,9 이러한 국가주권의 정치적 권위와 법적 지위가 유지되는 한 확장된 글로벌 거버넌스는 결코 현재의 국제기구 중심 글로벌 거버넌스체제를 대체할 수 없다.

물론 글로벌 거버넌스의 확장은 국제사회 의사결정과정에 있어서의 정당성legitimacy을 증진시킬 수 있다는 장점을 가지고 있다. 즉 국가뿐만이 아니라 시민사회를 포함한 많은 비국가행위자들이 의견을 개진하고 글로벌 거버넌스 과정에 참여할 수 있다는 점에 있어 의사결정의 정당성을 제고시킬 수 있는 것이다.10 그러나 확장된 글로벌 거버넌스는 의사결정 과정에 있어 현재의 국제기구 중심 글로벌 거버넌스 내부에서도 논란을 일으키는 민주성 결핍democratic deficit의 문제를 오히려 악화시킬 수 있고, 이러한 민주성 결핍은 의사결정의 투명성 약화와 연결되어 글로벌 거버넌스 자체의 정통성을 오히려 약화시킬 수 있다는 문제점이 예측된다. 동시에 수평적 다자주의를 근간으로 형성된 글로벌 거버넌스의 효율성은 여전히 미지수로 남아 있다.

본 장은 이러한 점에 착안하여, 국제관계의 주요 행위자로서의 국제기구의 개념적 정의와 법적 지위를 살펴보고, 또한 다양한 국제관계이론들이 말하는 국제기구의 특성과 이들로부터 공통적으로 발견되는 국제기구 중심 글로벌 거버넌스의 유용성을 논의해보고자 한다. 이를 바탕으로 대안적 의사결정 및 통치기구로서 제기되고 있는 확장된 글로벌 거버넌스로의 대체는 아직 어렵다는 점을 강조해보고자 한다.

---

8 Kalevi J. Holsti, *Taming the Sovereigns: Institutional Change in International Politics* (New York: University of Cambridge Press, 2004), p.139.

9 Jon Pierre, ed., *Debating Governance: Authority, Steering, and Democracy* (New York: Oxford University Press, 2000), pp.173-174.

10 Steve Charnovitz, "Non-governmental Organizations and International Law," *American Journal of International Law* 100(2006), pp.348-372.

II. 국제기구의 정의와 특성

1. 국제기구의 정의

국제기구는 회원국들의 공동이익을 추구할 목적으로 두 개 혹은 그 이상의 주권국가들 혹은 비정부 간 행위자 사이의 자발적 합의에 의해 만들어진 공식적이고 지속적인 구조이다.[11] 국제기구를 포함한 대부분의 글로벌 거버넌스는 다음과 같은 몇 가지 기준을 중심으로 각각의 정의를 내릴 수 있다. 첫째, 누가 그 거버넌스체제를 통치하느냐의 문제이다. 즉 누가 가장 주요한 행위자로서 거버넌스체제를 움직이는가, 혹은 거버넌스체제 안에서의 선거권을 가지고 있느냐enfranchised에 관한 것이며, 국제기구의 경우 전통적으로 주권국가가 주요한 행위자로 자리 잡아왔다. 물론 최근에는 점차 많은 비정부기구들도 자문역할consultative status을 담당하며 유엔을 비롯한 많은 국제기구에 참여하고 있으나, 여전히 공식적인 회원국의 지위는 주권국가들이 누리고 있다.

둘째, 정치적 권위political authority가 어떠한 분석 수준level of analysis에 위치하는가의 문제이다. 어떠한 거버넌스체제든지 참여자의 권위는 특정 수준에 위치하며, 현재의 국제기구체제에 있어 회원국의 정치적 권위란 초국가적인 수준보다는 국가수준에 머물러 있었다. 주권국가는 스스로의 이익만을 온전히 실현하기 어려운 초국가적인 거버넌스체제에 정치적 권위를 양도하기보다는 스스로의 주권과 이익을 지키는 데에 주력해왔다. 그러므로 현재의 국제기구 중심 거버넌스체제는 엄밀한 의미에서 초국가적인 거버넌스체제라

---

11 Clive Archer, *International Organization*, 3rd edition (New York: Routledge, 2001), p.30; Peter Willetts, "Transnational Actors and International Organizations in Global Politics," in *The Globalization of World Politics*, John Baylis and Steve Smith, eds. (New York: Oxford University Press, 1997), p.303; 유현석, 『국제정세의 이해』(서울: 한울아카데미, 2009), p.226.

고 단언하기 어렵다. 이제까지의 국제기구 중심 거버넌스는 서로 다른 분석수준, 예컨대 초국가적 수준과 국가수준에 각각 존재하는 정치적 권위라는 것이 상호보완관계라기보다는 상호 배타적 관계에 놓여 있으며 서로를 대체할 수 있다는 가정하에 존재해왔다.[12]

셋째, 집중화centralization 및 대표성delegation과 관련된 거버넌스의 제도적 디자인과 관련된 사항이다. 집중화란 특정 현안을 논의하는 데 있어 국제기구 내에 얼마나 많은 하부단위 기구들이 관료적 경쟁을 하고 있는가의 문제이며, 대표성이란 회원국이 얼마나 많은 정치적 권위를 해당기구의 상임직원들에게 대표하게끔 허락하느냐의 문제이다. 이런 점에 있어 현재의 국제기구들은 매우 약한 수준의 집중화를 이루고 있으며, 대표성에 있어서도 여전히 제한적인 권위만을 국제기구에 위임하고 있다. 이러한 특성으로 인해 발생하는 국제기구 내부의 문제점이 바로 업무수행의 효율성 저하와 결과에 대한 책임성 약화로서, 궁극적으로 초국가적인 현안을 다루는 데 있어 상대적으로 취약한 모습을 보여 왔다.

그러나 국제기구는 제도화와 포괄성의 수준에 따라 여타 거버넌스체제들과 차별성을 갖고 있으며, 특히 효율성, 책임성, 예측가능성 등의 문제에 있어 좀 더 나은 모습을 보인다. 우선 국제기구는 레짐이나 좀 더 포괄적의미의 국제제도와 혼용되기도 하는데, 엄격한 의미에서 국제기구는 이들과는 달리 공식적인 조직체를 가지고 있으며, 행정업무를 전문적으로 담당하는 사무국, 그리고 회원으로 받아들여지기 위한 절차와 자격조건을 명시하고 있다. 또한 회원국의 의무와 권리도 규정되어 있으며 회원국들 간의 의제를 다루기위한 의사결정방식도 명문화되어 있다. 이와는 달리 국제레짐이란 행위자들의 기대가 수렴되는 규칙, 규범, 결정과정으로 정의된다. 즉 특정 이슈영역에서 상호 연계되어 있는 원칙, 규범, 규칙과 의사결정체제로 구성되

---

12 Miles Kahler, "Global Governance Redefined," Paper Presented at the Conference of Globalization, the State, and Society, Washington University School of Law, St. Louis, 13-4 November 2003, p.10.

국제기구의 과거·현재·미래

어 있으며,[13] 비록 국제기구의 제도화 수준보다는 낮지만 위의 구성요소들이 참여행위자들에 의해 준수될 것이라는 묵시적인 이해를 포함한다. 이러한 점에 있어 레짐은 보다 포괄적인 개념으로 이해될 수 있고, '정부없는 거버넌스governance without government'로 정의될 만큼 강제성을 띤 권위체의 존재 없이 운영되며,[14] 레짐에 참여하는 행위자는 단지 규칙의 정당성과 의사결정 절차의 유효성에 기반해 의무를 준수하게 된다는 점에서 국제기구와 차이점을 보인다.

반면 국제기구, 특히 정부간국제기구는 회원국들이 공유하는 특정 현안을 다루기 위해 공식적인 의사결정 절차, 사무국과 예산, 및 법인격을 필요로 하지만 이러한 정부간기구 그 자체가 국제레짐을 구성하지는 않는다. 마지막으로 국제기구와 레짐 모두 국제제도international institution의 포괄적 범주에 포함된다. 이때의 국제제도란 국제체제와 체제 내 활동하는 국가 및 비국가적 행위자, 그리고 이들의 행위와 연관된 구성적, 관리적, 그리고 절차적인 규범과 법칙을 의미하며,[15] 국제규범, 국제레짐, 국제법과 국제기구를 모두 포괄한다.

요컨대 전통적으로 국제기구는 주권국가를 단위로 구성되어왔고 이들의 대표자들에 의해 운영되어온 고도로 제도화된 정부간국제기구intergovernmental organization: IGO를 의미해왔다. 정부간국제기구는 최소 세 개 이상의 국가들이 공식적인 국가 간 협정을 체결하는 방식으로 형성되어 여러 국가 내에서 활동하는 조직이다.[16] 이러한 기준은 1950년 2월 27일 유엔 경제사회이사회의 결의안 288(X)로부터 기인하며,[17] 이에 따르면 정부간 조약에 의해 형

---

13 Stephen D. Krasner, ed., *International Regimes* (Ithaca: Cornell University Press, 1983).

14 Margaret P. Karns and Karen A. Mingst, 『국제기구의 이해: 글로벌 거버넌스의 정치와 과정』(서울: 명인문화사, 2011), p.13.

15 John Duffield, "What are International Institutions?" *International Studies Review* 9-1(2007), pp.1-22.

16 Margaret P. Karns and Karen A. Mingst, 『국제기구의 이해: 글로벌 거버넌스의 정치와 과정』(서울: 명인문화사, 2011), p.5.

성되지 않은 국제기구란 비정부기구로 간주된다. 정부간기구는 활동범위와 목적에 따라 글로벌 정부간기구global IGO와 지역적 기구regional IGO, 혹은 양자간 기구bilateral IGO로 나뉠 수 있고, 이들 정부간국제기구는 대부분 이상주의적인 목적이 아닌 회원국가의 국가이익을 추구하기 위해 형성되었다.18 대표적인 글로벌 정부간기구로는 유엔United Nations, 지역적 정부간기구로 유럽연합European Union, 아세안Association of South East Asian Nations: ASEAN 등을 그 예로 들 수 있으며, 회원국들은 국제기구라는 틀 속에서 스스로의 국가이익을 지켜내기 위한 외교활동을 벌인다.19

최근 비정부기구non-governmental organization의 급속한 증가로 인해 국제기구는 더 이상 주권국가들만의 배타적인 조직체로 정의되지 않는다. 비정부기구란 공동목표를 달성하기 위해 모인 개인이나 조직을 구성원으로 하는 사적이고 자발적인 기구이다.20 비정부기구는 정부간기구보다 훨씬 그 기능 면에 있어 전문화되어있고 다양한 목적을 추구한다. 예컨대 국제항공위원회 International Air Transportation Association는 국제항공사 간의 업무를 조정하며, 국제적십자위원회International Committee of the Red Cross는 중립적인 인도주의적 지원기관으로서 전쟁 및 무력충돌로부터의 희생자들을 지원한다. 또한 정치적 목적을 지향하는 비정부기구로서 앰네스티 인터내셔널Amnesty International은 다양한 인권 위협을 받는 사람들을 돕고 있다. 마지막으로 문화적 비정부기구로 국제올림픽위원회International Olympic Committee도 존재하고, 환경운동단체

---

17 UN E/RES/288(X), Review of Consultative Arrangements with Non-Governmental Organizations, 27 February 1950, para. 8.

18 Joshua S. Goldstein and Jon C. Pevehouse, *International Relations*, 7th edition (New York: Pearson Longman, 2007), p.255.

19 물론 국제기구는 회원국가의 의사(will)와 별개의 목적을 지향하는 최소한 1개 이상의 기관을 가진다. 한희원, "국제기구의 법인격과 그 권한에 대한 이론적 고찰."『중앙법학』제11권 3호(2009), p.399. 이러한 의미에서 국제기구란 회원국들의 국가이익 실현을 위한 단순한 수단적 역할 그 이상을 수행하기도 한다. Geoff. R. Berridge, *Diplomacy: Theory and Practice* (London: Palgrave Macmillan, 1995), pp.2-3.

20 Margaret P. Karns and Karen A. Mingst,『국제기구의 이해: 글로벌 거버넌스의 정치와 과정』(서울: 명인문화사, 2011), p.9.

인 그린피스Green Peace 역시 비정부기구로 분류될 수 있다. 일련의 예에서 알 수 있듯이 비정부기구는 주권국가의 이익으로 온전히 환원되기에는 어려운 매우 지역적이고 특수한particularistic, 혹은 매우 보편적인universal 가치의 실현을 추구한다. 또한 비정부기구들은 이를 위해 개인, 정부, 정부간기구, 혹은 기업들에 대해 압력을 가하거나 설득을 하는 등의 노력을 기울인다. 최근에는 정부 혹은 정부간국제기구에 의해 운영되던 사업들이 비정부기구들에게 위임되거나 하청계약subcontract되기도 한다.

예컨대 비정부기구들은 특정 국가가 주도하는 저개발국 개발협력 프로그램을 현장에서 지휘하거나, 인도주의적 위기 상황에 처한 지역에 대해 재난구호활동을 벌이기도 하며, 환경오염지역을 직접 정화하는 활동을 수행하기도 한다. 요컨대 비정부기구는 비록 개인 혹은 비국가적 단체에 의해 운영되지만 이들은 '공적인 행위'를 수행한다는 점에 있어 국제사회의 공공영역에 존재하고 있으며, 다양한 수준의 글로벌 거버넌스를 연결 및 확장시키는 고리역할을 자처한다.[21]

국제기구의 또 다른 특징 중 하나는 주권국가와 마찬가지로 국제법적 주체로 인정받으며, 회원국들과는 별도의 지위, 권리 및 의무를 갖는 주체로 인식된다는 점이다. 물론 국제기구가 국제법상 주체로 인식된 것은 최근의 일이며, 20세기 초에 이르기까지도 단지 몇몇의 주권국가만이 국제법상 권리와 의무의 주체로 인식되었었다.[22] 더욱이 아직도 특정 국가 내 법률 체계에서 인정받는 국제기구의 법인격legal personality은 그 기구의 성격 및 권리의 범위에 따라, 혹은 해당 주권국가의 필요성에 따라 변할 수 있다. 국제법적으로 국제기구가 법인격체가 되기 위한 보편적이고 절대적인 기준은 존재하지 않으며, 국제기구에 참여하는 회원들의 의사에 기초하여 국제법상의

---

21 Mary Kaldor, "The Idea of Global Civil Society," *International Affairs* 79(3), pp. 583-593.

22 David J. Bederman, "The Souls of International Organization: Legal Personality and the Lighthouse at Cape Spartel," *Vanderbilt Journal of International Law* 36, pp. 275-277.

권리와 의무를 갖게 되는 것이다. 즉 국제기구 법인격의 존재유무의 여부는 해당 기구 창설 헌장과 조약 및 창설 목적에 따라 변하거나, 이들에 의해 명시적으로 규정된 범위 안에서만 국제법적 주체성을 인정받는다. 예컨대 1946년 발효된 유엔의 '유엔의 특권과 면제에 관한 협약^{Convention on the Privileges and Immunities of the United Nations}'은 유엔의 법인격을 인정함과 동시에 국제법상의 주체로서 부동산 및 동산을 취득하거나 처분할 능력 및 소송제기능력을 부여하고 있으며, 유엔 자체의 특권으로서 해당기구의 재산에 관한 재판 관할권 면제 등을 명시하고 있다. 일반적으로 거론되는 국제기구의 국제법상 주체로 인정되기 위한 기준은 세 가지로 압축될 수 있다. 첫 번째는 조약체결의 행위, 즉 다른 국제기구 및 주권국가와 국제적 합의를 도출해낼 수 있는 위치에 있는가의 여부이다. 두 번째 기준은 해당 국제기구가 스스로를 대표할 수 있는 외교사절을 다른 국제기구 및 주권국가와 교환할 수 있는 능력을 보유하고 있는가의 여부이며, 마지막으로 세 번째 기준은 해당 국제기구가 국제적 소송을 제기하거나 제기당할 수 있는 위치에 있는가의 여부이다.[23] 물론 이 세 가지 기준은 엄격한 의미에 있어 국제법적 주체성을 판단할 수 있는 기준은 아니며, 해당 국제기구의 창설 근거인 헌장 규정에 따라 법인격 주체임을 전제로 한 권리의무의 범위와 내용은 언제든지 변할 수 있다.

2. 국제기구와 글로벌 거버넌스

지난 20세기 후반 공공부문에서의 새로운 변화를 대변하는 키워드는 글

---

[23] 한희원, "국제기구의 법인격과 그 권한에 대한 이론적 고찰," 『중앙법학』 제11권 3호 (2009), p.405; Chittharanjan Felix Amerasinghe, *Principles of the International Law of International Organization* (New York: Cambridge University Press, 2005), pp.92-99; Jan Klabber, "Presumptive Personality: The European Union in International Law," in Martti Koskenniemi, ed., *International Law Aspects of the European Union* (The Hague: Kluwer, 1998), pp.45-48.

로벌 거버넌스였다. 앞서 언급한 바와 같이 이는 주권국가의 정부가 전통적으로 행해오던 통치 및 의사결정과정, 혹은 주권국가 중심의 국제기구 거버넌스체제와는 다른 새로운 방식에 관한 것으로서, 이러한 개념이 등장한 배경에는 앞서 언급했듯이 국가와 사회의 경계가 모호해지고, 세계화와 시민사회 성장과 더불어 나타난 다양한 행위자들과 이들의 정부정책 관여 확대, 그리고 더욱 복잡해진 사회문제 및 초국가적 위협에 대응할 수 있는 공공정책의 필요성, 그리고 마지막으로 정부가 유일한 행위자라는 인식의 약화를 들 수 있다.24 또한 정부활동은 주권에 근거한 권위authority에 뒷받침되는 반면, 새로운 형태의 확장된 거버넌스는 공유된 목적에 의해서만 뒷받침되므로 공식적인 권위체가 없어도 기능할 수 있으며, 특히 개별 주권국가라는 주요행위자가 없더라도 거버넌스는 존재할 수 있다는 점이 더욱 거버넌스가 새로운 대안으로 부상하는 데 기여하였다.25

물론 1990년대까지 국제관계분야에 있어서 거버넌스라는 용어는 종종 국제기구를 지칭하는 용어로만 쓰였다.26 확장된 글로벌 거버넌스 개념의 등장은 1990년대에 관찰되었던 국제기구들의 제한적 역할에 대한 관찰에 근거하며, 국제기구뿐만이 아니라 새로운 행위자와 수준으로까지 확장된 글로벌 통치과정에 대한 동경을 담고 있었다. 또한 이러한 동경은 당시에도 이미 많은 수의 국제기구들이 존재했지만, 주권국가 정부가 일반적으로 갖추어야 하는 정당성legitimacy을 보유한 국제기구는 매우 드물다는 반성에서 비롯되기도 했다. 정당성을 보유한 정부의 경우 국가의 테두리 안에 거주하는 국민들이 보다 정의로운justice 생활을 영위할 수 있도록 공공재적 가치 혹은 그러한 환경을 제공해야만 한다. 단순히 법의 지배뿐만이 아니라 경제 발전,

---

24 정희태, "사회통일교육의 실태와 문제점 그리고 개선: 거버넌스 구축을 중심으로," 『윤리연구』 82(2011), p.30.

25 김석준 외, 『거버넌스의 이해』(서울: 대영문화사, 2002), p.36.

26 Paul Taylor, "The United Nations and International Organization," in John Baylis and Steve Smith, eds., *The Globalization of World Politics* (New York: Oxford University Press, 1997), p.272.

공공 보건 등 개인의 생활 곳곳에서 발견될 수 있는 불공평함을 개선하도록 노력하는 것이 바로 '정당성을 보유한 국가'의 역할이라는 것이다. 이러한 논리에 따라 정당한 국제기구 거버넌스란, 특히 냉전종식 이후 광범위하게 드러난 국가의 시민들에 대한 부당한 대우와 위협요소의 제거, 예컨대 인도주의적 위기와 같은 대규모 인권유린사태와 내전, 경제적·문화적 권리 차원에서의 적절한 생활수준 향유 등을 도모하기 위한 국제기구의 노력을 의미한다. 그러나 기존의 국제기구의 경우, 해당 회원국이 그들의 시민들을 어떻게 통치하고 있는지에 대해 지속적으로 감시하는 것은 물리적으로 불가능했기에 그 정당성을 인정받기 어려웠다.

반면 냉전 직후 급속하게 진행된 세계화와 민주화, 그리고 정보화는 탈집중 및 분권화 요구의 증대와 함께 시민사회의 자생적 성장을 동반하였으며, 이러한 변화는 주권국가 및 국제기구의 역할을 대체할 확장된 글로벌 거버넌스의 필요성을 더욱 광범위하게 요구하게 되었다.27 이러한 요구는 결국 기존 주권국가 중심의 통치체제 약화에 대한 논의를 필연적으로 가져올 수밖에 없었으며, 기존의 주권국가 중심 통치 및 정책결정체제에서 벗어나 다양한 행위자들의 수평적 자기조절에 의한 정책결정방식으로서의 새로운 글로벌 거버넌스 개념을 발전시켰다.28 단순히 주권국가뿐만이 아니라 공적·사적 영역의 다양한 행위자, 즉 국가와 비국가 행위자, 그리고 국제제도 등 다양한 행위자들의 다층적 네트워크 형성과 동반자 관계의 구축, 상호 공유된 목적에 기반하여 형성된 의사결정과정, 그리고 신뢰에 근거한 수평적 정책결정과정으로 특징지어지는 거버넌스 개념은29 또한 탈냉전 이후 현저하

---

27 곽진영, "거버넌스의 확산과 내재화," 곽진영 외, 『거버넌스의 확산과 내재화』(서울: 도서출판 대경, 2009), p.3.

28 Jan Kooiman, "Social-Political Governance: Introduction," in J. Kooiman, ed., *Modern Governance: New Government-Society Interactions* (London: Sage Publication, 1993); Jan Kooiman and Martin Van Vliet, "Governance and Public Management," in Kjell A. Eliassen and J. Kooiman, eds., *Managing Public Organization* (London: Sage Publication, 1993); Jon Pierre, *Debating Governance: Authority, Steering, Democracy* (New York: Oxford University Press, 2000), p.3.

게 증가하고 있는 국가 및 시장실패를 극복할 수 있는 새로운 정책 결정 방식으로서의 가능성을 제시해주었다.[30] 요컨대 국제환경 변화에 대한 국제기구의 대응력 부족에 대한 실망과 맞물려 등장하게 된 새로운 개념이 바로 확장된 글로벌 거버넌스라고 할 수 있다. 궁극적으로 이와 같은 글로벌 거버넌스는 여러 다양한 행위자들은 집합행동과 질서정연한 규칙의 형성을 가능케 하는 환경을 만들 수 있다고 예측되었다.[31]

이러한 글로벌 거버넌스의 필요성에 대한 규범적 요구와는 다르게, 초기 국제관계학에서 글로벌 거버넌스는 매우 다양하게 정의되었고 개념적으로 정형화되지 못해 혼란을 주었다. 단적으로 글로벌 거버넌스의 개념에 대해 핑켈스타인Lawrence Finkelstein은 "현재 국제사회에 일어나고 있는 일들을 어떻게 명명해야 할지 모르기 때문에 이를 거버넌스라고 부른다"고 언급한 바 있다.[32] 핑켈스타인의 표현에서 단적으로 드러나는 글로벌 거버넌스 개념화의 어려움은 다음과 같은 이유로 설명될 수 있다. 즉 이제껏 많은 학자들이 안보, 경제, 사회운동, 시민사회, 국제기구의 활동, 사적 단체, 환경 문제와 같은 다양한 맥락과 수준에서 관찰 가능한 모든 초국가적 현상들을 포괄적으로 지칭하기 위해 글로벌 거버넌스의 개념을 사용했기 때문이다. 또한 이 과정에서 거버넌스의 개념이 국제관계학의 이론틀 내에서 가질 수 있는

29 Paul Hirst and Grahame Thompson, *Globalization in Question: The International Economy and the Possibilities of Governance* (Cambridge: Polity Press, 1996), pp. 183-184.

30 V. Braithwaite and Margaret Levi, *Trust and Governance* (New York: Russel Sage Foundation, 1998); Bob Jessop, "The Governance of Complexity and the Complexity of Governance: Preliminary Remarks on Some Problems and Limits of Economic Guidance," in Ash Amin and Jerzy Hauser, eds., *Beyond Market and Hierarchy* (Cheltenham: Edward Elgar, 1997); James N. Rosenau and Ernst-Otto Czempeil, *Governance Without Government: Order and Change in World Politics* (Cambridge: Cambridge University Press, 1992).

31 Gerry Stoker, "Governance as Theory: Five Proposition," *International Social Science Journal* 155(1998), pp. 17-28.

32 Lawrence S. Finkelstein, "What is Global Governance?" *Global Governance* 1-3 (1996), p. 368.

함의에 대해 명확히 밝히지 않았다는 점이고, 결과적으로 글로벌 거버넌스를 개념화하지 못했던 것이다.[33]

반면 위와 같은 광범위한 현상으로서의 글로벌 거버넌스를 처음으로 정의한 사례는 로즈노[James Rosenau]에 의해서이다. 로즈노는 "글로벌 거버넌스란 가족부터 국제기구에 이르기까지 모든 수준의 인간행위에서 관찰되는 규칙체제를 포함하며, 행위자들은 이를 통해 각자의 목표를 추구하고, 그 결과물은 초국가적인 함의를 가진다"고 정의내린 바 있다.[34] 로즈노의 정의에서 주목해야 할 점은 글로벌 거버넌스를 통한 행위자들의 상호작용이 각자의 목표를 추구한다는 점을 강조하고 있다는 것이며, 또한 이것이 의도적인 행위여야 한다는 점이다. 즉 아무리 관찰 가능한 현상이라 하더라도 행위자의 의도와 상관없이 우연히 생겨나는 현상은 거버넌스의 범주에 속하지 않는 것이다. 또 한 가지 주목해야 할 점은 로즈노가 언급한 '규칙체제'이며, 이러한 규칙체제의 존재는 향후 관련 규범과 기대, 그리고 행위자들의 행동변화에 영향을 주어야 의미를 가질 수 있다고 주장한다는 점이다.[35] 또한 규칙체제를 강제할 정치적·법적 권위체의 존재 없이도 영향을 미칠 수 있어야 거버넌스라고 정의내리고 있다는 점에서 국제레짐의 정의와 매우 유사하다. 반면 로즈노의 정의는 행위자들 각각의 이익추구행위의 집합적 결과물이 초

---

33 Robert O'Brien, Anne Marie Goetz, Jan Aart Scholte and Marc Williams, *Contesting Global Governance: Multilateral Economic Institutions and Global Social Movement* (Cambridge: Cambridge University Press, 2000); Ronnie D. Lipschultz, *Global Civil Society and Global Environmental Governance: The Politics of Nature from Place to Planet* (Albany: SUNY Press, 1996); Christoph Knill and Dirk Lehmkuhl, "Private Actors and the State," *Governance* 15-1 (2002); John Ruggie, "Global Governance Net: The Global Compact as Learning Network," *Global Governance* 7-4(2001), pp.371-378; Klaus Dingwerth, "The Democratic Legitimacy of Public-Private Rule-making: What can we learn from the World Commission on Dams?" *Global Governance* 11-1(2005), pp.63-83.

34 James N. Rosenau, "Governance in the Twenty-first Century," *Global Governance* 1-1(1996), p.13.

35 James N. Rosenau, "Governance in the Twenty-first Century," *Global Governance* 1-1(1996), p.15.

국제기구의 과거·현재·미래

국가적 함의를 갖는다고 하는 점에 있어서, 특정 현안에 있어 행위자들의 행위가 반드시 동일하지 않을 수도 있다는 점을 암시하고 있으며, 또한 초국가적 결과물이 반드시 국제사회에 이로운 것이어야 한다는 당위성을 명시하고 있지는 않다.

반면 글로벌 거버넌스를 실천적으로 정의하려고 하는 경향도 존재한다. 글로벌거버넌스위원회Commission on Global Governance의 정의는 "실천을 요구한다call to action"라는 문구를 포함하고 있으며, 단순히 관찰 가능한 글로벌 거버넌스의 존재뿐만이 아니라 그러한 거버넌스를 운용하는 데 있어 필요한 덕성을 강조한다. 특히 글로벌거버넌스위원회는 "글로벌 거버넌스를 유지하는데 있어 중요한 것은 국제사회 안에서 행동을 이끌어내는 데 필요한 시민윤리civic ethics이며, 그러한 시민윤리가 스며든 리더십이다"라는 점을 강조했다.36 이러한 개념화는 이를 바탕으로 보다 구체적인 거버넌스의 개혁방안을 제시할 수 있게 한다. 하지만 이러한 실천적 정의의 방향에 대한 보편적인 합의는 존재하지 않는다. 요컨대 이와 같이 다양하게 존재하는 글로벌 거버넌스에 대한 정의는, 글로벌 거버넌스로부터 생산될 수 있는 효과에 대한 다양한 기대수준을 보여주고 있으며, 동시에 현재의 글로벌 거버넌스 존재 자체가 갖는 비정형성을 반증하고 있다고 볼 수 있다.

글로벌 거버넌스에 대한 개념적 합의부재의 문제뿐만이 아니라, 일부 연구들은 또한 거버넌스라는 용어를 '정부'와 혼용하여 사용한다는 점이 또 다른 개념화의 어려움을 야기하고 있다.37 다시 말해 거버넌스가 어떤 수준의 정형성을 보유해야 하는가에 대한 학자들 간의 의견이 일치하지 않는 것이다. 어떠한 학자들에게 있어 거버넌스라는 개념은 시장과 정부와는 다른 논리로 작동하는 특수한 사회적 상호작용을 의미하고, 또 다른 학자들에게 거

---

36 Commission on Global Governance, *Our Global Neighbourhood: Report of the Commission on Global Governance* (Oxford: Oxford University Press, 1995), p.335.

37 Thomas G. Weiss, "Governance, Good Governance and Global Governance: Conceptual and Actual Challenges," *Third World Quarterly* 21-5(2000), p.795.

버넌스란 보다 포괄적인 개념으로, 시민사회의 자치, 공적 및 사적 행위자의 공동관리, 정부조직을 통한 권위적인 관리 등 사회적으로 관찰되는 모든 집합적 관리의 형태를 모두 일컫는다.[38] 그러나 로즈노가 지적했듯 거버넌스와 정부는 분명 차이점을 가진다. 즉 정부란 경찰과 같은 공식적 권위체와 공권력에 의해 정책을 집행하기도 하지만, 거버넌스는 복종을 강요하기 위한 공권력의 존재를 상정하지 않는다.[39] 이러한 점을 고려했을 때 거버넌스란 정부의 개념보다 그 범위가 훨씬 포괄적이며, 거버넌스는 정부간국제기구들을 포함하는 개념이라는 것을 알 수 있다.

반면 확장된 글로벌 거버넌스의 필요성은 국제사회가 직면한 변화에 대응하기 위해 기존 주권국가중심 국제기구와 정책결정과정이 국가는 물론 시민사회와 비국가 행위자와 상호협력하는 수평적 네트워크에 기반을 둔 정책결정 및 관리양식으로 변화해야 한다는 필요성에 근거하고 있다. 또한 이는 단순히 국제관계 행위자의 다양화뿐만이 아니라 이러한 행위자가 다양한 이슈영역으로 확산되어 있다는 점에 기인하고 있다. 예컨대 전통적 의미의 군사안보 이슈뿐만이 아니라 인간안보와 같은 포괄적 국제안보와 국제질서 형성에 관한 국가들의 정책 결정 및 관리양식의 변화로 인해 전통적 국제기구중심 거버넌스의 확장이 불가피해졌다는 것이다.

그럼에도 불구하고 확장된 글로벌 거버넌스는 현재의 국제기구들이 수행하는 역할, 혹은 현재의 국제기구중심 거버넌스체제를 대체할 수는 없다. 먼저 여러 학자들에 의해 시도된 거버넌스의 개념화 과정을 면밀히 살펴보면, 확장된 글로벌 거버넌스란 그 정의만큼이나 구조적 차원에서, 그리고 실천적 차원에서 정형화되지 못하고 있다. 더욱이 거버넌스를 이끌어갈 권

---

38 Klaus Dingwerth and Philipp Pattberg, "Global Governance as a Perspective on World Politics," *Global Governance* 12(2006), p.188.

39 James N. Rosenau, "Governance, Order, and Change in James N. Rosenau, Ernst-Otto Czempiel, eds., World Politics," in *Governance Without Government: Order and Change in World Politics* (Cambridge: Cambridge University Press, 1992), pp.1-29.

위체authority가 부재하다는 사실은 다양한 행위자의 요구를 수용할 수 있는 수평적 의사결정체제를 형성하는 데 기여하여 예전보다 민주적인 의사결정을 도출해낼 수는 있겠으나, 또 다른 한편으로는 민주성 결핍의 문제를 피하기 어려울 공산이 크다. 확장된 글로벌 거버넌스는 공권력과 권위체의 존재를 상정하지 않기에 이로부터 도출된 어떠한 결정에 대해서도 다양한 행위자의 복종과 의사결정의 효율적 실행을 담보할 수 없다는 문제가 존재하는 것이다.

확장된 글로벌 거버넌스의 개념화 및 필요성 논의의 내부적 모순 가운데 하나는, 이것의 존재를 통해 여러 다양한 행위자들은 집합행동과 질서정연한 규칙의 형성을 가능케 하는 환경을 만들고자 한다는 점에 있다.[40] 그런 의미에서 볼 때, 확장된 글로벌 거버넌스를 가짐으로써 사람들이 기대하는 결과물은 정부를 가짐으로서 얻을 수 있는 예측가능한 결과물과 질적으로 다르지는 않아 보이며, 그렇다면 굳이 확장된 글로벌 거버넌스라는 새로운 체제를 통해 국제기구 중심 거버넌스체제를 대체하기보다는 현재의 국제기구체제에 글로벌 거버넌스의 요소를 도입하는 것이 오히려 효율적인 방안으로 보인다. 예컨대 국제기구 내 글로벌 거버넌스의 내재화는 정책 결정의 투명성과 민주화를 향상시킬 수 있다.[41] 특히 유엔의 경우 원칙적으로 모든 국가는 주권의 이름으로 동일하다는 원칙을 유엔헌장에 명시하고 있지만 실제로는 국가 권력 위계질서를 바탕으로 운영된다는 점을 볼 때,[42] 확장된 글로벌 거버넌스체제의 국제기구 내 내재화는 제3세계 국가들뿐만이 아니라 비국가적 행위자들 역시 손쉽게 참여하고 국제기구 내 여론형성에 영향

---

40 Gerry Stoker, "Governance as Theory: Five Proposition," *International Social Science Journal* 155(1998), pp.17-28.

41 서창록, "국제 정책 결정방식의 변화사례," 곽진영 외, 『거버넌스의 확산과 내재화』(서울: 도서출판 대경, 2009).

42 Joseph A. Camilleri, "The UN's Place in the Era of Globalization: A Four-Dimensional Perspective," in Albert J. Paolini, ed., *Between Sovereignty and Global Governance: the UN, State and Civil Society* (New York: St. martin's Press, 1997), p.334.

력을 발휘할 수 있는 기회를 제공할 수 있을 것이다. 당위성의 측면에 있어서도, 글로벌거버넌스위원회가 주장하는 것처럼 주권의 실질적 평등과 상호 인정이 절실한 국제기구내의 위계질서 완화를 위해 확장된 글로벌 거버넌스의 국제기구 내재화는 반드시 실현되어야 할 실천적 과제로 고려될 수 있을 것이다.[43] 특히 이들이 제안하는 바처럼 국제통화기구와 세계은행 등의 위계적 의사결정과정의 민주화, OECD나 G8 같은 국제기구의 유엔으로의 이전, 가칭 유엔 경제안보이사회의 신설은 현재의 주권국가 중심 국제기구에 수평적 의사결정과정을 도입하는 데 기여할 것이다. 실제로 유엔은 헌장 71조에 근거해 비정부기구의 유엔 참여를 독려하고 있다. 1990년대 지구적 이슈들에 대한 국제회의를 개최하면서 적극적으로 비정부기구들과의 제휴를 모색하였고, 비정부기구들의 지구적 거버넌스 참여와 역할을 인정하고 제도화에 착수하였다. 그러나 현재로선 유엔 경제사회이사회는 다음의 여섯 가지 기준에 적합한 비정부기구에 대해서만이 포괄적 협의지위Consultative status를 부여하고 있다.

첫째, 비정부기구는 유엔의 업무와 목적을 지지해야 한다. 둘째, 비정부기구 스스로 민주주의적 의사결정과정을 확립해야 하며 인지가능한 대표단체가 존재해야 한다. 셋째, 비정부기구는 사적 이익을 추구해서는 안 된다. 넷째, 그 어떠한 경우에라도 비정부기구는 폭력의 사용을 해서도, 옹호해서도 안 된다. 다섯째, 비정부기구는 유엔헌장에 명시되어 있는 회원국 내정에의 불개입원칙을 존중해야 하며, 이런 이유로 정치적인 정당은 비정부기구의 협의지위를 가질 수 없다. 마지막으로 비정부기구는 정부간 조약을 통해 형성된 조직이어서는 안 된다. 이는 앞서 언급했듯 기술적인 측면에서 보았을 때 정부간기구와 NGO를 구분하기 위한 기준이다.

결론적으로 확장된 글로벌 거버넌스체제의 국제기구 내재화는 국제기구의 민주화를 이루는 데 기여할 것이며, 1장에서 언급한 국제기구의 여러 역

---

43 Commission on Global Governance, *Our Global Neighbourhood: Report of the Commission on Global Governance* (Oxford: Oxford University Press, 1995).

국제기구의 과거·현재·미래

할들―세계정치를 위한 의사소통 및 사회화의 공간 제공, 표준 설정 및 모니터링과 책임감 있는 문제해결자로서의 역할들이 좀 더 효과적으로 수행될 수 있을 것으로 예측된다. 다만 이를 위해서는 현존하는 국제기구 스스로도 비국가행위자들에게 국제기구체제로 자유로이 편입될 수 있는 기회를 부여할 수 있는 제도적 장치를 마련해야 할 것이다.

III. 국제기구에 관한 상충하는 시각

학자들은 하나의 관점perspective을 통해 현상을 이해하고 관찰한다. 관점이란 이상형ideal type으로서, 복잡한 현실세계를 단순화시킴으로써 관찰자로 하여금 어떠한 요인이 중요한지 판별해내며 이를 바탕으로 미래를 예측하게끔 만든다. 물론 하나의 관점은 또 다른 관점과 필연적으로 배타적인 관계에 존재하지는 않는다. 하나의 현상을 설명하는 데 있어 여러 관점들의 가정과 주장들이 겹칠 수 있기 때문이다. 그럼에도 불구하고 관점이 필요한 이유는, 이를 통해 문제의 원인을 단순화시킬 수 있고 그에 따른 문제해결방법도 찾아낼 수 있기 때문이다. 만약 모든 것이 하나의 현상을 일으킨 원인이라면, 그 어떤 것도 유의미한 원인이라고 결론내리기 어렵다.

관점이란 이러한 측면에서 유용하며, 본 절에서는 관점으로서의 국제관계이론을 통해 국제기구의 등장과 특성을 설명해본다. 국제관계학에 있어 가장 전통적인 이론이라고 일컬어지는 현실주의와 자유주의 그리고 대안이론으로 일컬어지는 구성주의와 비판적 접근법에 이르기까지 각각의 이론들은 국제관계의 주요행위자가 누구인지, 그리고 행위자의 본성과 국제체제의 특성은 어떠한지에 대한 가정이 서로 상이하다. 그런 이유로 이들 이론들이 국제기구를 바라보는 시각 역시 매우 다양하며, 특히 국제기구의 형성배경과 자율성, 그리고 국제기구를 통한 행위자 간 협력가능성 등에 관해 매우 상이한 의견을 보이고 있다.

1. 현실주의

현실주의 이론은 국제관계에 있어 전쟁과 갈등에 초점을 맞춘다. 현실주의자들이 문제해결방식으로서의 전쟁을 선호해서가 아니라, 무정부상태의 국제관계속에서 전쟁은 항상 가능하기 때문에 이에 대비하기 위해서이다. 이러한 국제관계에 있어 가장 중심적인 행위자는 주권국가이며, 이들은 권력과 안보로 정의된 국가이익을 추구한다. 무정부상태하의 주권국가들은 자조self-help를 통해 무정부상태로부터 발생하는 안보불안을 불식시키려고 하며, 이를 위해 더 많은 권력 혹은 안보를 얻으려 노력한다. 그러나 국가들의 안보 추구 행위가 동시적으로 발생할 경우 나타나는 안보 딜레마로 인해 국제관계는 갈등적으로 변할 수밖에 없다는 것이 바로 현실주의 이론의 결론이다.

이러한 현실주의적 관점에서 볼 때 무정부상태의 국제관계 속에서 국제기구가 차지할 수 있는 공간은 매우 협소하다. 주권국가는 스스로의 국가이익만을 추구하는 본성을 지니고 있기에 초국가적 권위체인 국제기구를 설립하려는 시도는 애초에 가능하지 않으며, 설사 설립된다 하더라도 주권국가의 국가이익과 안보를 위협받을 경우 국제기구는 작동하지 않을 것이라 주장한다. 그러므로 국제기구는 국제관계의 주변부에 머무를 수밖에 없으며, 국가안보와 경제적 이익 등 전통적인 국가이익을 침해하지 않는 분야에서의 국가 간 상호교류 및 협력을 가능하게 도와줄 뿐, 국제사회에서 중심적 역할을 할 수는 없다고 본다.[44] 만약 국제기구가 국제무대의 중심부로 나설 경우 그것은 그 국제기구가 패권국이나 강대국의 이익을 대변하기 때문이며,

---

44 John J. Mearsheimer, "The False Promise of International Institution," *International Security* 19-3(1994), pp.5-49.

국제기구가 이들의 이익을 대변하지 못하거나 다른 국가의 이익과 충돌할 경우 국제기구의 역할을 배제할 수도 있다고 현실주의자들은 말한다. 특히 패권안정이론은 국제기구를 패권국가의 연장선에서 보고 있다. 즉 패권국가는 스스로의 이익과 가치를 국제체제 안에서 재생산 혹은 확대시키기 위해 국제제도를 형성한다는 것이다. 패권국가는 스스로의 권력을 이용해 국제기구를 설립하고, 이를 유지하기 위한 비용을 감수할 뿐만 아니라, 다른 국가들에게도 이러한 국제기구에 참여할 만한 유인, 예컨대 안보보장과 경제적 이익 등을 제공한다. 이에 따르면 국제기구의 형성 및 유지가능성은 패권국가의 권력의 크기에 달려 있다고 보며, 패권국가의 권력 약화는 곧 패권국가가 형성해놓은 국제기구의 약화를 가져온다고 주장한다.

또한 현실주의자들은 어떠한 행위자가 국제기구를 설립하고 통제하는지에 관심을 둔다. 현실주의에 따르면 국제기구는 창설자인 강대국의 이익 혹은 강대국들 사이의 권력분포를 반영하는 결과물이며, 국제기구란 이들 강대국들의 이익을 달성하기 위해 필요할 때만 이용되는 수단적인 존재에 불과하다.[45] 그러므로 국제기구란 국제관계에 있어 독립적이고 주요한 행위자도 아니며, 국가와 국가관계에 유의미한 영향력을 발휘하는 행위자도 될 수 없다. 국제기구는 국제기구의 독립적인 정책목표 수행에 영향력을 행사할 수 있는 강대국들이나 혹은 다수의 약소국들에 의해 좌지우지될 가능성이 높으며, 국제기구 스스로의 이익과 목표를 자율적으로 실천할 수 있는 가능성은 매우 낮다. 냉전종식 후 세계화가 진전되어 국제기구의 필요성이 더욱 절실해진 최근에 이르러서도 현실주의자들은 이러한 맥락에서 국제기구의 역할과 위상을 폄하해왔다. 특히 현실주의자들은 자유주의적 제도주의자들의 예측과는 반대로 국제기구의 존재 그 자체가 반드시 탈냉전기 국제체제의 안정성에 기여하지는 않을 것이라는 예측을 내놓기도 했다.[46] 국제

---

45 Kim R. Holmes, "New World Disorder: A Critique of the United Nations," *Journal of International Affairs* 46-2(Winter 1993), p.334.

46 Kim R. Holmes, "New World Disorder: A Critique of the United Nations," *Journal of International Affairs* 46-2(Winter 1993), p.334.

기구 그 자체보다는 국제기구를 구성하는 회원국이 어떤 국가인가, 그리고 특정 회원국이 국제기구 내에서 실현하고자 하는 국가이익은 무엇인가에 따라 국제기구의 미래와 국제체제적 차원의 영향력이 결정된다고 현실주의자들은 결론내린다.

그러므로 현실주의자들에게 국제기구란 주권국가들의 국가이익 실현을 위한 수단에 지나지 않는다. 더욱이 앞서 언급했듯 국제기구를 포함한 국제제도는 주권국가가 자발적인 참여를 함으로써 스스로를 제도의 틀 안에 구속시킨다. 주권국가 스스로의 자발적 동의 없이는 국제기구의 결정에 구속을 받지 않는 것이다. 즉 국제기구에 참여함으로써 얻게 되는 이익과 치러야 할 비용을 고려한 후 회원국으로 가입할지 여부를 결정한다는 점에 있어 본질적으로 국제기구란 주권국가의 정책적 도구라고 말할 수 있다.

2. 자유주의

자유주의 이론은 현실주의와는 달리 국가 간 협력의 가능성을 기대한다. 이는 자유주의 이론가들이 순진해서가 아니라, 제도를 통해 행위자들 간의 갈등과 분쟁을 조정해온 역사적 선례에 따른 것이다. 자유주의 이론은 국제기구를 포함한 국제제도의 독립적 효과에 대한 믿음을 가지고 있으며, 이러한 점에 있어 자유주의적 세계관은 현실주의의 그것과 대척점에 있다 해도 과언이 아니다. 우선 자유주의 이론은 주권국가 중심적 세계관을 부인하며, 개인과 국가, 그리고 국제기구 및 여타 초국가적 행위자 모두를 국제관계의 주요행위자로 가정한다. 주권국가란 현실주의이론이 가정하는 단일한unitary 행위자가 아닌 다원적 행위자이기 때문이다. 국가 내부의 다양한 수준과 영역에 존재하는 행위자들의 이익을 대변하는 분절적 존재가 바로 국가이며, 단일한 국가이익 역시 존재하지 않는다고 말한다. 또한 이들 행위자는 현실주의가 가정하듯 이기적인 행위자가 아니며, 학습과 다른 행위자와의 상호주의reciprocity 원칙을 반복함으로써 협력적 행위자로서 완성될 수 있는 존재

perfectibility로 가정하였다. 그러므로 국가 간 갈등의 원인은 행위자의 이기적인 본성과 권력 추구과정에 기인하지 않고, 행위자들 사이에 존재하는 오해의 산물이거나 제도 디자인의 문제, 혹은 제도의 오작동으로 인한 것이라고 설명한다. 결과적으로 국가 간 갈등은 불가피한 것들이 아니기 때문에, 자유주의자들은 올바른 제도 구축을 통해 언제든 국가 간 갈등을 피할 수 있으며 이를 통해 보다 안정적인 국제체제를 형성할 수 있다고 믿는다. 특히 제도는 한번 구축되면 피드백을 통해 더욱 강화되는 경로의존성path dependence에 의해서 점진적으로 발전해나간다. 이러한 믿음이 발현된 것이 바로 1차대전 이후 우드로 윌슨Woodrow Wilson에 의해 설립된 국제연맹League of Nations이며, 그는 1차 대전의 주요 원인이었던 유럽대륙 내 삼국협상Triple Entente과 삼국동맹Triple Alliance과 같은 비밀동맹체제를 대체할 집단안보체제를 확립하면 유럽 내 안정과 평화가 찾아올 것이라 믿었다.

자유주의자들에게 있어 국제기구는 단순히 주권국가의 이익을 대변하는

국제연맹 실패의 원인

제1차 세계대전 이후 1919년 파리강화회의에서 결의되어 성립된 국제기구로서, 자유주의적 시각을 바탕으로 하고 있다. 예컨대 연맹 헌장 10과 11장에 따르면 연맹 회원국들은 그들 사이의 침략을 억지하거나 처벌하는 데 대한 집단적 공약(collective commitment)을 약속하고 있으며, 이를 통해 집단 안보체제가 유지되기를 희망했다. 그러나 국제연맹의 존재에도 불구하고 연맹 회원국들이 참전한 제2차 세계대전이 발발하게 되었는데, 그 원인은 무엇이었는가? 다음과 같은 몇몇의 원인이 존재한다. 우선 당시 영국으로부터의 패권국 지위를 물려받을 수 있는 유일한 국가였던 미국은 연맹에 참여하지 않았다. 소련과 독일, 일본 등 제2차 세계대전을 일으킨 국가들은 차례로 연맹으로부터 탈퇴하거나 애초에 참여를 거부했는데, 이러한 행위에 대해 국제연맹은 아무런 제재조치를 취하지 않았으며, 이와 같은 강대국들의 불참으로 인해 국제연맹은 단 한 번도 강력한 강제력을 행사할 여력이 없었다.

수단적 존재가 아니며, 자율성을 갖는 행위자이다. 더욱이 국가 간 의사소통을 수월하게 하고 최적의 타협안에 도달할 수 있도록 국가 간 이익을 조정함으로써 국제체제의 안정화에 기여하는 중요한 역할을 수행한다. 즉 국제기구는 국가 간의 상호작용의 공간을 마련함으로써 조정과 협력의 기회를 제공하며, 거시적으로 보았을 때 이는 협력의 습관으로 이어진다. 또한 앞서 언급한 집단안보체제와 같은 안보차원 국제기구의 경우 국가 간 갈등의 위험성을 낮추고, 대신 갈등적 세계관을 대체할 협력적 정체성과 규범을 발전시키는 데 있어 중요한 역할을 수행한다.

국제기구의 자율성과 독립성은 다음과 같은 예에서 실제로 발견된다. 예컨대 회원국이 의사결정과정에 참여했는지, 혹은 국제기구의 결정에 동의했는지의 여부와 상관없이 국제기구 자체적인 결정이 회원국에게 구속력을 가질 때 국제기구의 독립성이 관찰될 수 있다고 볼 수 있다. 즉 국제기구 주요 의사결정자가 그들의 출신국가의 영향력으로부터 독립적인 의사결정을 내릴 수 있는 국제사법재판소^{International Court of Justice}와 국제형사재판소^{International Criminal Court}의 경우, 의사결정자는 자신의 출신국가로부터의 영향력으로부터 상대적으로 자유로운 결정을 내릴 수 있으며, 이러한 기구의 의사결정이 회원국에게 영향을 미칠 경우 그 기구는 회원국의 의사와 영향력으로부터 자율성과 독립성을 갖는다고 말할 수 있는 것이다.

자유주의 이론 내부의 다양한 중범위이론들은 각기 다른 국제제도, 즉 레짐, 국제법, 국제기구 등에 관심을 보이고 있으며, 그중에서도 기능주의와 신기능주의 이론은 국제기구의 지역통합 역할에 관심을 보이고 있다. 이들에 따르면 국제기구란 국가를 비롯한 여러 행위자의 기능적인 필요에 부응하기 위해 다자적 관리조직의 일환으로 형성된다고 주장하며, 이러한 측면에서 기능주의 이론은 실제 정부간국제기구의 설립기원과 발전과정을 설명하는 데 있어 매우 유용하다. 신기능주의자들의 경우 국가 간 협력을 필요로 하는 비정치적 사안을 다룸으로써, 국가 간 정치적 경쟁을 피하고 비정치적인 경제·사회분야에서의 협력을 이루어내는 것이 가능하다고 믿었다. 이러한 국가 간 협력관계가 점차 증가하게 되면 이러한 협력의 습관은 궁극적으로 정치·군사 분야의 협력으로 파급^{spillover}된다는 것이다. 미트라니^{David} _{Mitrany}는 궁극적으로 이러한 파급효과를 통해 모든 국가의 이익을 점진적으로 통합시키는 국제적 행위와 기구들의 연결네트워크 확산을 예측하였다.[47] 이러한 신기능주의 이론은 초창기 지역기구인 유럽석탄철강공동체의 기원과 이러한 초기 국제기구가 정치경제 영역으로 확장되는 과정을 설명하는 데 유용하다. 미트라니는 또한 이와 같은 기능적 국제기구들이 국가의 역할을 대신함으로써 종국에는 국가의 기능 자체를 무색하게 만들 뿐 아니라 국민들의 국가에 대한 충성도 역시 약화시킬 것이라 예측한다. 그러나 기능주의 이론이 가정하고 있는 정치적·비정치적 영역의 구분은 실제 국제관계에서는 용이하지 않다. 또한 비정치적 영역에서의 협력이 과연 정치적 영역으로 파급될 수 있는 가의 문제는 현재의 유럽연합의 통합과정에서도 나타났지만 여전히 풀기 어려운 문제로 남아 있다는 점이 문제점으로 지적될 수 있을 것이다.

마지막으로 자유주의자들은 현실주의자들의 예측과는 달리 국제기구를 구축한 패권국가의 국력이 약화된다 하더라도 국제기구는 여전히 그 자율성을 유지하며 존재할 수 있다고 주장한다. 자유주의자들에게 있어 국제기구란 단순히 회원국과 패권국가의 개별적인 국가이익을 증진시켜줄 수 있는 수단적 존재가 아니라, 회원국들 간의 거래비용과 정보습득비용을 줄여주며 회원국의 행동을 통제할 수 있는 규범과 규칙을 제공함으로써 기구내부의 투명성을 제고시키기 때문이다. 이러한 측면에서 볼 때, 현재와 같은 복합적 상호의존의 상황에서 국제기구는 오히려 국가에게 있어 중요한 자산이며, 그 국제기구를 창출한 패권국가가 사라진다 하더라도 참여 회원국들은 얼마든지 그 기구를 유지하기 위한 비용을 공유하려고 한다는 것이 자유주의자들의 주장이다.

---

[47] David Mitrany, *A Working Peace System* (London: Royal Institute of International Affairs, 1943), p.14.

3. 구성주의

구성주의는 협력과 갈등 그 자체보다 이들을 가능하게 하는 관념^{idea}, 예컨대 주권국가와 국제제도가 보유한 규범, 가치, 그리고 믿음이 국제관계를 분석하는 데 있어 더욱 중요한 요소라고 말한다. 이러한 관념은 결국 행위자의 정체성을 구성하고, 정체성은 또한 행위자들의 물리적인 능력이나 이들이 집단적으로 구축한 제도를 해석하고 새로운 의미를 부여하기 때문이다. 특히 웬트^{Alexander Wendt}에 의해 제시된 사회 구성주의^{social constructivism} 시각의 핵심은 행위자의 정체성과 이익이 어떻게 사회적으로 구성되는가를 알아내는 데 있다. 현실주의와 자유주의의 경우 행위자의 이익과 정체성이 외부로부터 이미 주어져 있다^{exogenously given}고 가정한 반면, 구성주의자들은 행위자들이 다른 국가들과의 상호작용을 시작하기 이전에는 '주어진' 정체성이나 국가이익을 가지고 있지 않다고 강조한다.[48] 즉 행위자의 이익과 정체성은 그 행위자를 둘러싼 문화와 규범, 그리고 다른 행위자 등과의 상호작용을 통해 형성되는 것이므로, 행위자의 이익과 정체성이 다른 행위자와 행위자를 둘러싼 구조와의 상호작용을 통해 어떻게 형성되어 가는가를 밝히는 데 있다.

이러한 의미에서 구성주의자들은 규범과 관습, 그리고 국제기구 등으로 구체화되는 국제제도의 존재를 매우 중요하게 생각한다. 구성주의자들에게 있어 국제제도란 행위자들 간의 상호작용을 통해 형성된 정체성과 이익이 발현된 결과물이기 때문이다. 예컨대 국제제도의 하나인 '자조^{self help}' 역시 국가들 간의 상호작용으로 형성된 하나의 제도이지만, 현실주의자가 주장하듯 무정부상태의 국제체제 속에서 필연적으로 형성될 수 있는 유일한 제도는 아니다.[49] 웬트의 주장처럼 무정부상태 역시 국가들 간의 상호작용으로

---

48 Alexander Wendt, "Constructing International Politics," *International Security* 20-1(1995), pp.71-81.

49 박재영, 『국제정치 패러다임』(서울: 법문사, 2002), p.578.

형성된 결과물의 하나일 뿐이며, 또한 무정부상태 속에서도 행위자가 어떠한 정체성을 가지고 서로를 인식하느냐에 따라, 또 어떠한 방식으로 상호작용을 시도하느냐에 따라 자조가 아닌 다른 방식의 국제제도가 형성될 수 있는 것이다. 이러한 측면에서 볼 때 국제기구란 행위자들과의 상호작용을 통해 이들의 정체성을 형성하게 만드는 중요한 환경이자 또한 결과물이다. 구성주의자들은 행위자들이 정체성과 이익을 형성하게 만드는 국제기구 내부의 지배규범을 찾으려고 하며, 이러한 규범이 다시 행위자들의 행위와 상호작용에 어떻게 영향을 미치는지를 알아보고자 한다. 경우에 따라 국제기구는 규범 창설자가 될 수도 있고, 혹은 행위자들로 하여금 규범을 사회화하도록 돕는 선생이 되기도 한다.[50] 특히 구성주의자들은 정부간국제기구들이 이러한 측면에서의 실질적인 영향력을 보유하고 있는 것으로 이해한다. 정부간국제기구들은 국가들과 비국가 행위자들이 가질 수 있는 이익을 규정하고, 특히 자유주의적 세계질서와 조화를 이룰 수 있는 방향으로 국가의 이익을 규정하기 때문이며, 구성주의자들은 또한 이것이 중요한 권력의 행사라고 주장한다.[51]

자유주의자들과 마찬가지로 구성주의자들에게 있어서도 국제기구는 국제관계에 독립적인 영향력을 미칠 수 있는 행위자이다. 구성주의자들에 따르면 국제체제의 구조는 현실주의자나 신제도주의적 자유주의자들이 주장하는 것처럼 외부로부터 주어진 것도 아니고, 물질적 구조로만 이루어진 것이 아니라 정체성과 규범과 같은 관념적인 요소로부터 영향을 받는다. 또한 이러한 관념적인 요소는 행위자들 간의 상호작용을 통해 변화할 수 있는 가능성이 내재되어 있다. 행위자들이 다른 행위자와 구조를 어떻게 인식하고 반응하느냐에 따라 구조 내부로부터 발생가능한 제도의 종류 역시 변할 수

---

50 Martha Finnemore, *National Interests in International Society* (Ithaca: Cornell University Press, 1996).

51 Michael Barnett and Martha Finnemore, "Power of Liberal International Organizations," in Michael Barnett and Raymond Duvall, eds., *Power in Global Governance* (New York: Cambridge University Press, 2005), pp.161-184.

있는 것이다. 이러한 측면에서 볼 때 구성주의적 시각은 인도주의적 개입, 인권, 빈곤문제와 같이 국제적 차원의 인식 변화가 절실한 현안에 대한 국가의 정체성과 이익이 어떻게 재구성되어 가는지를 설명하는 데 유용할 뿐만이 아니라 이러한 초국가적 문제를 해결하는 데 있어 국제기구의 역할과 위상을 재규정할 수 있는 유일한 이론적 틀이라고 볼 수 있다.

또한 구성주의자들은 자유주의자들과 마찬가지로 패권국가의 쇠퇴와 상관없이 국제기구가 존속할 수 있다고 예측한다. 이는 국제기구 참여국들 간의 상호작용을 통해 국제기구의 정통성legitimacy을 형성하게 됨과 동시에 참여국들도 이에 따라 스스로의 정체성을 변화시키기 때문이다. 그러므로 국제기구는 단순히 국제기구에 참여함으로써 얻는 비용절감의 효과 때문이 아니라, 혹여 비용절감의 효과가 없더라도 참여국이 인식하는 국제기구의 정통성에 대한 자발적인 동의에 근거하여 존속하게 된다는 것이 구성주의자들의 설명이다.

4. 비판적 접근법(Critical theory perspectives)

비판적 접근법에 포함된 마르크스주의와 비판이론은, 주류이론이라 불리는 현실주의 및 자유주의와는 매우 다른 가정과 주장을 포함한다. 우선 비판적 접근법에 따르면 국제관계의 역사적 문맥에 대하여 관찰자 스스로를 객관화시켜 이론화 작업을 할 수 없다. 모든 사상과 제도, 그리고 권력은 역사의 흐름 가운데 연결되어 있으며 특정 역사적 시공간으로부터의 산물이다. 비판적 접근법은 이와 같이 과거를 재구성하여 이해하는 데 그치지 않고, 역사를 변화시키는 힘과 진화과정을 연구함으로써 다가오는 미래에는 좀 더 나은 결과를 낳을 수 있는 방안을 모색하며 때로는 혁명과 같은 극단적인 방법도 제시하기도 한다. 특히 대표적인 비판이론가인 콕스Robert Cox의 경우 "비판이론은 유토피아주의적 요소를 포함한다. 그러나 그 유토피아주의란 역사적 발전 과정 속에 매몰되어 있다"고 언급한 바 있다.[52]

우선 비판적 접근법의 근원적 배경이 되는 마르크스주의에 따르면, 억압받는 노동자계층을 해방시켜줄 영구혁명을 통해 자본가계층의 부르주아 정치와 국가체제가 사라질 것이라 예측했다. 마르크스는 이와 같은 역사적 발전과정을 세 가지 요소를 통해 구성하는데, 그 첫 번째는 산업화를 일으킨 물질력material force, 두 번째는 이로 인해 점화된 프롤레타리아 노동자계층과 자본가 계층 사이의 변증법적 투쟁 구조, 세 번째는 이러한 계층 간 투쟁이 야기한 상부구조이다. 요컨대 생산력은 자본가계층을 필연적으로 확장시키며, 산업화과정은 노동자계층을 착취당하게 만든다. 이보다 한걸음 더 나아가 계급의 세계화를 상정한 레닌의 제국주의론에 따르면, 자본가들은 미처 소비되지 못한 재화를 소비시키기 위해 새로운 세계 시장을 찾아 이들을 수출하고 때로는 식민지화시킨다. 이때 상부구조와 식민지에 대한 국가 간 경쟁은 제국주의 팽창과 전쟁으로 나타나게 된다.

이러한 논리에 따르면, 국제기구란 패권국의 수단적 역할을 수행하는 종속적 존재가 아니라, 선진 자본주의 계급의 도구이다. 이는 마르크스주의의 가장 중요한 분석단위이자 행위자가 경제적 계급이라는 점에 기인한다. 국가는 자본가계급에게 종속되고 자본가계급은 국가를 조정하기 때문에, 현실주의자나 자유주의자가 가정하는 것과는 반대로 주권국가는 국제관계의 주요행위자가 아니다. 마르크스주의에 있어 국가란 국가기반시설과 노동력과 같은 자본주의체제의 필수적인 요소를 구축·재생산하고 국민의 사적 재산을 보호하는 역할을 맡지만, 이는 단지 자본가 계급의 행정부적 역할을 수행하는 것에 불과하며 자본가계급은 피지배 노동자계층을 착취하기 위해 국가의 강제력을 이용하게 된다. 그러므로 국제기구란 마르크스주의자들에게 있어 자본가 계급의 지배와 착취를 제도화하기 위한 수단이다.

예컨대 마르크스주의자들에게 있어 세계은행이란 제3세계 민족주의자와 사회주의자들로부터 국제자본의 유입을 규제하려는 국가통제력을 빼앗아

---

52 Robert Cox and Timothy J. Sinclair, *Approaches to World Order* (Cambridge: Cambridge University Press, 1996), p.90.

세계체제론

세계체제론(World System Theory)은 1970년대 월러스타인(Immanuel Wallerstein)에 의해 대표적으로 발전된 이론이다. 기존의 종속 이론가들이 주변부 국가들의 저발전 연구에 관심을 둔 반면 세계체제론 이론가들은 이를 넘어서 후진국의 발전에 관심을 두었으며, 전 세계적 차원에서 선진국과 제3세계 개발도상국, 그리고 사회주의 국가 모두가 왜 불균등하고 불평등한 발전을 성취하는지에 대한 분석을 하고 있다. 이에 따라 세계체제론은 세계를 중심부와 주변부, 그리고 반주변부로 나누고 있으며, 주변부에서 반주변부로, 또한 반주변부에서 주변부로의 국가이동이 언제든 가능하다고 상정한다. 다만 이러한 세 개의 체제적 구분은 변하지 않는다. 종속이론은 중심부 국가들의 주변부 국가들에 대한 착취로 인해 이들이 '저발전의 발전' 상태가 구조적으로 고착화될 것이라 예측한 반면, 세계체제론은 '반주변부'의 존재를 상정함으로써 실제로 주변부를 탈출하여 반주변부로 입성한 1980년대 신흥산업국(Newly Industrialized Countries)의 존재를 설명할 수 있었다.

국제 자본가들에게 넘겨주는 선진 자본주의국가의 수단으로 정의되기도 한다.[53] 즉 전통적 마르크스주의자들에 따르면 국제기구는 자본주의적 생산방식을 확산, 강화시켜 세계체제론자나 종속이론자들이 상정하는 중심부 국가 core states 들이 주변부 periphery states 혹은 반주변부 semi-periphery states 의 종속적 지위를 제도화하는 역할을 수행한다. 예컨대 2차 대전 이후 전후 질서복구라는 명분하에 설립된 각종 국제무역 및 금융기구들은 시장경제체제를 확산시키려는 미국 외교정책의 오랜 전통의 일환으로 설립되었으나, 궁극적으로 미국을 비롯한 서구 자본주의 세력은 전 세계에 스스로의 영향력을 침투시킬 수 있는 안정적인 국제경제구조를 만들 수 있었을 뿐 아니라 전 세계적 차원의 자본주의체제를 유지시킬 수 있는 재원을 마련할 수 있었던 것이다.

---

[53] Cheryl Payer, *The World Bank: A Critical Analysis* (New York: Monthly Review Press, 1982), p.20.

이를 바탕으로 미국을 비롯한 자본주의 국가들은 현재 스스로의 자본주의적 비전을 전 세계에 투사할 수 있는 능력을 지니게 되었으며, 이러한 과정에서 국제금융 및 경제기구는 세계자본주의에 의해 만들어지며 또 자본주의의 확산에 기여하게된 것이다.

반면 마르크스주의자와는 달리 그람시^{Antonio Gramsci}의 영향을 받은 학자들은 비판이론^{Critical Theory}이라는 새로운 형태의 시각을 형성하기에 이른다. 특히 콕스^{Robert Cox}는 전통적 국제관계이론인 현실주의와 자유주의 등은 문제해결접근법^{problem-solving}을 채택하고 있다고 주장하며, 이들의 관점에서 중요한 것은 국제사회가 마주하는 국제질서 혹은 권력관계를 이미 주어진 구조적 틀이라고 규정하고 이 구조 속에서 발생하는 문제점들을 해결함으로써 현존하는 국제체제를 유지하는 데 있다고 말한다. 반면 비판이론은 비판적 접근^{critical approach}을 택하고 있으며, 이는 현존하는 질서가 근본적으로 어떻게 형성되어왔는지에 대한 질문을 던진다고 말한다. 즉 "이론이란 항상 어떠한 목적과 누군가를 위해 존재한다^{A theory is always for someone and for some purpose}"고 주장하며, 국제관계이론은 그 이론을 둘러싼 역사적 맥락과 분리하여 이해할 수 없다는 점을 강조한다. 이를 기반으로 현존하는 국제체제의 질서의 근원에 물음을 던짐으로써 현재의 질서의 규범적 기반에 의문을 갖는다.[54] 특히 그 구조가 어떻게 생겨나게 되었으며 이를 변화시키는 힘은 무엇인지를 알아보려고 하는 것이다. 궁극적으로 비판이론은 현재의 시점에서 지배적인 질서체제와는 다른 사회적·정치적 질서를 구축하고자 하는 유토피아주의적 요소를 지니고 있다.

이러한 비판이론은 글로벌 거버넌스와 국제기구에 관해 다음과 같은 의견을 개진한다. 우선 글로벌 거버넌스는 현재까지 존재해온 역사적 발전과정과 구조 속에서 형성되어온 결과물이며, 실질적으로 엘리트 패권주의 형태의 하나로서 국제기구는 중심부 국가 내 자본가 엘리트계층이 스스로의

---

54 Robert W. Cox and Timothy J. Sinclair, *Approaches to World Order* (New York: Cambridge University Press, 1996), p.87.

패권을 공고화하기 위해 형성되었다. 반면 현재의 국제관계구조는 인류가 새로이 직면하는 위협들에 대해 적절히 대응하지 못하고 있기 때문에, 주권국가 이외의 새로운 행위자들이 포함된 글로벌 거버넌스 구축의 필요성을 제기하고 있으며, 이러한 측면에서 유토피아적 요소를 발견할 수 있다. 비판이론학자인 스마우츠[55]의 경우 이와 같은 다양한 행위자를 포함한 수평적, 혹은 다자주의적 글로벌 거버넌스를 구축하기 위해서 다음과 같은 세 가지 조건이 충족되어야 한다고 강변한다.

첫째, 민주화된 다자주의democratizing multilateralism, 둘째, 정부의 영향력으로부터 자유로운 시민들의 권한 확대, 셋째, 세계시민사회의 발언권 확대가 바로 그것이다. 우선 민주화된 다자주의란 국제기구의 의사결정과정에 모든 참여국들이 동등하게 참여할 수 있는 국가관계의 민주화를 의미한다. 특히 유엔안전보장이사회의 예를 들면, 스마우츠는 소수의 강대국들만이 지배하는 국제기구의 다자주의적 의사결정체제가 개혁되어야 한다고 주장한다.

두 번째, 시민들의 권한 확대라는 조건은 글로벌 거버넌스 성립의 핵심적인 요건이다. 글로벌 거버넌스란 그 개념 그대로 국가 이외의 행위자, 특히 비국가적 행위자와 시민 개개인이 공적 영역에서의 역할을 담당하게 되는 구조 및 과정을 의미하므로, 시민들의 권한 확대 조건이란 글로벌 거버넌스 내부에서의 다자주의적 의제형성과정에의 참여기회 확대 및 국제적 공공행위에의 참여 등을 포함할 수 있겠다.

셋째, 세계시민사회의 발언권 확대 조건은 실제로 국제기구 및 거버넌스 내에서 소외되어왔던 행위자들에 대한 대표성을 확보할 수 있을 뿐만이 아니라 여러 행위자들 간의 이익 조정과 타협을 가능하게 해줄 정당성도 확보할 수 있게 해 줄 것이다. 실제로 최근 세계은행World Bank의 경우 사회운동조직과 비정부기구와의 교류를 확대해왔다.[56] 특히 세계은행과 비정부기구

---

55 Marie-Claude Smouts, "Multilateralism from Below: a prerequisite for global governance," in Michael G. Schechter, ed., *Future Multilateralism* (New York: St. Martin's Press 1999), pp.295-300.

56 Robert O'Brien, Anne Marie Goetz, Jan Aart Scholte and Marc Williams,

들과의 교류는 1982년 설립된 비정부기구-세계은행협의회NGO-World Bank Committee를 통해 정례화되었다. 예컨대 환경 문제에 대해 세계은행은 여러 환경 관련 비정부기구들의 요청에 따라 그들의 프로젝트를 지원해줄 뿐만 아니라 개발도상국에 대한 세계은행의 발전지원전략을 세우는 데 있어 이들 환경단체의 요청사항을 포함하기도 한다.

국제관계이론과 국제기구의 위치

I. 현실주의

현실주의의 경우 가장 중요한 인과관계의 독립변수는 권력, 특히 패권국가의 권력의 크기이며, 이를 바탕으로 국제사회에서의 국제기구의 위상, 즉 국제기구가 얼마나 많은 자율성과 독립성, 그리고 주요행위자인 국가에 영향력을 미칠 수 있는 것인지가 결정된다.

II. 자유주의

자유주의적 관점에서 보았을 때 국제기구란 단순히 권력의 산물이 아닌 독립성과 자율성, 그리고 스스로의 선호와 이익을 갖는 존재이다. 그러한 점에 있어 현실주의적 시각과는 정반대의 인과관계를 보인다. 예컨대 만약 제1차 대전 이전 국제연맹과 같은 기구가 존재했었더라면 당시 참전국들 간의 안보딜레마를 약화시켜 오히려 이들 간의 이익과 권력배분을 조정할 수 있었던 기제로 사용될 수 있었을 것이다.

Contesting Global Governance: Multilateral Economic Institutions and Global Social Movement (Cambridge: Cambridge University Press, 2000), p.211.

III. 구성주의

구성주의에 따르면 국제기구의 위상과 역할은 국제기구에 참여하는 국가들이 보유한 정체성과 규범에 따라 달라질 수 있다. 국제기구가 국제사회에서 차지하는 위상이란 이러한 집단적 정체성과 이익, 그리고 이를 바탕으로 한 국가들 간의 상호작용에 따라 구현된 결과물로서, 이는 선험적으로 주어지는 것이 아니라 사회적으로 구성된다.

IV. 비판적 접근법

마르크스주의를 포함한 비판적 접근론자들은 일반적으로 국제기구를 선진 자본주의 국가, 혹은 자본가 계급의 세계경제체제 지배를 위한 도구로 상정한다. 즉 현실주의나 자유주의와는 달리 가장 중요한 행위자는 자본가 계급으로서, 국제기구의 국제사회적 위상을 설명하는 데 있어 마르크스주의는 계급의 이익을 가장 중요한 독립변수로 상정한다.

5. 합리적 선택이론

합리적 선택이론은 공리주의적 경제논리에 기반을 두고 있기는 하지만 사회과학의 중요한 접근법이다. 합리적 선택이론은 국제기구를 바라보는 데 있어 주인-대리인 관계의 이론적 틀을 적용한다. 즉 주인(정책결정자)이 대리인(관료)에게 권위를 위임하고, 대리인이 주인을 대리하여 활동할 수 있는 권한을 부여받고 있다고 가정한다. 주인들은 다양한 이유로 그러한 권한을 위임하는데, 예컨대 대리인의 전문적 지식을 이용하거나, 갈등을 해결하기 위해, 혹은 자신들의 신뢰감을 증진시키는 것 등의 이유들을 포함한다.

그러나 주인들은 자신들이 원하지 않는 행동을 대리인들이 독자적으로 수행할지 모르는 대리인의 자율적 행동 가능성에 주의를 기울인다. 대리인들은 스스로의 능력과 위임받은 권한을 바탕으로 독자적인 이익을 추구하려는 동기를 갖게 되고 주인의 통제를 피하려 하기 때문이다. 많은 주인-대리인 관련 문헌들은 이러한 이유로 주인들이 대리인들을 통제하는 방법들과 반대로 대리인들이 독립적이고 자율적으로 스스로의 이익을 창출할 수 있는 방법들에 대해 논의한다.

이와 같은 맥락에서 국제기구에 관한 주인-대리인 시각은 다음과 같은 부분에 놓여 있다. 예컨대 집단적 주인으로서의 주권국가들, 즉 국제기구의 회원국들이 대리인으로서의 국제기구에 어떻게 권위와 통제력을 위임하는지, 혹은 대리인으로서의 국제기구와 비정부기구들이 어떻게 자율성을 행사하는지를 연구한다. 또한 비정부기구의 경우 국가와 국제기구 사이의 중요한 조정자이지만, 이들의 선호도를 변경시킬 수 있을 정도의 독립된 행위자는 아니라는 점을 발견했다. 이는 앞서 거버넌스의 개념적 정의의 요소 가운데 하나였던 대표성의 문제와 연결되는 부분이기도 하다. 이러한 맥락에서 합리적 선택이론가들은 국제기구의 독립성과 자율성의 정도에 대해 연구하고 있지만, 주인-대리인 이론틀 자체의 가정으로부터 추론할 수 있듯 '주인'으로서의 주권국가의 역할이 여전히 중심적 위치를 차지하고 있으며, '대리인'으로서의 국제기구는 참여국으로부터의 자율성을 확보하기 위해 노력한다는 점을 가정한다고 볼 때 현실주의적 이론과 어느 정도 유사한 맥락을 가지고 있는 것으로 보인다.

6. 상충하는 시각들에 대한 평가

이제까지 국제기구를 바라보는 다양한 국제관계이론의 시각과 해석을 논의해보았다. 현실주의, 자유주의, 구성주의, 비판적 접근법과 합리적 선택이론에 이르기까지 각각의 이론은 국제관계 속에서 국제기구의 위상과 이익구조, 그리고 국제체제구조와의 상호작용 패턴에 대해 서로 상이한 가정과 주장을 내보이고 있다. 그러나 국제기구에 대한 상충하는 이론적 시각들 사이에서도 국제기구 자체의 유용성은 확인되고 있으며, 그러한 유용성은 현재의 세계화와 초국가적 위협을 관리할 수 있는 대안적 체제로서의 글로벌 거버넌스로는 대체하기에는 어렵다는 점을 공유하고 있는 것으로 보인다. 글로벌 거버넌스는 이론적으로 다양한 행위자를 포함한 수평적 의사결정구조를 지향하고 있으며, 이는 곧 주권국가가 중심이 되어 정형성을 갖춰왔던 국제기구보다 느슨한 수준의 내부적 비정형성을 의도적으로 유지하고자 한다는 점을 목적으로 하고 있는 듯했다. 그러나 실제로 어떠한 체제―국제기구 혹은 거버넌스―가 유지되려면 보통 그 체제를 구성하는 단위 사이에 밀도 있는 상호작용과 구조가 존재해야 한다. 즉 하나의 전체로서 온전히 기능할 수 있기 위해서는 체제를 구성하는 단위 사이에 충분한 상호작용이 존재해야 하는 것이며, 궁극적으로 하나의 전체로서 스스로 도출한 의사결정에 대한 효율적 추진력과 책임성을 지속적으로 담보할 수 있기 때문이다.

국제기구의 경우 일반적으로 그 목적을 규정하고, 가입 단위를 구속하며, 신분보장이 되는 행정요인을 갖추고, 기구 특유의 정체성을 갖게 하는 조약 혹은 합의에 따라 성립된다. 국제기구가 갖는 이런 특징은 체제차원에서 볼 때 국제기구 구성원의 행위를 설명하는 부분적인 이유에 지나지 않지만, 국제기구가 갖는 정치적 결과는 단순히 이러한 이유에 따라서만 결정되지 않는다. 국제기구는 글로벌 거버넌스와는 달리 하나의 전체로서 기능하는 측면이 있기 때문이다. 이러한 측면에서 보았을 때 국제기구는 여전히 국제관계의 주요한 행위자이며, 주권국가들이 공유하는 초국가적 사안과 위협을 해결하는 데 있어 그 어떤 체제와 행위자보다 유용한 가치를 지니고 있는 것으로 볼 수 있다.

IV. 결론

국제기구는 20세기 초의 시대적 요구, 즉 국가 간 존재하는 초국가적 현 안을 논의하고 해결하기 위한 대안으로 국제사회에 등장하였으며, 끊임없는 시대적 변화에 대응하며 성장해왔다. 특히 본 장의 도입부에서도 언급했듯 이 세계화라는 시대적 변화는 전 세계를 하나의 경계 없는 사회적 영역으로 탈바꿈시킴으로써 모든 종류의 사회적 상호작용이 점차 국가의 경계를 넘어 서 발생하게 되었다. 헤들리 불Hedley Bull은 이와 같은 변화를 '신중세론new medievalism'으로 표현하며 근대국가체제의 변화를 예고했으며, 로버트 콕스는 '글로벌 페레스트로이카global perestroika'로 표현하며 이전 시기보다 더욱 다층 적인 중세시대와 유사한 국체제체로의 변환을 예측했다.57 더욱이 초국가적 인 위협요소의 증가로 인해 21세기의 국제사회는 이러한 문제를 해결하고 향후 관리해줄 수 있는 글로벌 거버넌스를 요구하고 있다. 그러나 주권국가 중심으로 형성된 현재의 국제기구 중심 거버넌스체제는 이러한 지구적 차원 의 변화에 시기적절하게 적응하지도, 또한 대응하지도 못함으로써 과연 이 러한 국제기구체제를 어떻게 변화시켜야하는지, 혹은 확장된 글로벌 거버넌 스라는 새로운 의사결정 및 통치체제로의 전환을 도모해야하는지에 대한 논 의가 점진적으로 이루어지게 되었다.

본 장은 이러한 논의에 대해 국제기구를 바라보는 상이한 이론적 시각을 비교함으로써 여전히 국제기구는 유용한 의사소통의 공간과 의사결정의 통 치구조를 제공한다는 점을 발견할 수 있었다. 특히 정형성과 민주적 책임성 의 문제에서 그러하며, 단순히 국제기구중심의 국제체제를 글로벌 거버넌스 로 대체하기보다는 현재의 국제기구에 확장된 글로벌 거버넌스체제를 내재

---

57 Hedley Bull, *The Anarchical Society: A Study of Order in World Politics* (New York: Columbia University Press, 1977), p.254; Robert W. Cox, "Social Forces, States and World Orders: Beyond International Relation Theory," *Millennium: Journal of International Studies* 10(1996), p.308.

화하는 것이 오히려 국제기구의 위계적인 체제를 수평적으로 민주화하고 동시에 효율적인 체제를 유지함으로써 지금의 가치를 더욱 제고시킬 수 있음을 보여주었다.

후속 장들에서는 본 장에서 언급한 다양한 이론들을 이용하여 국제기구의 역사적 발전과정과 제도화된 규범으로서의 국제기구 형성과정, 그리고 최근의 국제기구가 직면한 다양한 위기와 중견국가로서 한국의 국제기구 정책과 전략 등의 주제를 논의하게 될 것이다.

✛ 김완순.『국제경제기구론』. 서울: 박영사, 1997.

　　정치경제론적 접근을 통해 현재의 국제경제기구의 발전과정과 실체를
　　파악하고 있으며, 특히 냉전종식 이후 성립된 국제질서하에서 다양한
　　국제경제기구가 갖는 함의와 중요성을 논의하고 있다.

✛ 서창록.『국제기구: 글로벌 거버넌스의 정치학』. 서울: 다산출판사,
　　2011.

　　국제기구의 발전과 역사적인 변화에 대해 논의하고 있으며, 특히 인권
　　과 환경, 지역주의 및 초국가주의 등 최신의 현안을 중심으로 국제기
　　구가 당면한 문제와 이를 해결하기 위한 앞으로의 대안을 모색하고
　　있다.

✛ 성재호.『국제기구와 국제법』. 서울: 한울, 2002.

　　유엔헌장으로부터 시작하여 최근의 가장 논란이 되고 있는 인도주의
　　적 개입, 국제형사재판소 및 국제테러의 규제 등과 관련한 현안에 대
　　한 국제법적 시각으로부터의 해석과 논의를 담고 있다.

✛ Henry R. Nau. *Perspectives on International Relations*. Washington
　　D.C.: CQ Press, 2009.

　　국제관계학의 주요 이론인 현실주의, 자유주의, 구성주의, 비판이론
　　등을 자세히 소개하고 있으며, 1차 세계대전 이후의 여러 역사적 사례
　　에 이들을 적용하여 실제로 이론이 어떻게 역사를 해석하고 미래를
　　예측하고 있는지에 대한 독자의 이해를 돕고 있다.

✛ Jon Pierre, B. Guy Peters 저, 정용덕 외 역.『거버넌스, 정치 그리
　　고 국가』. 서울: 법문사, 2000.

　　거버넌스 개념의 기원과 발전을 국가의 형태 및 시대적 역할 변화와

관련시켜 논의한 저서로서, 우선 거버넌스의 다양한 개념과 이론적 시각들, 그리고 거버넌스가 국제관계학 및 정치학 전반에서 차지하는 중요성에 대하여 논의하고 있다.

제 **3** 장 국제기구의 역사적 발전

조정인

Ⅰ. 서론

Ⅱ. 국제기구 역사적 발전의 상관관계

Ⅲ. 19세기 국제회의 발전과정 그리고 혁신

Ⅳ. 20세기 제1차 세계대전의 결과물
    국제연맹(League of Nations)

Ⅴ. 20세기 제2차 세계대전의 결과물
    현대판 강대국협조체제 유엔

Ⅵ. 결론

I. 서론

30년전쟁의 종결과 함께 웨스트팔리아 조약이 체결되고, 국가들은 가톨릭교회나 신성로마제국의 간섭과 중세적 보편주의에서 벗어나 주권sovereignty을 가지게 되면서 불간섭non-intervention 과 영토적 배타성의 원칙이 정착되고, 국제사회라는 개념이 형성되고 발전되기 시작했다. 이후 국가 주권의 절대적 의미는 시대의 흐름과 변화에 맞추어 조금씩 변화되었고, 특히 산업혁명 이후 상업과 기술이 발달하면서, 국가 간 상호의존이 급속히 확대되고 초국적 공동문제 해결의 필요성이 증폭됨에 따라 국가의 주권은 다양한 측면의 도전에 직면하게 되었다.

그렇다면 18세기까지만 해도 주로 쌍무적 채널을 이용하여 분권적 국가관계를 형성했던 주권국가들이 어떻게 주권의 개념과 근본적으로 상충되고 주권을 제한하는 다자주의적 국제기구를 발전시키고 그 유산을 이어 현재의 유엔과 같은 국제기구가 탄생하게 된 것일까? 이 질문이야말로, 국제기구를 연구하는 학자들과 이론가들이 오랫동안 고민해온 흥미로운 문제이지만, 아직도 이에 대한 명확한 해답을 제공하는 국내 문헌은 없다. 또한 국제기구의 변천과정에 따라 연대기에 따른 국제기구의 성립과정에 대한 기술적 설명은 매우 흔하게 찾아 볼 수 있으나 20세기의 국제기구가 19세기 국제기구의 역사적 유산으로부터 어떻게 파생되었는지, 또한 국제기구의 성립원인과 발전과정에는 어떤 상관관계가 있는지를 통시적으로 파악할 수 있는 문헌은 찾아 볼 수 없다. 이러한 문제의식을 가지고, 이 장에서는 국제기구의 발전 과정과 그 원인을 추론하면서, 19세기 국제회의의 발전과정과 20세기 국제 연맹과 유엔의 발전의 토대가 되었던 원인을 분석해보고자 한다. 특히, 이 장에서는 19세기 국제기구발전의 혁신 기제들인, 강대국협조체제, 국제공공 연맹, 헤이그회의에 대한 분석과 20세기 국제연맹과 유엔의 발전 과정을 통 해 국제기구의 발전과정과 등락 원인, 그리고 19세기 강대국협조체제, 국제 공공연맹, 헤이그회의와 20세기 국제기구들 간의 연관성과 역사적 파생과정 의 유기적 관계를 밝히고자 한다.

국제기구의 변천과정과 경로 변화는 주권의 역사만큼이나 오래된 것이므 로 그 변천과정이나 유기적 상관관계에 대해 쉽게 일반화하기 어려운 면이 있다. 다만 21세기에 새롭게 나타나는 국제기구와 제도들을 분석하기 위해 과거의 시점으로부터 국제기구의 변화원인과 통시적 파생관계를 고찰하는 방법이 가능할 것이다. 냉전의 종식 이후 다자주의적 글로벌 거버넌스의 중 요성이 증가하는 시점에서 국제기구의 탄생과 발전, 등락에 관한 분석과 국 제기구 간 역사적 유산의 유기적인 상관관계에 대한 분석은 현재에 중요한 시사점을 줄 수 있을 것이다.

본 연구는 19세기부터 국제기구의 발전과정과 경로를 통시적 시각에서 살펴보면서 19세기의 강대국협조체제, 헤이그회의, 국제공공연맹이 20세 기의 국제기구에 어떠한 역사적 유산과 특징을 파생시켰는지를 분석하고, 국제기구 발전과정 원인에 대한 통시적 이해를 더하고자 한다. II절은 강대 국협조체제, 헤이그회의, 국제공공연맹 그리고 유엔의 유기적 상관관계, 체 제전환전쟁과 국제기구의 성립 그리고 안보제도의 상관관계에 대한 분석 틀을 설명한다. 이어서 III절은 19세기 국제기구의 발전과정에서 세 가지 주요한 혁신, 강대국협조체제, 국제공공연맹, 그리고 헤이그회의의 역사적 유산을 분석틀에 맞추어 면밀하게 분석해본다. IV절은 20세기 국제연맹과 유엔의 성립과정에서 중요한 역할을 했던 패권국의 의지와 승전연합국들의 지지 그리고 강대국 약소국간 권력관계를 중심으로 국제기구의 변화를 검토한다.

II. 국제기구 역사적 발전의 상관관계

1. 강대국협조체제, 헤이그회의, 국제공공연맹 그리고 유엔의 유기적 상관관계

이 절의 첫 번째 분석틀은 국제기구의 역사적 발전과정에서 강대국협조체제, 헤이그회의, 국제공공연맹 그리고 유엔의 유기적 상관관계를 파악하는 것이다. 〈그림 1〉을 보면 오늘날의 유엔은 제2차 세계대전 이후 아무런 역사적 배경이나 전례없이 갑자기 성립된 국제기구가 아니라는 것을 알 수 있다. 오늘날 유엔의 조직과 기능은 19세기 원시적 형태로 시작한 국제기구의 진화과정이 축적되면서 나타난 역사적 발전과정의 총체적 결과물이다. 유럽 강대국협조체제의 강대국 중심주의의 유산은 19세기와 20세기의 국제기구에서 강대국과 약소국 간 권력관계에 투영되었고 특히 비엔나체제 5개 강대국의 만장일치제는 유엔안전보장이사회의 거부권에 반영되었다.[1] 즉, 19세기의 강대국협조체제가 태동하여 진화과정을 거치면서 탄생한 것이 바로 유엔의 현대판 강대국지배체제이다.

둘째, 헤이그회의의 주권 보편주의원칙은 국제연맹과 유엔의 조직과 운영에 큰 영향을 끼쳤다. 헤이그회의는 강대국들과 약소국들의 불평등한 권력관계와 비대칭성이 적용되었던 강대국협조체제와는 달리 모든 국가가 평등한 주권을 가진다는 주권평등과 보편성의 원칙을 세우면서 절차적 혁신을

---

1 이병희, "집단안전보장: 역사적 변천과정,"『한국정치학회보』제37집 5호(2003).

이루었다. 오늘날 유엔의 1국 1표도 19세기에 시작된 헤이그체제의 주권평
등원칙으로부터 파생되었다.

　마지막으로, 오늘날 유엔은 집단안보기능에만 그치지 않고 비전통적 안
보영역 인권, 환경, 노동, 식량, 건강 등의 전문적 관할영역에서 역량을 발휘
하고 있는 데 이러한 국제전문기구는 국제공공연맹의 전통으로부터 잉태되
었다. 특히 라인강 유역의 위원회와 전문기구들이 19세기에 태동하여 최근
까지 전문적 국제기구를 발전시켰다. 중앙라인강위원회, 국제하천위원회,
다뉴브강 위원회의 국제공공연맹은 유엔의 세계건강보건기구, 국제노동기
구, 식량농업기구등과 같은 전문기구의 발전으로 그 역사적 유산을 이어가
고 있다. 위의 세 가지 특징은 19세기 이후 국제기구의 변천과 발전과정을
이해할 때, 통시적 시각이 필요하다는 것을 의미한다.

　강대국협조체제, 헤이그회의, 국제공공연맹의 역사적 유산이 오늘날의 국
제기구에 어떻게 파생되었는지를 이해하는 것은 국제기구의 역사적 발전과
정을 분석하는 데 필수적인 분석틀이다.

2. 체제전환전쟁과 국제기구 안보제도의 상관관계

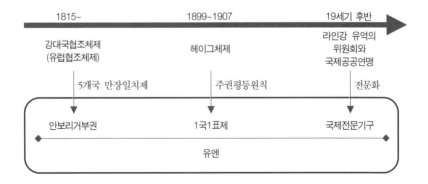

〈그림 1〉 19세기 강대국협조체제, 국제공공연맹, 그리고 헤이그회의의 역사적 유산

국제기구의 과거·현재·미래

이 장의 두 번째 분석틀은 국제기구의 역사적 발전과정을 통해 체제전환 전쟁과 새로운 국제기구의 상관관계를 파악하는 것이다〈그림 2〉. 즉, 19세기의 국제회의와 20세기 국제기구의 탄생 그리고 등락에 체제전환을 불러오는 대규모 전쟁systemic-transforming war이 선행되었다는 점이다. 영국의 역사학자 케이건에 의하면 인류는 전후질서를 재건하기 위해 네 번의 터닝 포인트를 가졌다. 즉, 30년전쟁 이후 1648년 웨스트팔리아 조약, 나폴레옹전쟁 이후 1815년의 비엔나회의 그리고 1차 세계대전 이후 1919년 파리회의, 마지막으로 2차 세계대전 이후 1945년 샌프란시스코회의 이후에 국제체제의 전후질서 역사는 다시 재구성되었다.[2] 이러한 맥락에서 비엔나체제의 다자적 위기관리체제, 국제연맹, 그리고 유엔의 집단안전보장체계는 각각 나폴

웨스트팔리아 조약

1648년 웨스트팔리아 조약(Treaty of Westphalia)은 국가들 간의 주권이 확립되는 계기가 되었다. 웨스트팔리아 조약은 마지막 종교전쟁이자 근대국가의 첫 번째 전쟁이라고 불리는 30년전쟁(1618~1648년)을 종식시켰다. 30년전쟁은 가톨릭과 합스부르크 왕가를 대표하는 신성로마제국 대 반가톨릭 세력의 덴마크, 스웨덴, 네덜란드에 의지한 프로테스탄트 도시들 및 공국 간의 갈등이 원인이 되어 발발했다. 반가톨릭세력은 교황의 권위를 거부하고 각국의 독립적 권리 즉 주권(the right of all states to full independence)을 주장했다. 이후 영적으로는 교황이 지배하고 세속적으로는 황제가 지배하는 유럽가톨릭 제국으로서의 신성로마제국은 사실상 붕괴되고 주권국가들의 공동체라는 근대 유럽의 구조가 확립되었다. 따라서 30년전쟁의 종식은 국제체제가 시작된 시점이라고 간주되며, 웨스트팔리아 조약은 주권국가를 국제체제의 가장 중요한 행위자로 태동시킨 이정표라 할 수 있다. 즉, 30년전쟁의 종결과 함께 웨스트팔리아 조약이 체결되고, 국가들은 가톨릭교회나 신성로마제국의 간섭과 중세적 보편주의에서 벗어나 주권(sovereignty)을 가지게 되면서 불간섭(non-intervention)과 영토적 배타성의 원칙이 정착되고, 국제사회라는 개념이 형성되고 발전되기 시작했다.

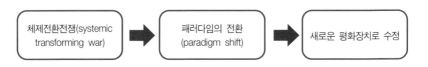

레옹전쟁, 제1차 세계대전, 제2차 세계대전의 결과물이었다.

　〈그림 3〉을 보면 체제전환전쟁의 위기는 패러다임의 전환을 가져와서 각 시기의 안보제도가 진화하는 계기가 되었다. 즉, 체제전환전쟁은 기존 안보 패러다임의 취약성을 드러냈고 이에 대한 성찰과 진지한 비판은 안보제도의 진화를 가져오는 계기가 되었다. 쌍무적 국가관계에 기반을 둔 18세기의 국제관계는 나폴레옹전쟁으로 인해 다자적 위기관리체제인 강대국협조체제로 수정되었다. 강대국협조체제이전 시기인 19세기 이전에는 주로 국가들이 전쟁을 외교의 정당한 수단으로 인식하고 분쟁이 일어날 경우에는 분쟁과 갈등을 조정하고 관리하기 보다는 약육강식의 아나키 상태가 팽배했다. 그러나 나폴레옹전쟁 이후 패러다임 전환으로 집단헤게모니체제로 수정되면서 탄생한 협력적 다자주의 덕분에 나폴레옹전쟁과 1차 세계대전사이 약 100년 동안 장기간의 평화를 낳았다.3 세력균형이론에 기반을 둔 강대국협조체제는 1차 대전으로 인해 다시 칸트의 영구적 평화를 기반으로 한 연맹의 집단안보패러다임으로 대체되었다. 제1차 세계대전은 패러다임의 전환을 가져왔고, 세력균형과 동맹에 기반한 평화의 유지를 골자로 한 세력균형체제가 국제평화에 독이 된다는 공감대를 얻으면서 국제연맹이 새로운 안보 패러다임을 채택하는 계기가 되었다. 국제연맹은 국제사회가 국제법 범법자들에게 공동의 대응을 취해야 한다는 혁신적인 집단안보체제 패러다임을 구

2　Stephen Schlesinger, *Act of creation: The founding of the United Nations* (Westview press, 2003), pp.40-45.

3　전재성 "19세기 유럽협조체제에 대한 국제제도론적 분석,"『한국과 국제정치』제15권 2호(1999).

〈그림 3〉 19세기 이후 세 번의 체제전환전쟁에 따른 안보패러다임의 발전과정

〈그림 3〉 19세기 이후 세 번의 체제전환전쟁에 따른 안보패러다임의 발전과정

현했지만, 2차 세계대전의 발발로 현실주의 세력분배구조가 반영된 안전보장모델로 대체되었다. 제2차 세계대전이라는 또 다른 위기는 연맹의 비효율적 안보제도에 대한 반성과 반작용으로 이어졌고 권력정치의 현실에 맞게 집단안보체제가 수정되는 계기가 되었다.[4]

셋째, 국제기구는 세력분배구조를 반영하는 거울이다. 국제기구의 성립에는 패권국의 의지가 매우 중요한 역할을 한다. 패권국의 의지와 함께 승전 연합국들의 지지와 이해관계의 조정 역시 국제기구 성립과 효율성에 중요한 영향을 끼친다.[5] 패권국의 의지에 대한 강대국들의 지지수준이 높고 또한 패권국과 강대국들 사이의 합의의 정도가 높을수록 국제기구의 효율성 역시 높아진다. 나폴레옹전쟁 이후 영국의 의지, 그리고 2차 대전 이후 패권국이었던 미국의 의지는 각각 강대국협조체제와 유엔의 성립에 선도적인 역할을 했다. 비엔나회의의 배경에는 17세기 후반부터 프랑스의 패권을 봉쇄하려고 했던 영국의 의지가 다른 승전연합국들의 지지로 실현될 수 있었다. 비극적이었던 나폴레옹전쟁을 계기로 패권국의 파괴적 힘을 경험했던 유럽 국가들 역시 패권국의 출현에 대해 두려워했고, 따라서 승전연합국들 간 다자주의적 협력에 대한 공동의 이해관계가 강화되었다. 이후 1차 세계대전이 일어나면서 유럽의 강대국협조체제와 세력균형이 철저히 파괴되는 것을 지

---

4 이병희, "집단안전보장: 역사적 변천과정," 『한국정치학회보』 제37집 5호(2003).
5 이병희(2003), p.167.

켜본 미국은 유럽대륙 평화의 파괴와 전쟁이 미국 국익과 이해관계에 대한 명백한 위협으로 인식하게 되었다. 미국의 윌슨이 전통적인 중립성의 원칙을 포기하고 개입을 해야 한다는 쪽으로 전략을 수정하면서 칸트의 영구평화론을 유엔의 안보패러다임에 적용하고자 했다. 유엔의 탄생 역시 패권국인 미국의 의지 그리고 강대국들 사이의 이해관계의 합의가 결정적 역할을 했다. 특히 미국의 전후세계질서 인식과 국익증진을 위한 거대전략의 변화는 연합의 탄생에 결정적 공헌을 했다. 냉전에서 소련을 봉쇄하고자 했던 미국은 주요 동맹들의 협조와 동의가 필요했고, 유엔과 같은 다자주의적인 국제제도를 이용하여 미국의 이해관계와 국익을 최대한 관철시키고자 했다. 미국은 유엔을 디자인하면서 강대국들의 이해관계를 최대한 반영시키는 방법을 통해 다른 승전연합국들을 설득시켰다.

넷째, 국제기구는 세력분배구조를 반영하므로 국제기구의 조직과 구성방식은 강대국들의 특권과 권력정치의 비대칭적인 이해관계를 반영한다. 즉, 강대국과 약소국의 권력관계가 국제기구와 질서에 직접적으로 반영된다는 것인데, 주로 국제기구의 수혜자는 승전연합국들이었다. 나폴레옹전쟁 이후 승전국 연합 중심으로 지배되고 관리된 비엔나회의의 역사적 유산은 제2차 세계대전의 승전국 위주로 형성된 유엔안전보장이사회 체제에서 지속되었다. 강대국이 국제질서를 결정하고 약소국들은 이를 따를 수밖에 없는 비대칭적인 권력정치의 구도는 2차 대전 이후 국제기구의 성립과 질서에 반영되어 오늘날에도 유지되고 있다.

III. 19세기 국제회의 발전과정 그리고 혁신

19세기 원시적 국제기구의 발전과정에서 세 가지 주요한 혁신, 강대국협조체제, 국제공공연맹, 그리고 헤이그회의6는 20세기의 안정적인 국제기구 체제의 제도화와 고착화를 준비하는 결정적인 계기가 되었다. 그렇다면 19세기 국제기구의 혁신은 어떠한 변화에서 비롯된 것일까?

19세기에 국제기구의 변화와 혁신이 일어난 데는 여러 가지 이유가 있는데, 특히 이니스 클로드에 의하면 국제기구의 탄생에는 주권을 가진 행위자 즉 국가들의 존재가 선행되어야 하고 국가 간 상호의존의 수준이 매우 높아 국가들은 함께 초국적 문제를 풀어나가기 위한 공동의 문제의식을 가져야 한다. 국제기구 탄생의 조건이 충족된 시점이 바로 19세기 초라 할 수 있다. 즉, 1648년 웨스트팔리아 조약을 바탕으로 하여 주권을 가진 국가들이 탄생하면서 주권의 원칙이 정착되었다. 그러나 국제사회는 주권국가 중심의 분권적 구조를 지속시켜왔다. 이는 대체로 국제적 상호의존과 접촉이 빈번하지 않는 가운데 주로 쌍무적 외교가 이 시기의 주요한 특징이었기 때문이다.7 "18세기만 하더라도 취약성 상호의존과 민감성 상호의존의 수준이 비교적 낮아" 유럽의 정치경제적 변동에도 불구하고 국제적 상호의존과 협력의 범위가 크지 않았고 여전히 쌍무적인 국제관계가 외교채널의 주요한 수단이었다.8

19세기에 이르러서야 교통, 기술, 커뮤니케이션, 상업, 무역의 발전으로 인한 상호의존의 수준이 이전의 수준과는 다르게 빠른 속도로 높아져갔다. 유럽의 강대국들은 아시아와 아프리카에서 식민지를 놓고 자원과 노동력의

---

6 Inis Claude, *Swords Into Plowshares: The Problems and Progress of International Organization*, 4th ed.(Random House, 1971), pp.1-458.

7 박재영, 『국제기구정치론』(서울: 법문사, 1998), p.3.

8 이병희, "집단안전보장: 역사적 변천과정," 『한국정치학회보』 제37집 5호(2003), p.171.

수탈을 위해 극심하게 경쟁했다. 식민지 경쟁과 더불어 유럽에서 영국을 선두로 하여 산업혁명과 산업화가 급격하게 확산되었으며, 이는 유럽 국가들의 무역과 경제적 상호의존의 증대 그리고 유럽과 식민지 사이의 경제적 종속관계를 증폭시켰다.[9] 이를 계기로 국가 간 취약성 상호의존과 민감성 상호의존의 수준은 18세기와는 다른 양상으로 급속히 확산되었으며 이런 변화는 다자주의 협력의 필요성을 자각하는 계기가 되었다.

1. 나폴레옹전쟁의 유산 강대국협조체제

강대국협조체제는 나폴레옹전쟁의 승전 연합국들인 영국, 러시아, 오스트리아, 프러시아the big four가 강대국들의 이해관계를 반영하기 위해 성립된 국제제도이다.[10] 19세기 초기 1815년에 설립된 원시적 국제협력회의인 강대국협조체제는 다양한 측면에서 국제기구의 혁신을 이루었고 강대국협조체제의 역사적 유산은 이후 20세기의 국제기구에 파생되었다. 강대국협조체제를 통해 국제사회는 역사상 최초로 약육강식의 전쟁을 수단으로 분쟁을 해결하던 시대에서 벗어날 수 있었고 쌍무적 외교채널을 벗어나 다자주의적 회의를 통해 갈등을 조정하고 관리했다. 특히, 강대국협조체제는 "20세기의 안보제도보다 지속성을 가지고, 전쟁의 방지와 평화의 유지"[11]에 큰 공헌을 했다. 예를 들어, 강대국협조체제는 "세력균형의 구조를 변화시킬 수 있는 그리스와 벨기에의 독립과 같은 문제에서 이기적인 자국의 국익을 추구하는 분쟁적인 행동을 취하기보다는 강대국 간 회의를 통해 이해관계를 조정하고 분쟁과 갈등의 소지를 줄여, 그 결과 강대국 간 전쟁이 현저히 줄고 장기간

---

9 Margaret P. Karns, Karen A. Mingst, *International organizations: the politics and processes of global governance*(Lynne Rienner Publishers, 2009), p.65.

10 Karns & Mingst(2009), p.65.

11 전재성, "19세기 유럽협조체제에 대한 국제제도론적 분석," 『한국과 국제정치』 제15권 2호(1999), p.35.

평화가 창출"12되었다. 또한 1878년 베를린에서 일어났던 마지막 유럽회의에서는 과거에 식민지화되지 않았던 아프리카 국가들을 유럽식민주의 국가들로 만들면서 유럽 식민주의의 범위를 확대13시켰는데, 이때에도 강대국들은 회의를 통해 이해관계의 균형점을 조정하고 분쟁과 갈등의 소지를 줄이기 위해 노력했다. 이러한 변화는 어디에서 온 것인가?

첫째, 비엔나체제의 다자적 위기관리체제는 나폴레옹전쟁의 결과물이었다. 나폴레옹전쟁의 위기는 패러다임의 전환을 가져와서 안보제도가 진화하는 계기가 되었다. 즉, 쌍무적 국가관계에 기반을 둔 18세기의 국제관계는 나폴레옹전쟁으로 인해 다자적 위기관리체제14인 강대국협조체제로 수정되었다. 18세기의 유럽 국제정치는 아나키 상태와 흡사했으며 주권국가들은 오랫동안 전쟁을 정당한 정책의 도구로 여겼다. 그러나 19세기 최대의 참혹한 혼란과 비극을 가져왔던 나폴레옹전쟁15의 영향으로 유럽의 각국들은 새로운 안보제도를 시도하게 되었다. 즉 쌍무적 채널보다는 광범위한 다자주의적 평화협력을 통해 안보에 위협이 될 수 있는 패권국의 등장을 저지하고, 갈등과 전쟁의 가능성을 줄이고자 했다. 이 같은 노력을 반영한 구체적인 결과물이 1815년 비엔나회의The Congress of Vienna이다.

둘째, 국제기구는 세력분배구조를 반영한 거울이다. 국제기구의 성립에는 패권국의 의지와 승전 연합국들의 지지와 이해관계의 조정이 중요한 영향을 끼친다. 비엔나회의는 17세기 후반부터 프랑스의 패권을 저지하고자 하는 영국의 의지가 주요하게 작용했고, 이런 영국의 의지에 대한 승전연합국들의 지지가 비엔나회의의 성공에 중요한 역할을 했다. 특히 나폴레옹전쟁 이후 세력균형의 파괴와 유럽의 폭력적 전쟁을 경험한 "유럽의 보수국가

---

12 전재성(1999), p.36.
13 Claude(1971).
14 비엔나체제의 세력균형체제는 영국, 러시아, 오스트리아, 프러시아 등의 승전연합국들이 분쟁과 갈등을 제한한 다자간 위기관리체제였다.
15 나폴레옹전쟁은 프랑스의 나폴레옹이 유럽 지배와 패권의 구축을 통해 하나의 제국을 만들고자 시작되었다.

들과 프랑스의 힘을 경계해 온 영국은 프랑스의 팽창을 막아야 한다는 세력 균형의 원칙에 공감대를 형성하였다. 비극적이었던 나폴레옹전쟁을 계기로 패권국가의 출현에 대한 유럽 국가들의 두려움과 경계가 강화되고 이에 대한 공감대가 형성되면서, 이기적인 국익추구를 넘어선 국제협력에 대한 고려가 강화되었다."[16] 패권국 영국의 의도와 강대국들의 이해관계가 반영되어 평화장치의 기능을 한 강대국협조체제가 유지될 수 있었다.

셋째, 국제기구는 세력분배구조를 반영하므로 국제기구의 조직방식은 강대국들의 비대칭적인 이해관계를 반영한다. 즉, 강대국과 약소국의 권력관계가 국제기구와 질서에 직접적으로 반영된다. 강대국협조체제의 승전국들은 "강대국들의 인구가 유럽인구의 약 3/4을 차지하고 영국과 러시아의 군대를 포함한 강대국의 군사력이 전체 군사력의 3/4라는"[17] 이유로 강대국의 특권을 당연하게 여겼으며, 약소국들의 의견이나 합의는 중요시 하지 않았다. 따라서 "강대국 약소국 관계는 강대국이 주도하고 다른 약소국들은 강대국의 결정에 따를 수밖에 없는 불평등성"[18]이 특징이었다.

마지막으로, 나폴레옹전쟁 이후 승전국 연합 중심으로 지배되고 관리된 비엔나회의의 역사적 유산은 제2차 세계대전 이후 승전국 위주로 국제질서의 영속화를 기도했던 유엔안전보장이사회 체제에서 지속되고 있다.[19] 19세기 강대국협조체제의 강대국 간 만장일치제와 강대국의 특권은 오늘날 유엔 상임이사국의 거부권과 만장일치제에 파생되어 이어지고 있다. 강대국 권력정치의 유산은 오늘날에도 유지되어, 유엔에서 평화와 분쟁과 관련한 문제는 안전보장이사회 상임이사국의 영향력이 절대적이라고 볼 수 있다. 특히 평화유지활동 그리고 경제제재 문제는 미국, 중국, 러시아 3개국 간의 국익과 전략적 이해관계에 의해 결정되고 있다. 소수의 강대국이 국제질서

---

16 전재성, "동맹의 역사," 『EAI 국가안보패널 연구보고서』 보고서 33(2009.12).
17 이병희(2003), p.172.
18 전재성(1999), p.37.
19 Karns & Mingst(2009), p.67.

G-7(Group of 7)

일명 선진국 중심의 '선진국 부자 클럽'이라 불리우며, 주요 선진국 7개
국 재무장관 중앙은행총재회의를 의미한다. 미국, 프랑스, 영국, 독일,
이탈리아, 일본 그리고 캐나다의 7개국 수반은 경제 포럼의 성격을 띤
G7 정상회담에서 세계정세를 논의하고 각국의 경제정책을 조율한다.
1997년 이후 러시아가 정식으로 조인하면서 G-8으로 불리기도 했다.
역사적 형성배경을 보면 1971년 닉슨의 금태환 중지 선언으로 브레턴우
즈체제가 흔들리는 위기가 발생하면서 태동하였는데 세계경제의 안정
을 도모하기 위해 1974년 미국, 영국, 독일, 프랑스, 일본이 참가한 G5
재무장관 중앙은행총재회의가 처음 열렸다. 이후 1985년 9월 G5 회의
에서 플라자 합의를 발표하자, 이탈리아와 캐나다의 요구로 1986년부터
G7 회의로 확대되어 정상회의와 병행하여 열리게 되었다. 특히 선진국
수뇌회의는 자유무역, 민영화, 탈규제 등 세계화를 주도하는 실질적인
세력이 되었다.

를 결정하고 약소국들은 이를 따를 수밖에 없는 비대칭적인 권력정치의 구
도는 근대 국제기구에 중요한 역사적 유산을 남겼다. 주요 선진국 경제협의
체인 G-7 역시 강대국협조체제에서 그 역사적 근거를 찾을 수 있다.

2. 19세기 두 번째 혁신 헤이그체제

19세기 국제기구의 변천과정에서 두 번째 혁신은 강대국뿐만 아니라 약
소국들이 역사상 최초로 국제문제 해결의 장에 참여해 20세기의 시작을 알
린 헤이그체제의 출현이다. 강대국협조체제는 대체로 유럽에 한정되었으나
헤이그회의에서는 참여국의 범위가 확대되면서 국제회의와 국제기구가 유
럽에서 다른 지역으로 확대되었다. 헤이그회의는 유럽 강대국들의 경쟁적인
영토 확장과 안보딜레마로 긴장감이 높아지자[20] 부담을 느낀 러시아 차르

2세가 1899년 제1차 만국평화회의를 발의하면서 시작되었다. 헤이그체제는 1899년과 1907년 사이에 제도화되었는데, 헤이그에 모인 각국 대표들은 전쟁이 아니라 법으로 국가 간 분쟁을 해결하자고 합의했다. 1907년 회의에서는 드라고 독트린^{Drago Doctrine}이 채택되었는데, 유럽강국들이 라틴 아메리카 국가들과의 채무관계에서 강압적으로 군사적 방법을 써서는 안 된다는 원칙이 채택되었다.[21] 또한 헤이그회의는 국제분쟁의 평화적 해결을 위한 의정서^{Convention for the Pacific Settlement of International Disputes}, 임시국제심의위원회^{International Commissions of Inquiry}, 그리고 상설중재재판소의 설립의 성과를 낳았다. 상설중재재판소는 상시적 기구로, 현재까지도 존재하고 있으며 1979년 이란 인질 사건 소송을 담당하기도 했다.[22]

헤이그체제의 역사적 유산은 20세기 국제기구에 투영되었다. 헤이그체제는 최초로 약소국과 비유럽 국가들을 회의에 포함시켜 당시 파격적인 절차적 혁신을 낳았다. 특히 헤이그회의는 국가의 힘, 크기, 경제력, 군사력 등에 관계없이 강대국들과 약소국 간 주권 평등의 원칙을 인정한 첫 국제회의였다. 특히, 1907년 회의는 라틴 아메리카 국가들, 중국, 일본에 투표권을 부여함으로써 주권 평등의 원칙을 확립시켰다. 헤이그회의는 국가들의 불평등성을 전제한 강대국협조체제와는 달리 모든 국가가 평등한 주권을 이룬다고 했는데, 이러한 전통은 오늘날 유엔총회의 1국 1표의 역사적 기원이 되었다.[23]

그러나 헤이그회의가 국가의 크기, 경제력, 군사력 등에 관계없이 강대국들과 약소국 간 주권 평등의 원칙을 확립하고, 약소국과 비유럽 국가들의

---

20 Geoffrey Best, "Peace Conferences and the Century of Total War: The 1899 Hague Conference and What Came after," *International Affairs*, 75-3(1999), pp.619-634.

21 Stephen Schlesinger, *Act of creation: The founding of the United Nations* (Westview press, 2003), pp.40-45.

22 Karns & Mingst(2009), p.70.

23 Karns & Mingst(2009).

국제기구의 과거·현재·미래

동등한 권리를 인정한 첫 국제회의였다는 데에는 명백한 한계점을 노정하고 있었다. 1899년 회의는 주권국가들의 보편주의적 참여에 대한 의지를 보였지만, 주권국가의 반 이상이 1899년 회의에 참석하지 않았다. 회의에 참석한 국가들의 인구와 자원이 세계인구와 자원의 75% 이상을 차지한다는 명목으로 회의는 정당화되었다. 한편 제2차 헤이그회의에는 남미국가를 포함한 44개 나라가 참가했지만 아프리카와 아시아는 여전히 소외되었다.[24] 특히 한국은 헤이그회의에서 약소국으로서의 서러움과 국제제도의 불평등한 본질을 직접 체험했다. 1907년 조선의 고종은 마지막 희망을 품고 일본의 한국에 대한 강제적 식민주의와 불평등 보호조약의 불법성을 국제사회에 알리기 위해 헤이그에 밀사를 파견했다. 세 명의 밀사를 파견하여 한국의 억울한 상황을 국제사회에 알리고 일본의 강제점령으로부터 한국의 독립과 주권을 회복하려고 노력했다. 그러나 제2차 헤이그회의는 본질적으로 강대국들만의 이해관계와 특권이 반영된 회의였고 따라서 강대국들의 식민주의를 지지하고 있었기 때문에 고종의 노력은 별다른 결과물이 없이 좌절되었다.[25]

둘째, 제2차 헤이그회의는 오늘날 유엔과 같은 국제기구가 도입하고 있는 제도를 처음으로 사용한 것으로 평가된다. 다자간 외교의 의장을 선출하고, 위원회가 조직되었으며, 호명투표roll call vote와 같은 기술적 방법들이 이 회의에서 처음으로 사용되었고,[26] 아직도 그 역사적 유산은 국제기구에서 유지되고 있다.

마지막으로 헤이그회의는 전쟁을 조정하고 관리하는 목적만이 아니라 전쟁을 예방하기 위한 방법론을 적극적으로 함께 고민하는 형식이었다. 1945년 이후 국제법에 명시된 무력사용의 금지는 국제평화의 유지를 위협하는 분쟁의 평화적 해결을 위해서 만들어졌는데 이는 헤이그회의의 국제법적 기

---

24 George H. Aldrich and Christine M. Chinkin, "A Century of Achievement and Unfinished Work," *The American Journal of International Law* 94-1(2000), pp. 90-98.
25 서창록, 『국제기구: 글로벌거버넌스의 정치학』(서울: 다산출판사, 2004), p.68.
26 Claude(1971), pp.28-34.

원에서 유래하는 것이다. 또한 유엔헌장의 33조에 명시되어 있는 "어떠한 분쟁도 그의 계속이 국제평화와 안전의 유지를 위태롭게 할 우려가 있는 것일 경우, 그 분쟁의 당사자는 우선 교섭, 심사, 중개, 조정, 중재재판, 사법적 해결, 지역적 기관 또는 지역적 약정의 이용 또는 당사자가 선택하는 다른 평화적 수단에 의한 해결을 구한다"[27]에서 강조하고 있는 교섭, 심사, 중개, 조정, 중재재판, 사법적 해결 역시 헤이그회의 국제법에서 유래되었다.

3. 19세기 마지막 혁신 국제공공연맹

국제공공연맹은 19세기 국제기구의 마지막 혁신이다. 유럽 국가들은 산업혁명, 상업의 확대, 커뮤니케이션과 기술의 혁신, 물적 자본과 인적 자본 이동의 급속한 증대로 과거에는 겪지 않았던 새로운 공동의 문제들을 해결해야 했다. 따라서 공동의 문제를 해결하기 위한 상설위원회와 사무국이 설치되었는데, 주로 여행자들의 건강기준, 라인강의 항행규칙, 우편운송 문제, 전보의 국제적 이용과 같은 기능적 문제로부터 출발[28]했으며, 그 결과 "모든 국가에게 라인강 항해의 자유를 보장하기 위한 라인강 항해를 위한 중앙위원회Central Commission for Navigation of the Rhine가 설립되고, 그 후 1856년 다뉴브강의 관리를 위해 유럽·다뉴브위원회와 유역국위원회를 설치되었다. 유럽·다뉴브위원회는 다뉴브강 하류지역 그리고 유역국위원회는 다뉴브 강 전체의 항해를 관리했는데, 유럽·다뉴브위원회의 권한이 확대되면서 상설기관이 되었다. 유럽·다뉴브위원회는 항해규칙을 제정하고, 규칙 위반에 대한 벌금을 부과했다." 하천위원회는 위원회와 사무국으로 구성되었으며, 초국적 협력을 구체화시킨 최초의 국제조직으로 의미를 가진다.[29]

---

27 Best(1999), pp.620-625.

28 Karns & Mingst(2009).

29 박재영, 『국제기구정치론』(서울: 법문사, 1998), pp.5-6.

국제하천위원회에 이어 19세기 후반에는 유럽 국가들을 중심으로 통신, 우편, 교통, 기술 등의 전문행정 분야의 문제를 함께 해결하는 움직임이 활발하게 전개되었다. 국제하천위원회와 마찬가지로 사무국이 제도화되면서 1865년 국제전신연합International Telegraphic Union이 만들어졌고, 1874년 만국우편연합Universal Postal Union, 1890년 국제철도화물운송연합이 수립되는 등 19세기 후반에 다양한 공공연맹이 설립되었다. 이런 기구들은 국가 간 커뮤니케이션과 교통, 그리고 상업의 확대를 촉진시키는 데 효과적이었다. 또한 1920년에는 국제상공회의소가 만들어졌고, 1923년에는 국제범죄경찰국 Interpol이 설립되었다. 1930년에는 국제결제은행Bank of International Settlements이 만들어졌다. 이러한 비정치적 상설기구들의 설립은 기능주의적으로 전문화된 국제기구의 출현과 확산에 큰 공헌을 했다.30

국제 공공연맹의 설립은 국제기구의 절차적 혁신에 다양한 영향을 끼쳤는데, 첫째, 국제 공공연맹으로 인해 상시 관료들로 구성된 국제 사무국이 생기게 되면서, 회원국이 공통된 관심사항에 대해 정기적으로 회합하여 공동의 초국적 문제를 회의하고 심의하는 것이 가능했으며 지속성을 확보할 수 있게 되었다는 점에서 획기적이었다.31 둘째, 다자주의적 외교는 이제 더 이상 전통적 외교관들의 고유 영역이 아니었으며, 환경, 인권, 기술, 노동 전문가들이 전문적인 역할을 책임지는 관행을 만들었다. 마지막으로, 공공연맹은 다자주의적 회의의 기초가 되는 법안과 규칙들을 발전시키는 계기를 마련했다.32

30 Karns & Mingst(2009), p.66.
31 박재영, 『국제기구정치론』(서울: 법문사 1998), p.7.
32 Karns & Mingst(2009), p.67.

4. 19세기 국제공공연맹의 역사적 유산

상호의존의 확대로 인해 과거 안보와 정치적 영역과 같은 상위정치^{high} ^{politics}에 국한되어 있던 국제정치가 보건, 노동, 농업, 우편, 통신, 인권, 환경, 교육, 난민, 문화, 개발 등과 관련한 다양한 비전통적 영역의 하위정치 ^{low politics}를 관할하게 되면서 국제기구가 수행하는 기능도 다양해졌다. 이같은 추세를 반영하여 19세기에 행정, 기술, 전문 분야의 문제들을 다루기 위해 만들어졌던 국제하천위원회 및 국제공공연맹은 20세기에 이르러 발전과 성숙과정을 거치게 되었고 계속적으로 진화하면서 기능주의^{functionalism}와 전문적 국제기구^{specialized International Governmental Organizations}의 발전을 촉진시켰다. 라인강 유역의 위원회와 기능기구들은 역사적으로 매우 중요한 유산을 남겼는데, 특히 국제 전문기능기구는 19세기 말에 태동하여 최근까지 다양한 영역에 걸쳐 국제기능기구를 발전시켰다.[33]

국제기능기구란 "기능주의^{functionalism}에 근거하여 노동, 우편, 아동, 인권, 환경 등 특정한 비정치적 기능적 영역을 수행하는 유엔 전문기구와 국제기능기구를 의미한다."[34] 국제기능기구는 역사적 진화과정을 거치면서 폭발적으로 증가하게 되었다. 초기의 국제기구인 중앙라인강위원회(1804), 국제하천위원회^{The International River Commissions}, 다뉴브강위원회, 국제전신연합(1865), 만국우편연합(1874), 국제저작권보호연맹(1886), 국제철도수송사무국(1890) 같은 국제공공연맹은 유엔의 세계건강보건기구^{World Health Organization}, 유엔아동구호기금^{UN Children's Fund}, 국제노동기구^{International Labor Organization}, 식량농업기구^{Food and Agriculture Organization}와 같은 국제기능기구의 발전에 모태가 되었다.[35]

이상에서 살펴본 바와 같이 19세기 국제기구의 혁신은 다자주의적 국제

---

33 정우탁(2000), pp.285-306.

34 정우탁(2000), p.286.

35 Karns & Mingst(2009), p.41.

기능주의

기능주의(functionalism)는 정치적 갈등과 분쟁의 문제 때문에 국가들 간 협력의 조율이 어려워지는 것을 해결하기 위해 협력의 영역을 정치적 영역과 비정치적인 영역으로 구분한 다음 비정치적인 영역에서의 협력 추구를 통해 궁극적으로 정치적 영역에서의 협력으로 확산(spillover)을 추구한다는 이론36이다. 전쟁 직후 유럽에서 유럽석탄철강공동체를 시작으로 경제적 협력과 통합의 경험을 축적시켜 장기적으로 정치적 협력을 추구한 것은 대표적인 기능주의 적용의 예라고 할 수 있다.

기구의 토대와 역할을 근본적으로 변화시켰는데, 19세기의 강대국협조체제, 국제공공연맹, 그리고 헤이그회의는 근대적 국제기구의 발전에 중요한 유산을 파생시켰다. 국제체제의 주권국가들은 강대국협조체제의 강대국 중심 다자주의적 외교와 권력정치, 공공연맹체제의 전문적 기능기구의 조직화와 상설화, 헤이그체제의 주권평등의 원칙과 평화적 법적 해결의 유산을 이어받게 되었다.

---

36 정우탁, "국제기능기구의 정치적 분석을 위한 이론적 검토," 『국제지역연구』 제4권 1호 (2000), p.286; David. A. Mitrany, *Working Peace System: An Argument for the Functional Development of International Organization*(London: Royal Institute of International Affairs, 1943).

IV. 20세기 제1차 세계대전의 결과물
국제연맹(League of Nations)

　20세기는 19세기 국제기구에서 파생된 유산을 이어받아 국제기구가 조직화되고 안정화되면서 국제기구가 실질적 조직의 형태를 가지고 설립되었던 시기였다. 특히 최초의 보편적 국제기구였던 국제연맹의 설립은 국제기구 발전 과정에서 명백한 터닝 포인트를 마련한 획기적 계기가 되었다. 이러한 변화는 어디에서 온 것인가?

　첫째, 국제연맹은 제1차 세계대전이라는 인류 최대의 체제전환 전쟁이 낳은 결과물이었다. 제1차 세계대전은 유럽의 강대국협조체제가 무너지는 계기가 되었고 동시에 유럽의 세력균형에 기반한 평화를 철저히 파괴시켰다.37 제1차 세계대전은 유례없이 치열하고 많은 후유증을 남긴 전쟁이었고 특히 독일과 전 유럽에 막대한 경제적 피해와 인명 피해를 끼침에 따라 전쟁이 끝나기도 전에 이후 전쟁의 파장을 효과적으로 관리하고 전쟁의 발발을 가져온 총체적인 위기를 극복하기 위한 노력이 본격화되었다. 참혹한 전쟁을 경험한 국제사회는 다른 무엇보다 세계 평화를 염원했고 또 다른 위기를 방지하고자 하는 청사진을 구축하기 위한 구체적인 노력들이 나타났다. 이 기간에 일어난 일련의 변화야말로 국제기구의 발전과정에서 일어난 여러 변화들 중 가장 심대한 변화로 이는 국제기구의 역사가 20세기 초를 기점으로 양분될 수 있음을 의미한다.

　둘째, 유럽의 강대국협조체제와 세력균형이 철저히 파괴되는 것을 지켜본 미국의 윌슨 대통령은 전통적인 일방주의 정책에 대한 진지한 성찰을 하게 되었다. 강대국체제의 와해로 인해 미국은 전통적 일방주의 즉 존 퀸시 아담스, 토마스 제퍼슨에 의해 주창되어온 비동맹주의^{warning against entangling}

---

37 Stephen Schlesinger, *Act of creation: The founding of the United Nations* (Westview press, 2003).

alliance와 불개입 원칙의 수정에 대해 진지하게 고민했다. 유럽의 전쟁과 폭력에 대해 중립을 지켜왔던 미국의 입장에서는 유럽대륙 평화의 파괴와 전쟁의 격화는 미국 국익과 이해관계에 대한 명백한 위협으로 인식되었다. 예를 들어 미국은 최악의 시나리오에서 유럽의 패권국이 미국을 공격할 가능성에 대해서도 고려해야 했고, 미국의 중요한 사활이 걸려있는 유럽과의 무역과 상업적 이해관계를 위협받을 수도 있었다. 따라서 미국은 1917년에 이르러서 전통적인 중립성의 원칙을 포기하고 개입을 해야 한다는 쪽으로 전략을 수정하기 시작했다. 이를 뒷받침하기 위해 윌슨 대통령은 미국의 지구적 역할에 대해 강조하기 시작했다.38

특히 윌슨 대통령은 민주주의적 평화원칙에 영향을 받아 민주주의 국가들끼리는 전쟁을 하지 않는다는 원칙을 국제사회의 안보체제에 적용시키고자 했다. 윌슨은 강대국협조체제의 세력균형원리에 입각한 국제정치 논리에 반대하며 국제연맹의 새로운 평화모델에 대한 국제사회의 청사진을 제시했고, 국제사회는 비밀동맹과 세력균형의 논리가 아닌 공동체의 합의와 민주주의의 도덕적 비전, 상호의존으로 세계평화를 이룩할 수 있다고 강조했다.39 칸트의 영구평화론perpetual peace이 국제연맹의 비전에 적용되었고, 이는 '강대국협조체제의 현실주의 논리에 대한 반작용'으로 설명될 수 있다.40 윌슨은 1917년 4월 독일에 대한 선전 포고 연설에서 국제 평화와 민주주의의 안전을 위한 협조를 추구했으며, 그 후 평화적 국제체제를 약속하는 14가지 항목을 발표했다. 14가지 항목 중 7가지 항목은 민족자결주의의 원칙을 강조하는 것이었고, 마지막 항목은 국제평화의 유지와 정치적 독립에 대한 존중을 바탕으로 한 국제연맹 설립의 필요성에 대해 강조했다. 이후 국제연맹의 설립을 위한 구체적 초안이 파리 강화회의에 제출되었으며 영국과 미국의 주도로 규약의 토대가 만들어졌다.41

38 Stephen Schlesinger(2003), pp.52-57.

39 Bruce Russett, *Grasping the Democratic Peace*(Princeton: Princeton University Press, 1993).

40 이병희(2003), p.175.

1차 세계대전 이후 국제연맹은 국제사회가 침략국에 대해 공동의 대응을 취해야 한다는 혁신적인 안보체제 패러다임을 구축하기에 이르렀다. 미국, 영국, 프랑스, 이탈리아 승전국 연합은 베르사유 평화조약을 통해 국제연맹을 평화조약의 핵심으로 만들고자 했다. 이때 가장 큰 관심사는 독일이 패권국으로 재등장하여 유럽을 석권하고 국가들의 생존을 위협하며 치명적 위기를 가할 수 있는 가능성을 어떻게 방지하는 가하는 것이었다. 흥미로운 것은 베르사유 조약이 단순히 연합국들의 이해관계를 반영하여 전후질서를 정리하고 관리하는 차원을 넘어 전쟁이 종결된 이후에도 침략국을 예방하는 평화적 장치를 구상하였다는 점이다. 미국을 비롯한 승전 강대국들의 합의에 의해 만들어진 국제연맹의 중요한 핵심은 "전쟁의 예방과 억제였으며, 국제연맹을 통한 집단안보체계 원칙을 적용하고자 했다. 국제연맹에 대한 청사진에서 주요한 두 가지 원칙 중 하나는 각국의 영토를 존중하고 보존하며 정치적 독립성을 인정한다는 것에 각 국가가 동의한다는 것과 분쟁을 해결하지 못할 경우 국제연맹 제16조에 근거하여 분쟁의 해결을 도모할 수 있다고 명시하고 있다. 즉, 위반국에 대해 다른 모든 국가가 국제연맹을 통해 경제적 제재를 가하고 필요시 군사력을 동원하여 대응한다는 집단안보 collective security 의 원칙이었다."[42]

국제연맹의 조직방식은 19세기 국제기구의 유산이 파생된 모습으로 나타났다. 국제연맹의 주요 조직은 총회, 이사회, 사무국, 상설국제사법재판소, 그리고 국제노동기구였다. 국제연맹총회의 경우 강대국들의 전략적 필요와 리더십에 의하지 않고도 회원국들끼리 지속적인 회의와 회합이 이루어진 것은 헤이그회의의 유산이 반영되었다. 윌슨의 민족자결주의와 주권국의 독립성은 만장일치제라는 의사표결방식으로 연결되었다. 만장일치제가 국제기구에 적용된 것은 역사상 최초였으며 이는 주권평등의 원칙이 국제기구의 의사결정방법으로 구체화된 결과물이었다. 한편 연맹의 이사회는 19세기

41 윤병관·황병무, 『국제기구와 한국 외교』(서울: 민음사, 1996).

42 서창록, 『국제기구: 글로벌거버넌스의 정치학』(서울: 다산출판사, 2004), pp.69-70.

국제기구의 과거·현재·미래

강대국협조체제의 유산이 반영된 것이다. 그러나 조직의 지속성과 규칙성, 그리고 약소국들의 참여는 강대국협조체제와의 차이점43이라 할 수 있다.

월슨의 민족자결주의와 주권 존중이념이 만장일치제라는 의사표결방법으로 구체화되었던 국제연맹의 혁신에도 불구하고, 한국의 비극적인 경험은 강대국과 약소국의 불평등할 수밖에 없는 현실을 드러내는 단적인 예를 보여주었다. 1919년 3월 파리회의에 파견된 김규식, 이관용, 황기환은 일제의 한국 식민통치의 불법성을 폭로하며 한국의 주권회복을 위해 노력했지만 당시의 강대국들은 한국의 고통과 문제에 전혀 관심을 표명하지 않았다.44 제2차 헤이그회의와 마찬가지로 국제연맹의 민족자결주의 원칙은 한국과 비슷한 처지에 있는 적지 않은 약소국들에게 실현되지 않는 빈 공약cheap talk에 지나지 않았다. 한국은 헤이그회의에서 겪은 좌절을 파리회의에서 동일하게 경험했다. 약소국들은 여전히 강대국들의 의사결정에 따르면서 힘의 정치에 굴복할 수밖에 없는 위치에 머물렀다는 역사적 증거이다.

마가렛 칸스와 카렌 밍스트에 의하면, 국제연맹은 유럽의 작은 영토이슈와 관련한 많은 문제를 해결했다. 그럼에도 불구하고 국제연맹은 1931년 일본이 만주를 침공했을 때 즉각적 대응에 실패함으로써 약점을 드러냈다. 조사위원회는 일본의 침공 후 7개월이 지나서 강대국들을 대표하는 5명의 대표단을 파견하고 뒤늦게 일본의 공격을 비난했으나 그 이상의 조치를 취하지는 못했다. 연맹의 대응이 강대국들의 지지를 받지 못했을 때, 국제연맹의 집단안보원칙은 급격히 힘을 잃었고 연맹의 취약성은 극명해졌다. 일본의 만주침공에 이은 1935년 이탈리아의 에티오피아 침공에 대한 국제연맹의 대응은 연맹의 정당성을 더욱 훼손시켰다. 국제연맹국의 회원국인 에티오피아는 국제연맹에 호소했으나 이사회는 아무런 대응을 하지 않았다. 프랑스와 영국 같은 강대국은 이탈리아에 눈치작전으로 대응하며 오히려 이 문제에 개입하지 않겠다고 선언했다. 이탈리아의 침공 이후, 총회의 54개

---

43 윤병관·황병무(1996), p.67.

44 윤영관·황병무(1996), p.66.

회원국들 중 50개 국가는 이탈리아에 대한 무기판매 금지에 동의했으나 이 조치들은 이탈리아를 퇴각시키기에는 불충분했으며, 경제제재 역시 매우 미약했다. 또한 국제연맹은 스페인 내전에 개입하지도 않았고, 히틀러의 라인지방 재무장화, 오스트리아와 체코슬로바키아의 점령에 대해 반대하지 않았다. 무엇보다 국제연맹의 원칙에 협조적이지 않은 강대국들의 태도로 인해 국제연맹의 영향력과 정당성은 크게 훼손되었다.[45]

국제연맹의 실패요인은 강대국 사이의 이해관계가 균형점을 찾지 못한 점을 들 수 있다. 먼저, 주도국이었던 미국이 불참했다. 윌슨은 국제연맹의 설립을 위해 열정적으로 노력했지만, 결국 국내 의회의 반대를 극복하지 못했다. 미국의 상원은 국제연맹이 미국의 주권, 먼로 독트린, 미국의 전통적인 불개입정책과 양립될 수 없다고 공격했다. 특히 의원들은 미국의 헌법에 명시되어 있는 전쟁선언의 조항과 연맹의 집단안보원칙이 기본적으로 대립된다고 주장했다.[46] 또한 영국과 프랑스의 갈등, 독일을 비롯한 열강들의 탈퇴 등으로 인해 연맹은 효과성에 결정적인 타격을 입었다.

둘째, 국제연맹은 구조적인 취약성을 가지고 있었다. 연맹규약의 16조에 따르면 연맹규약 위반국에 대해 경제적 외교적 관계를 끊을 수 있었지만 그러한 제재가 실패할 경우, 국제연맹은 기껏해야 군사적 해결방법을 '권고 recommend'하는 정도의 권위를 가지고 있었다. 연맹규약 10조는 회원국들의 도덕적 의무감에 호소하는 정도에 그치는 취약성을 가지고 있었으므로, 철저히 국익과 이해관계에 의해 움직이는 주권국가들은 이해관계가 없는 무력 침공에 자신들의 군대를 보내 위반국을 처벌하는 데 소극적일 수밖에 없었다.[47] 이와 더불어 연맹의 안보제도에 대한 강대국들의 협력이 소극적이었던 점, 제재 조치가 강력하지 못했던 점, 그리고 만장일치제 등 연맹의 취약성도 연맹의 실패에 중요한 역할을 했다.[48]

---

45 Karns & Mingst(2009), pp.70-72.
46 Schlesinger(2003).
47 Schlesinger(2003), p.27.

국제기구의 과거·현재·미래

평화적 국제사회를 성취하고자 했던 연맹의 이상과 비전은 현실의 한계에 직면하여 실패로 끝났지만, 1차 대전의 영향으로 인해 당시 혁신적인 패러다임이었던 집단안전보장이라는 새로운 안보제도를 시도했다는 점, 그리고 2차 대전 이후 유엔의 탄생에 결정적 영향을 끼쳤다는 점에서 결과적으로 연맹의 안보제도가 실패한 실험이라는 극단적 일반화는 적절치 않다. 다음 절에서는 국제연맹과는 달리 철저하게 세력분배구조의 권력정치에 기반을 둔 유엔의 성립이 어떻게 구체화되었는지 알아보기 위해 미국을 중심으로 강대국들의 투쟁과정에 관해 살펴보겠다.

V. 20세기 제2차 세계대전의 결과물 현대판 강대국협조체제 유엔

민주주의 평화원칙에 대한 법적 도덕적 공감대를 마련하고, 세계평화의 비전을 실현하기 위한 국제연맹의 실험이 시작된 지 20년도 지나지 않아, 공산주의, 파시즘, 나치즘, 그리고 군국주의가 국제사회를 지배하게 되었고, 인류역사에서 가장 처참한 2차 세계대전이 발생하면서 국제연맹의 비전과 원칙은 붕괴되기에 이르렀다. 위기는 언제나 그렇듯이 진지한 자기성찰과 변화를 가져온다. 국제 연맹과 유엔 사이에는 제2차 세계대전이 결정적 역할을 했다. 국제연맹의 실패 경험과 2차 세계대전에 대한 철저한 반성은 당시의 연맹이 얼마나 비효율적인지를 철저하게 깨달을 수 있는 기회를 제공했으며, 새로운 유엔의 탄생을 가져왔다. 참혹했던 제2차 세계대전의 위기 속에서 태어난 유엔은 국가 간의 파괴적인 이기주의와 적대적 행위가 극에 달한 상태에서 바로 직전에 겪었던 재앙들이 다시 발생해서는 안되겠

---

48 윤병관·황병무, 『국제기구와 한국 외교』(서울: 민음사, 1996), p.63.

다는 점에 주안점을 두어 탄생했다.

전쟁방지와 집단안보체제를 구현하는 데 있어서, 이상주의적 칸트의 비전에 기반을 둔 연맹의 비효율성을 절감한 국제사회는 또 다른 전쟁을 방지하기 위해 실패를 교훈삼아 훨씬 효과적이고 현실적인 국제기구를 설립하는 데 합의했다.**49** 국제연맹과 유엔의 주요한 특징을 비교하면 전자에 비해 후자가 '강대국들의 비대칭적 지배'와 '기존 국제질서의 영속화'의 측면에서 한층 진일보했음을 알 수 있다.

1. 패권국 미국의 전략 수정과 의도

유엔의 탄생에는 패권국인 미국의 의지 그리고 강대국들 이해관계의 합의와 공감대가 결정적 역할을 했다. 특히, 미국의 전후 세계질서 인식과 국익증진을 위한 거대전략의 변화는 연합의 탄생에 결정적 공헌을 했다. 제2차 세계대전을 중심으로 세력분배질서가 재편되었는데, 이 중 가장 큰 변화는 미국이 패권국으로서의 우위를 점하게 되면서 헤게모니 국가로 부상했다는 것이다. 전후 "미국은 일본과 독일에 주둔해 있는 군사력과 전 세계에 있는 군사기지 등으로 패전국을 감시하는 역할과 더불어 세계의 경제적 평형을 재건하는 두 가지 역할을 맡게 되었다."**50** 미국은 국제사회에서 특별한 정당성을 얻게 되고, 범접할 수 없는 패권국으로 인정받았다. 그렇다면, 20세기 초기에 다자주의에 대한 회의적 태도와 일방주의로 국제연맹을 비준하지 않았던 미국이 2차 세계대전 이후 어떻게 유엔이라는 다자주의를 포용하게 된 것일까?

1차 대전 이후 미국 외교정책의 주요한 특징은 전지구적 헤게모니의 유지

---

49 Arthur Sweetser, "Perspective on the United Nations," *World Affairs*, 115-3 (1952), pp.71-73; 이병희(2003), p.178.

50 서창록(2004), p.78.

와 일방주의이다. 이러한 전통적인 미국의 전략은 1941년 12월 일본의 진주만 기습 공습surprise attack을 받으면서 그 방향을 바꾸게 된다. 즉, 과학기술과 무기의 발달로 지리적 위치에서 오는 축복이었던 미국의 공짜안보free security는 무너지게 되었고 일본의 진주만 기습 공격을 받게 되면서 미국은 전략의 수정이 불가피함을 직감했다. 과거의 외교정책이 지역적 헤게모니에 초점을 맞추어 수립되었다면, 1941년 이후의 전략은 전지구적 패권국의 지위에서 접근해야 하는 새로운 전략이 필요했다.51

　1942년 미국의 국내정치 양상은 루스벨트 대통령의 뜻대로 움직이지 않았다. 루스벨트 대통령은 이미 월슨의 경험으로 인해 국제기구의 국내비준이 순탄하지 않다는 것을 철저히 자각하고 있었다.52 게다가 공화당과 고립주의자들이 당시 의회선거에서 선전을 하고 있었기 때문에 전쟁이 끝나고 미국이 다시 고립주의와 일방주의로 선회하는 것은 시간문제였고, 이 때문에 루스벨트는 의회의 의원들을 설득시키기 위한 방법에서 철두철미한 준비와 전략이 필요했다. 또한 미국의 피해를 최소화하면서도 전후 국제질서를 위한 게임의 법칙을 정하는 관리자가 될 수 있는 방법을 강구하기 위해 고심했다. 특히 냉전에서 소련을 봉쇄하고 패권을 유지해 나가고자 했던 미국의 목표를 성취하기 위해서는 주요 동맹국들의 협조가 필요했다. 따라서 루스벨트 대통령은 유엔이라는 다자주의적인 국제제도를 통해 미국의 패권유지와 국익을 최대한 관철시키는 동시에, 소련을 봉쇄하기 위한 전략을 세우게 되었다. 루스벨트 대통령은 일방주의 전략을 포기했지만, 유엔을 적극적으로 주도해 나감으로써 힘의 우위를 영속화할 수 있는 효과적 장치를 고안해냈다.53

51 John Lewis Gaddis, *Surprise, Security, and The American Experience* (Harvard University Press, 2005).

52 Georg Schild, "The Roosevelt Administration and the United Nations: re-creation or rejection of the League experience," *World Affairs* 158-1(1995), p.26.

53 John Lewis Gaddis, *Surprise, Security, and The American Experience* (Harvard University Press, 2005).

2. 강대국 권력정치와 합의의 축소판 덤바톤 옥스, 얄타, 샌프란시스코회담

패권국 미국의 전략 수정과 더불어 유엔이 탄생하기까지 미국과 구소련 그리고 유럽 강대국들은 새로운 국제기구의 설립과정에서 자신들의 이해관계와 국익을 최대한 관철시키고자 했다. 특히 2차 세계대전의 종결 무렵에는 독일과 오스트리아, 한국으로 힘을 확장시키는 소련과 무력분쟁 없이 전쟁을 종결시키는 것이 미국을 비롯한 서구 강대국들의 공통적인 관심사였다.[54]

연합의 설립 초기에 미국은 아직 연합의 설립에 대한 확신이 없었던 영국과 소련을 설득시키기 위해 온갖 노력을 기울였다. 특히 덤바톤 옥스회담과 얄타회담에서 미국은 영국과 소련의 이해관계를 최대한 반영함으로써 합의를 도출하기 위한 노력을 기울였다. 덤바톤 옥스회담은 그야말로 강대국들만의 리그였다. 덤바톤 옥스에서 이미 미국, 영국, 소련, 중국은 총회의 발언권을 약하게 만들었고, 사무국은 강대국들에 의해 통제될 수 있도록 하는 장치를 마련했다. 또한 5대 강대국이 군사참모위원회를 구성할 것과 안전보장이사회 상임이사국에 거부권을 부여하는 초안을 잡았다. 1945년 2월 러시아 크림반도에서 있었던 얄타회담에서도 루스벨트, 처칠, 스탈린은 미국, 영국, 그리고 소련의 국익을 최대한 반영한 국제질서를 제도화했다. 당시 소련은 구소련 연방 공화국들이 각각 회원국으로 받아들여지도록 강하게 요구했지만, 결국 소련, 우크라이나, 벨라루스에 세 자리를 얻는 양보안에 타협했다. 샌프란시스코에서도 다섯 강대국들은 주로 페어몬트호텔에서 비밀회동을 자주 가졌다. 약소국들의 제안에 대해 강대국들 간 조율이 어려울 때는 강대국들의 만장일치로 이해관계가 조율되는 것이 우선순위로 여겨졌으며 약소국들의 제안은 무시되었다.[55]

---

[54] Lawrence S. Finkelstein, "The United Nations: then and now," *International Organizations* 19-3(1965), pp.367-393.

샌프란시스코에서 마침내 강대국들은 안보문제에 대한 책임과 결정은 총회가 아니라 안전보장이사회의 만장일치를 필요로 한다는 원칙에 합의하였다. 이것은 국제연맹과 유엔의 주요한 차이점이라 할 수 있다. 즉, 유엔은 연맹에 비해 강대국들의 비대칭적 지배와 강대국들의 이해관계를 반영하는 기존 국제질서 영속화의 측면이 매우 강하게 나타났다. 1945년 샌프란시스코회의에서 약소국들은 현적으로 강대국들의 권력정치와 세력분배구조의 영속적 지위강화에 대항할 수 있는 어떠한 결정적인 영향력도 끼치지 못했다.56 강대국들과 약소국들 사이에서 나타난 권력관계와 권력정치에서 나타난 불평등 양상은 조지 오웰의 정치풍자소설인 동물농장에서 나오는 "모든 동물들은 평등하다 그러나 어떤 동물들은 다른 동물들보다 더 평등하다 All animals are equal, but some animals are more equal than other animals"의 의미를 재확인해주었다.57

3. 거부권을 둘러싼 강대국 약소국 간 권력관계

앞서 논의되었듯이 비엔나회의의 강대국지배 정치는 유엔안전보장이사회의 거부권으로 이어졌고, '비엔나회의의 5개 강대국 만장일치'의 유산은 유엔의 만장일치제에서 재탄생했다.58 유엔은 일면으로 주권평등의 원칙을 강조하지만 동시에 강대국들의 지배에 의한 국제질서를 추구하도록 설계되었다. 특히 거부권은 "강대국의 이익을 침해하면서까지 유엔체제가 유지되지는 않는다는 점을 분명히 하기 위해 고안되었다."59 현실주의 국제정치를

55 Stephen Schlesinger, "FDR's five policemen: creating the United Nations," *World Policy Journal* 11-3(1994), pp.88-74.

56 서창록(2004), p.78.

57 Bruce M. Russett, Harvey Starr, David T. Kinsella, *World Politics: The Menu for Choice*, 7th edition(Thomson, 2004).

58 이병희(2003), p.179.

철저하게 반영한 유엔의 잉태과정은 순탄하게 이루어진 것이 아니라 그 이면에 강대국들과 약소국들 사이에 밀고 당기기와 같은 험난한 여정이 있었다.

미국의 루스벨트는 1942년 소련 외무장관과의 대담에서 전후 미국, 러시아, 영국, 그리고 가능하면 중국이 전 세계의 법과 질서를 유지하는 경찰국가가 되어야 한다고 말했다. 소련과의 전후 협력과 미소관계의 발전을 염두에 두고 있던 미국으로서는 유엔을 이용하여 소련을 미국이 주도하는 틀로 끌어들이는 것이 전략적인 계획이었다. 안전보장이사회의 '거부권은 이런 전략적 계획의 상징적인 표현'이었다.60 이후 스탈린은 루스벨트 대통령의 제안을 지지했다. 미국은 미국의 국익에 맞는 강대국이 지배하는 유엔을 디자인했다. 이후 4개 경찰국가에 프랑스가 포함되어 5개 경찰국가의 역할이 구체화되었다. 미국은 "안전보장이사회가 실제로 유엔을 이끌고 세계경찰의 역할을 효과적으로 감당하기 위해서는 거부권의 특권을 가져서는 한다고 주장했다. 또한 국제연맹처럼 모든 회원국에 거부권을 부여할 경우 결국 국제연맹의 비효율성gridlock과 무기력함inaction의 비극이 되풀이되고 국제평화에 대한 어떠한 효과적 조치도 취할 수 없을 것"이라고 주장했다.61 실제로 "거부권이 없었더라면 연합에 참여하지 않았거나 혹은 나중에라도 탈퇴할 가능성이 있는 강대국을 연합의 틀 속에 포함시킬 수 있었다. 또한 거부권은 주요 강대국들이 갈등에 휩싸이거나 불가능한 임무에 연루되는 것을 예방하는 기능"도 가지고 있었다.62

약소국들은 안전보장이사회의 거부권에 대해 강력하게 반발했다. "우리는 다섯 강대국이나 두 강대국에 중요한 결정의 권한을 넘기고 싶지 않다

59 강성학, 『유엔과 국제위기관리』(서울: 리북, 2005), p.16.

60 강성학, "유엔과 미국: 교황과 황제처럼?" 『국제관계연구』 제2집 3호(1997), pp. 71-127.

61 Schlesinger(1994), p.89.

62 김유은, "신국제질서와 국제연합이 개편방향," 『국제정치논총』 제33집 2호(1994), pp. 105-131.

……" 1945년 샌프란시스코회의에서 강대국과 약소국들의 권력 분할이나 세력분배에 관한 논쟁은 해결해야 할 가장 큰 문제 중의 하나였다. 특히 안보리의 거부권과 총회의 의사결정구조의 관계에 대한 문제는 뜨거운 논쟁 거리였다. 안전보장이사회가 세계평화의 유지와 안보문제에 대한 특권을 맡아야 하는 것인지 아니면 총회가 회의를 통해 이 책임을 좀 더 정의롭고 공평한 방법으로 해결할 수 있는지에 대한 논쟁은 유엔의 설립을 거의 좌초시킬 뻔한 딜레마가 되었다.[63] 칠레는 안전보장이사회의 거부권과 특권이 주권평등의 원칙에 반하는 것이라고 비난했다. 터키는 약소국들이 결국 강대국들의 위성국가의 위치에 머물러 종속이 심화될 것이라고 주장했다.[64] 또한 약소국들은 "회원권의 보편성과 더불어 총회의 위상이 강화될 것을 요구했고, 안전보장이사회에서도 남미 지역을 위한 대표성이 인정될 것을 요구했다. 그리고 새 국제기구와 조화를 이루어 활동할 중앙아메리카체제와 같은 지역기구에 의한 지역분쟁 해결 등을 요구하였다."[65]

약소국들의 강력한 반발에도 불구하고 미국은 현실주의가 지배하는 국제 정치현실에서 상임이사국의 거부권 없이는 유엔이 성립될 수 없다고 주장했다. 또한 미국의 상원 역시 거부권 없이는 또다시 일방주의로 돌아가 연합에 대한 비준을 거부할 것이며, 소련 역시 거부권 없이는 연합에 가입하지 않을 것이라고 주장을 펼쳤다. 실제적으로 강대국들의 동의 없이 연합 내의 어느 국가도 집단안전보장체제를 적용할 수 있을 만큼의 군사력과 영향력을 가지고 있지 않다는 지극히 현실주의적 주장도 나왔다. 결국 거부권에 대한 프랑스의 미온적인 반응이 적극적으로 변하고 프랑스가 안전보장이사회 상임이사국의 지위를 받아들이자, 강대국들은 안전보장이사회가 지배하는 유엔의 설립에 합의했다.[66] 강대국들에 의한 차별을 혐오했던 다수의 국가들

---

63 Lawrence S. Finkelstein, "The United Nations: then and now," *International Organizations* 19-03(1965), pp.367-393.

64 Schlesinger(1994).

65 서창록(2004), p.77.

66 Schlesinger(1994), pp.88-94.

은 안보리의 결정을 막을 수 있는 권한을 원했지만 결국 강대국들이 서로의 이해관계를 조율했을 때 약소국들에게 남아 있는 선택의 여지는 별로 없었다.

거부권은 강대국들의 이익이나 합의에 반하는 장애물을 원천적으로 봉쇄하기 위해 고안된 제도였다. 이것은 유엔을 디자인한 승전연합국들의 정확한 의도였으며, 국제연맹의 역사적 실험으로부터 유엔이 새롭게 적용한 교훈이기도 하다.[67]

한편, 헤이그체제의 주권 보편주의원칙은 유엔총회의 조직에 큰 영향을 끼쳤다. 헤이그회의는 모든 국가가 평등한 주권을 이룬다고 했는데, 이를 바탕으로 유엔의 의사결정규칙이 도입되었다. 즉, 헤이그회의의 주권 평등주의는 오늘날 유엔총회 1국 1표의 역사적 기원이 되었다. 유엔헌장 제2조는 유엔 회원국들이 주권평등원칙에 따라 보편적인 동등성을 가지고 있으므로 각국이 총회에서 하나의 투표권을 갖는 것으로 명시하고 있다. 유엔의 회원국들은 힘, 크기, 경제력에 상관없이 권고의 권한을 갖는 총회에서 동등한 발언의 기회를 갖고 투표할 수 있다. 따라서 회원국들에게 평등한 1국 1표의 투표권, 그리고 3분의 2 이상의 투표와 출석에 의한 의사결정권이 보장되었다. 그럼에도 불구하고 총회의 결의문은 실질적인 행동권이 없고 실행될 수 없기 때문에 약소국들의 의견이 개진된다는 점 이외에는 "태생적 한계"를 안고 있다.[68]

또한 주권평등의 원칙과 1국 1표의 원칙은 유엔 설립이후부터 냉전의 최고조에 달했던 기간 동안 미국과 소련간의 이해관계에 의해 의미가 크게 손상되었다. 냉전기간 동안에 회원국 자격문제에서 서구와 구소련이 서로 충돌하게 되면서 회원국 자격문제는 정치적 무기가 되었다. 회원국 자격 관련 교착상태는 1955년 해결되어 유엔의 회원국은 창설 당시의 두 배가 넘게

---

[67] Alexandru Grigorescu, "Mapping the UN-League of Nations Analogy: Are There Still Lessons to Be Learned from the League?" *Global Governance* 11-1(2005), p.39.

[68] 서창록(2004), p.102.

되었지만 새로운 딜레마가 생겼다. 개발도상국과 약소국 회원국들의 수가 급격하게 늘어나자 총회의 주요 안건은 선진국과 개도국간의 경제격차 문제, 빈곤과 외채문제가 되었다.[69] 총회의 주요 쟁점과 상황에 이러한 변화가 일어나면서, 총회와 유엔에 대한 강대국들의 태도도 지극히 냉소적으로 변하기 시작했다. 미국은 공공연히 유엔과 총회를 비판하기 시작했고, 총회와 안전보장이사회 즉 강대국과 약소국 간 대립과 갈등의 골은 더욱 깊어지게 되었다.

VI. 결론

지금까지 19세기 이후 국제기구의 발전과정을 둘러싼 의미심장한 변화를 살펴보았다. 먼저, 국제기구의 발전과정에서 국제기구의 유산들이 유기적으로 긴밀한 파생관계를 갖는 것을 확인할 수 있었다. 첫째, 강대국협조체제의 강대국 중심주의 유산은 20세기의 국제기구에서 특히 강대국과 약소국 간 권력관계에서 투영되었다. 비엔나회의의 강대국 만장일치제는 유엔안전보장이사회의 거부권 투표에 반영되었다. 약소국은 주권평등의 원칙이 적용된 국제기구를 통해 힘의 상대적 비대칭성을 만회하려 했지만, 이러한 의도는 강대국과 약소국 간 불평등 권력정치의 구조가 직접적으로 투영되는 국제기구의 틀 안에서 좌절되는 경우가 대부분이었다. 둘째, 헤이그체제의 주권 보편주의원칙은 국제연맹과 유엔의 조직과 운영에 큰 영향을 끼쳤다. 헤이그회의의 주권 평등주의는 오늘날 유엔총회 1국 1표의 역사적 기원이 되었다. 마지막으로, 국제 전문기능기구는 19세기말에 태동하여 다양한 영역에 걸쳐 전문적 국제기구를 발전시켰다. 초기의 국제기구인 중앙라인강위원회

---

69 서창록(2004), p.88.

(1804), 국제하천위원회The International River Commissions, 다뉴브강 위원회, 국제전신연합(1865), 만국우편연합(1874)과 같은 국제공공연맹은 유엔의 세계건강보건기구World Health Organization, 유엔 아동구호기금UN Children's Fund, 국제노동기구International Labor Organization, 식량농업기구Food and Agriculture Organization 등과 같은 전문국제기구의 발전으로 그 역사적 유산을 이어가고 있다.

이 장은 또 하나의 분석틀로 국제사회의 총체적인 위기로서 체제전환 전쟁의 중요성을 강조했다. 체제전환 전쟁이라는 최대의 위기 이후 국제사회는 자기성찰과 근본적인 각성과 함께 분쟁방지 협력을 위한 다자주의에 절대적인 공감대를 형성했다. 즉, 국제사회의 안정과 평화를 총체적으로 흔들었던 위기는 이를 극복하기 위한 총체적인 대응을 가져왔는데, 그 과정에서 새로운 국제질서의 윤곽이 그려졌고 안보제도의 혁신이 이루어졌다. 나폴레옹전쟁, 두 차례의 세계대전은 강대국협조체제와 집단안보원칙에 바탕을 둔 국제연맹과 유엔이 출현하는 데 결정적인 역할을 했다.

국제기구는 주로 국제질서의 세력분배구조와 권력정치를 반영하여, 강대국 위주의 질서에 의해 편성되고 이를 영속화시키고 제도화시키는 면이 있다. 따라서 국제기구를 성립시키고 유지하는 데 중요한 요소는 패권국의 의지will, 강대국들의 지지, 그리고 승전연합국 이해관계의 균형이다. 체제전환 전쟁 후 총체적 위기를 극복하기 위한 투쟁의 과정에서 강대국들의 합의와 이해관계의 조화가 순탄하게 진행되지 않았을 경우, 국제기구의 효과성은 크게 훼손되었다. 유엔의 경우 2차 대전 이후 승전연합국들이 강대국들의 이해관계에 부합하는 현상유지 질서를 확립하기 위해서 만든 기구로 지금도 그 기본적인 틀과 구조는 변하지 않았다. 21세기 글로벌 거버넌스는 20세기 국제기구의 유산을 이어받아 전통적인 강대국지배 권력정치와 제2차 대전 이후의 세력분배구조에 의해 국제제도가 운영되는 현실주의 국제정치의 모습을 이어가고 있다.

최근 국제정치질서에서 일어나고 있는 세력분배구조의 변화로 인해 강대국들만의 이해관계를 비대칭적으로 대표하는 기존의 국제기구나 제도는 그 효율성과 정당성에 심각한 도전을 맞게 되었다. 특히 중국, 인도, 브라질,

국제기구의 과거·현재·미래

러시아 등 신흥발전국의 경제적 부상the rise of the Rest이 급속도로 진행되고 있고 이와 동시에 패권국인 미국의 영향력은 상대적으로 쇠퇴하였고 유럽과 일본의 경제력이 후퇴하고 있다.[70] 이어 전 세계를 강타했던 2008년 미국발 금융위기는 국제기구가 더 이상 소수 강대국들의 이해관계와 주도권에 의해서만 움직일 수 없으며, 기존의 국제기구들이 변화하는 국제질서에서 발생하는 문제들에 대해 효과적으로 대응하지 못한다는 것을 여실히 드러냈다. 특히 주요 국제기구인 유엔과 국제통화기금, 세계무역기구, 세계은행, G-7 등의 문제점들이 극명하게 나타났다. 미국과 서구가 세계경제 위기의 주요 원인을 제공했고, 신자유주의 모델의 지나친 자본시장 자유화와 탈규제가 위기의 원인으로 밝혀지자 미국과 유럽 중심의 워싱톤합의 모델과 미국과 유럽중심의 솔루션에 대한 정당성이 훼손되었다.[71] 특히 전후 주요 국제기구들은 주로 강대국들과 서구의 이해관계를 비대칭적으로 대변할 수 있게 고안되었기 때문에 주요 국제기구의 개혁을 포함한 글로벌 거버넌스체제의 변화를 촉구하는 요구가 증대했다.[72]

금융위기의 발생 이후, 서구선진들은 신흥국들을 포함시킨 G20의 적극적 역할을 중심으로 금융위기 해결을 위한 출구전략과 국제금융정책의 공조를 위해 노력했다. 그러나 기존 강대국 중심의 권력정치와 현실주의적 국제기구의 성격이 새로운 국제질서의 변화에 맞게 진화할 수 있는가는 앞으로의 동력에 달려 있다. 21세기 글로벌 거버넌스는 기존의 국제기구들의 문제점을 반영하여 신흥국의 협력을 얼마나 잘 이끌어낼 수 있는가에 따라 그 효과성이 달라질 수 있으며[73] 향후 국제기구의 과제는 2차 대전 이후 승전

---

70 손 열·이승주·전재성·조홍식, "신세계질서의 구축과 한국의 G20 전략," EAI Special Report(http://www.eai.or.kr/data/bbs/kor_report/2010100711242471.pdf(검색일: 2013.6.1).

71 김태효, "글로벌 거버넌스의 변화와 글로벌 코리아 외교의 과제,"『국제지역연구』22권 1호(2013), pp.133-162.

72 이신화, "국제기구정책현황과 과제," 아산정책연구원 정책보고서(2011).

73 김태효(2013), pp.133-162.

연합국과 주요 강대국들만의 이해관계를 반영하기 위해 성립된 국제기구나 국제제도에서 최근 변화하는 세력분배구조를 반영하여 신흥국들과 중진국들의 협력을 얼마나 조율해낼 수 있는가에 달려 있다고 할 수 있다.

✛ Claude, Inis. *Swords Into Plowshares: The Problems and Progress of International Organization*. Landom House, 1971.

이 책은 국제기구의 역사적 발전과정을 집중적으로 분석함으로써 국제기구의 체계적 발전과정 연구에 큰 공헌을 했다. 저자는 국제기구의 긍정적 공헌에 확고한 믿음을 가지고 있으며, 국제문제의 해결에 국제기구가 필수적이라고 주장한다. 특히 저자는 유엔의 발전과정과 효율성 그리고 고질적 문제점들을 진단하고 상세하게 정리하였다.

✛ Karns, Margaret P., and Karen A. Mingst. *International Organizations: the politics and processes of global governance*. Lynne Rienner Publishers, 2009.

이 책은 국제기구의 이론적 토대, 유엔과 지역기구, 비국가 행위자 등 국제기구의 주요 행위자와 조직을 분석하고 있다. 특히 글로벌 거버넌스의 합법성과 책임, 그리고 효율성의 문제를 강조하며, 사례 연구가 포함되어 있다. 사례연구는 소말리아, 아동의 권리와 소년병 문제, 지구온난화, 콩고민주공화국 분쟁 등에 관한 내용을 다루었다.

✛ Mitrany, David. *A Working Peace System: An Argument for the Functional Development of International Organization*. London: Royal Institute of International Affairs, 1943.

이 책은 저자가 유럽통합을 기능주의 이론과 연결하여 체계적으로 분석한 책이다. 특히 이 책으로 저자는 기능주의의 아버지라는 명칭을 얻게 되었으며, 국가 간 상호의존적인 공동체를 만들 수 있는 구체적이고 실현 가능한 아이디어를 모색하는 데 중점을 두었다.

✛ Schlesinger, Stephen. *Act of creation: The founding of the United Nations*. Westview press, 2003.

이 책은 역사학자이며 외교전문가인 스테판 슐레진저(Stephen Schlesinger)의 저서로 유엔의 형성과정에 대해 상세하게 기술한 전무후무한 책이다. 특히 유엔헌장을 만들기 위해 1945년 가을 샌프란시스코에 모였던 각국의 외교관들과 외무장관들이 9주간 경험한 스토리들을 담았다. 책은 슐레진저의 세 가지 메시지를 담고 있다.

제 4 장 국제기구와 국제규범의 제도화

장혜영

Ⅰ. 서론: 글로벌 거버넌스와 규범
Ⅱ. 국제기구와 규범
Ⅲ. 새로운 규범의 창출
Ⅳ. 규범의 제도화 유형
Ⅴ. 결론

I. 서론: 글로벌 거버넌스와 규범

최근 국제사회에 등장하고 있는 다양한 이슈들은 이제 한 국가의 영역 내에서 발생하고 해소할 수 있는 것이 아닌 전 세계가 영향을 받고 해결점을 공유해야 하는 전지구적 문제로 그 성격이 변화하고 있다. 환경보호, 인권, 인류복지를 위한 지속가능한 개발 등이 국제사회의 관심을 모으고 있으며, 급격하게 증가하고 있는 초국가적 테러리즘의 위협 또한 주권국가들의 긴밀한 협조를 통해서만이 이러한 문제들을 해결할 수 있다는 국제적 합의를 도출하는 촉진제가 되고 있다.

일련의 국제적 이슈들은 국제사회 속에서 주권국가들의 영역이 점차 새로운 도전을 받게 된다는 것을 증명하였고, 이러한 문제들을 해결하기 위하여 주권 국가들의 국내 영역 속에서 개별 국가가 해결책을 찾기보다 국제 네트워크를 통하여 포괄적 해결책을 모색하는 것이 더욱 효과적이라는 인식이 확산되고 있다. 국제사회에 과거에 경험하지 못했던 다양한 문제들을 좀 더 효과적으로 해결하기 위한 대안으로 글로벌 거버넌스의 확립이 최근 주목받고 있다.

거버넌스는 개인과 기구들이 공동의 문제를 공적 또는 사적으로 해결하는 다양한 방식들을 집약1한 것으로 개념화할 수 있다. 정부 주도의 통치가 아닌 거버넌스 과정을 통하여 상호 충돌하는 이익의 조화를 도모할 수 있고 이를 중심으로 건설적인 상호 협력관계를 모색한다. 거버넌스는 이제 국내 문제에 대한 적용뿐만 아니라 급부상하고 있는 새로운 국제 문제들을 해결하는 과정에 대입되어 글로벌 거버넌스를 구성하려는 노력이 많은 이슈 분야에서 목격되고 있다. 여기에서 언급하는 글로벌 거버넌스는 거버넌스 과정을 전 세계 차원으로 확대하여 개인 및 기구들이 법 또는 공식적으로 부과된 책임과는 관련 없이 공동목표를 가지고 추진하는 활동까지 포함하는 광의의 개념으로 해석할 수 있다. 여전히 글로벌 거버넌스의 개념에 대한 국제적 합의가 명확하지 않은 상황에서 현재 가장 광범위하게 받아들여지는 것은 유엔United Nations이 주창한 글로벌 거버넌스 개념이다.

글로벌 거버넌스가 점차 주목을 받게 되면서 다양한 행위자들과 연관하여 나타나는 문제를 효과적으로 해결하고자 하는 노력의 일환으로 1995년 유엔 글로벌거버넌스위원회UN Commission on Global Governance가 창설되었다. 동시에 같은 해 발표된 〈Our Global Neighborhood〉 보고서에서 특히 기존의 정부간 관계뿐만 아니라 비정부기구, 다국적 기업, 세계 자본시장 등의 세력들을 포함하는 개념으로 글로벌 거버넌스를 정의하였다. 유엔의 글로벌 거버넌스 개념은 초국가 간 문화, 시민, 정부간 관계, 비정부조직 및 시장을 조정하는 법, 규범, 정책 및 제도 등을 포함하는 개념으로 규정할 수 있다(UN Intellectual History Project, 1-2).[2] 또한 행위자를 중심으로 해석한 글로벌 거버넌스의 개념은 국제사회에서 "과거 주권국가들이 유일한 행위자로서 그들의 관계로 형성되었던 국제관계가 다양한 다른 행위자들이 등장하고 새로운 행위자들이 국가들과 수평적 관계를 설정하게 되면서 국제사회의 다양한 문제를 해결"하기 위한 노력으로 압축할 수 있다.[3]

---

1 김계동 외 역, 마가렛 P. 칸스 & 카렌 A. 밍스트 저, 『국제기구의 이해: 글로벌 거버넌스의 정치와 과정』(서울: 명인문화사, 2007), p.4.
2 "The UN's Role in global Governance," August 2009, Briefing Note Number 15, UN Intellectual History Project.
3 서창록, 『국제기구: 글로벌 거버넌스의 정치학』(서울: 다산출판사, 1994), p.5.

국제기구의 과거·현재·미래

이렇듯 행위자의 다양성을 강조하는 글로벌 거버넌스에서 기존의 주권국가들과 함께 글로벌 거버넌스의 주요한 행위자로 부상한 것이 국제기구이다. 세계화의 물결 속에서 국가 간 협력이 필수적 요소로 등장하게 되면서 주권국가들 간의 이익 각축의 장으로서의 국제기구의 중요성뿐만 아니라 국가 간 협력체계를 공고화하는 기능으로서의 국제기구 또한 의미가 있다고 할 수 있다. 따라서 국제사회 내의 주요한 행위자는 주권국가이지만 국제기구 역시 독립된 행위자로서 점차 많은 역할을 수행하고 있다.

글로벌 거버넌스의 주요한 주체 중 하나인 국제기구가 수행하는 다양한 활동들은 때로는 주권국가의 이익과 충돌을 야기한다. 인권보장, 환경보호, 지속가능한 개발, 빈곤타파 등과 같은 국제공공재international public goods를 확보하기 위하여 국제기구는 주권국가와의 긴장관계 속에서 행위의 정당성을 확보해야 하는 어려움에 봉착하게 된다. 국제규범은 국제기구의 행위의 정당성을 제공할 수 있는 기제로서 작동할 수 있다. 예를 들어 국제규범의 대표적 사례인 인권의 존중은 제2차 세계대전 이전에는 국제사회의 일반 과제보다 개별 국가의 헌법적 요소로 존재하였지만 2차 세계대전의 참상을 경험한 많은 국가들이 인권 존중의 중요성이 개별 국가의 국내법적 요소가 아닌 국제규범으로 인식하게 되었다.4 따라서 인권 존중이라는 국제규범은 이제 인권을 유린하는 개별 주권국가의 내치에 국제기구가 강력한 목소리를 낼 수 있는 근거를 제공하게 되었다. 인권규범은 이후 유엔헌장의 인권보장 규정으로 법적 구속력은 아니지만 국제사회에서 존중받는 규칙의 일환으로 변모하게 되었다.

새로운 전지구적 문제를 해결하기 위하여 주권국가뿐만 아니라 다양한 국제기구들의 활동을 필요로 하게 되었고, 국제기구의 확장된 활동영역을 총괄하기 위한 국제법의 범위가 더욱 넓어지게 되었다. 인권규범과 이후 등장한 국제기구의 조항 및 관련 국제법의 등장은 최근 주목받고 있는 인도주의적 개입의 근거로 국제규범인 인권존중 및 보호를 주장하도록 돕고 있다.

---

4 성재호, 『국제기구와 국제법』(서울: 한울 아카데미, 2002), p.175.

국제협력의 필요성이 점차 증가함에 따라 전통적 주권 국가들 간의 관계를 다루어왔던 국제법상에서도 변화가 발생하였다. 이렇듯 글로벌 거버넌스의 발전에 주요한 행위자로 부상하고 있는 국제기구의 활동은 주권국가와의 갈등 속에서 활동의 정당성을 부여할 수 있는 국제규범의 중요성을 재조명하는 기회를 제공한다. 국제규범은 이제 국제기구들의 활동을 통하여 단순히 규범으로서 기능하거나 혹은 제도화 과정을 통하여 강행규범 혹은 국제법으로 확대 발전함으로써 국제협력을 강화하는 기반이 될 수 있다. 이 장에서는 1995년 유엔 글로벌거버넌스위원회UN Commission of Global Governance 보고서 이후 앞서 지적한 국제 문제들에 대한 해결책으로서 제시된 글로벌 거버넌스의 주요 행위자 중 국제기구와 국제규범이 어떻게 상호작용을 하고 있는지를 살펴본다.

II. 국제기구와 규범

국제규범은 명확한 국제법 질서가 전 세계를 규율하지 못하는 현실에서 주권국가 및 관련 행위자들의 권리와 의무의 범주를 제공하는 역할을 한다. 국제규범의 등장에 관한 논의는 국제규범이 위계적이고 권위적 환경에서 이른바 패권국가들의 지배 이념이 확산되는 것으로 이해하는 경우와 국제규범을 수평적인 세계체제 내에서 발생하는 것으로 간주하여 합의에 의한 consensual 결과물로 고려하는 경우가 있다.5 국제규범은 특히 인도주의적 기관들이 국제사회에서 존중받을 수 있는 기반을 제공한다. 국제규범과 국제규칙은 이러한 국제기구들이 인도주의적 행위 및 협상을 벌일 때 정당성을

---

5 David Shelton, *Commitment and Compliance: The Role of Non-Binding Norms in the International Legal System* (Oxford: Oxford University), pp.65-73.

국제규범

국제규범(Global Norm)에 대한 이해를 돕기 위해 국제(Global)규범과 지역(Local)규범을 구분할 필요가 있다. 두 개념의 상이성은 국제규범이 다양하게 존재하는 국제문화 속에 침투될 수 있는 가능성과 정당성을 이해하기 위해서도 필요하다. 예를 들어 중혼제(Polygamy)는 특정 지역에서 그 지역의 규범으로 자리 잡고 있지만 다른 지역에서는 받아들일 수 없는 제도이다. 이렇듯 '규범'은 특정 집단의 구성원들에게 이견이 없는 행위를 할 수 있도록 정당성을 부여하는 근본적 요소이다. 규범은 소속된 집단의 행위자들의 행동을 규정짓는 기준이 되지만 언제나 고정적인 것은 아니다. 즉, 환경과 시간에 따라 규범이 변할 수 있다. 따라서 국제규범은 기준이 없는 국제사회에 질서를 부여하는 기능을 수반한다.[6]

제공하기도 한다. 국제규범을 제공하는 중요한 국제기구 가운데 유엔^{United Nations}의 역할은 각 국가들이 국제규범에 따라 적어도 인도주의적 활동을 하는 기관을 존중할 가능성을 부여한다. 따라서 국제규범을 충실하게 확산하여 국제사회에서 정당성 있는 질서의 확립을 위한 중요 행위자로서 국제기구는 더욱 중요해지고 있다.

1. 국제규범과 국제기구: 규범의 설립과 확산자

급변하는 국제사회 속에서 중요한 행위자로 주목받고 있는 국제기구의 역할은 다음의 네 가지로 요약될 수 있다. 첫째 국제기구는 세계적인 행동을 필요로 하는 의제를 확정하고 국제사회가 다루어야 할 이슈를 결정할

---

6 Joe Sills, "The Role of the United Nations in Forming Global Norms," *International Relations Studies and the United Nations Occasional Papers*(2002).

수 있다. 두 번째 국제기구는 국제적 이슈에 관한 협력을 주관하고 영향을 미칠 수 있다. 셋째, 국제기구는 다양한 국제 문제에 관하여 규범적 행동규범을 제한적인 법의 형식으로 발전시킬 수 있다. 네 번째, 국제기구는 국제적 협상이 이루어지지 않고 있는 문제에 관하여 국가의 정책에 영향을 미칠 수 있다(Porter and Brown 1996, 41-42).[7] 이렇듯 다양한 국제기구의 역할은 국제사회에서 전통적으로 고수되어 온 주권국가의 권한 속에서 변화하는 국제이슈의 원만한 해결을 위한 주권국가와 국제기구 간의 경쟁과 협력의 과정 속에서 형성된 것이다.

국제사회에서 주권국가들의 역할과 권한은 여전히 그 어떠한 국제사회의 행위자들의 그것보다 강력한 것이 사실이다. 그러나 최근 국제기구는 특정한 국제이슈들을 더 많은 국가들이 국제규범으로 인정하고 지킬 수 있는 국제규범으로 확산시키기 위한 노력을 기울이고 있다. 예를 들어 국제규범으로 인정받고 있는 인권 문제가 좋은 사례가 될 수 있다. 국제평화를 저해하는 위협에 대항하는 유엔안전보장이사회의 권한을 예외로 두더라도 여전히 주권국가로서의 유엔회원국들의 권한은 유엔이 개별 국가의 주권적 권한을 인정하는 동시에 각 국가들이 인권을 존중하여 국제평화와 질서를 존중한다는 상호 약속이 지켜질 것을 예상하고 있다. 개별 주권국가들은 국민들의 권리를 보호하고 촉진해야 할 의무가 있으며 동시에 국제사회 속에서 '건전한 국제시민'으로 성장하기 위한 발판을 마련하는 데 노력을 기울인다고 믿어왔다.[8]

이러한 환경 속에서 국제규범은 인도주의적 위기와 같은 인류의 복지를 위협하는 문제가 발생할 경우 주권국가로 하여금 존중해야 하는 국제규범을 따르도록 하여 인류복지를 유지하고 나아가 세계 평화 질서를 유지하도록 촉진하는 기능을 하고 있다. 이 과정에서 인권을 다루는 다양한 국제기구는

---

7 Gareth Porter and Janet Welsh Brown, *Global Environmental Politics*, 2nd ed. (Boulder, Colorado: Westview Press, 1996).

8 Inter-Agency Standing Committee, *International Humanitarian Norms and Principles*(2010).

기존의 인권규범이 국제 규범화하는 과정 속에서 규범의 설립 및 확산자로서의 역할을 담당한다. 또한 국제기구를 통하여 인권규범은 강제력을 포함하는 강행규범으로 진화하기도 한다.

국제인권규범이 강행규범으로 확산되는 과정은 지금까지 유엔 및 국제기구에서 나타난 헌장, 협약, 선언 등에서 확인할 수 있다. 먼저 국제사회에서 인권논의에 대한 토대를 마련한 것으로 1945년 제정된 유엔헌장이 있다. 유엔헌장의 전문에서 "기본적 인권, 인간의 존엄과 가치, 여성과 남성의 평등한 권리에 대한 신념을 재확인"함으로써 기본적 인권이라는 것이 인간의 존엄과 가치를 보존하기 위한 중요한 요인이라는 것을 천명하였다. 또한 유엔헌장 제1조 3항에서 유엔이 달성해야 하는 목적 중 하나로 "인종, 성별, 언어, 종교에 관계없이 모든 인간의 인권과 기본적 자유의 존중을 증진하기 위한 국제협력을 달성"하는 것을 규정하였다. 1945년 유엔헌장 이후 등장한 것이 세계인권선언으로 제2차 세계대전의 참상 속에서 모든 인간의 기본적 권리를 존중해야 한다는 유엔헌장의 취지를 다시 한번 확인하는 취지에서 유엔인권위원회가 작성하였고 1948년 제3차 유엔총회에서 채택되었다. 이 선언은 정치, 체제, 종교, 문화, 철학적 전통에 내재된 공통의 가치를 위한 노력으로 인권과 기본적 자유의 보편성을 강조하고 있다.

세계인권선언을 통하여 국제사회는 이후 60여 개가 넘는 국제인권 관련 선언 및 협약을 이끌어내는 기반이 되었고 국제인권이 국제규범으로 자리잡는 데 중추적 역할을 하였다. 1948년 세계인권선언 이후 국제사회는 세계인권선언의 법적 구속력 부재를 해결하기 위하여 끊임없는 노력을 경주하였다. 첫 번째 노력의 결실이 바로 국제인권협약[9]인 '시민적·정치적 권리규약(B규약)' 및 '경제적·사회적·문화적 권리규약(A규약)'이다. 이는 1948년 세계인권선언의 도덕적 구속력을 발전시켜 국제법적 구속력을 지닌 협약으로 구체화시킨 것으로 각각 인권에 대한 다양한 권리를 명기함으로써 인권 개념의 범위를 확대하였다. 이후 인종차별철폐협약, 여성차별철폐협약, 고문

---

9 1966년 채택, 1976년 발표.

방지협약, 아동권리협약 등이 채택되어 국제인권협약은 이제 도덕적 규범으로부터 구속적 규범으로 진화하게 되었다.

국제규범으로서의 인권은 냉전종식 이후 인권의 중요성을 전 세계가 재확인하는 차원에서 1993년 채택된 비엔나 세계인권선언으로 더욱 구체화되었다. 비엔나 인권선언에서 인권의 보편성과 불가분성^{indivisibility} 및 상호연관성을 확인하고, 인권증진 및 보호가 국제사회의 정당한 관심사^{legitimate concern}이며 또한 여성인권이 인권의 불가양적인 일부라는 것을 천명하였다.

유엔총회 산하의 조약을 기반으로 한 인권 관련 국제기구는 시민적·정치적 권리위원회^{CCPR}, 경제적·사회적·문화적 권리위원회^{CESCR}, 인종차별철폐위원회^{CERD}, 여성차별철폐위원회^{CEDAW}, 아동권리위원회^{CRC}, 고문방지위원회^{CAT}, 장애인권리위원회^{CRPD} 등이 있으며 이들 7대 국제인권협약기구는 협약이행보장 장치로서 이행감시기구를 설립하여 협약당사국이 정기적으로 제출하는 협약 이행에 관한 국가보고서를 심의하는 역할을 한다. 이와 같은 과정을 통하여 인권은 유엔이라는 국제기구를 통하여 국제규범으로 확산되었고 여기에 유엔 산하의 전문기구들이 국제규범을 주권국가들의 행위를 규제하는 강행규범으로 발전하는 것을 도와주었다.

2. 국제기구의 역할에 정당성 부여

규범은 '당위'를 포함하는 개념으로 행위자들이 어떤 행동을 하여야 한다는 행동의 범위를 규정하고 이와 동시에 다른 행위자들이 각각의 행동을 감시하여 행위의 범위를 넘는가의 여부를 체크할 수 있는 근거를 제시한다. 결국 규범은 '정당성 있는' 행위라는 점이 가장 중요한 특징이라고 할 수 있다.[10] 규범은 강제력이 따르기 때문에 순응한다기보다 규범 내의 정당성

---

10 Ann Florini, "The Evolution of International Norms," *International Studies Quarterly* 40-3(September 1996), p.365.

을 행위자들이 인정하기 때문에 지키는 것이라고 볼 수 있다. 이를 국제규범에 적용하면 국제규범과 국제기구 간의 관계의 또 다른 측면을 파악할수 있다. 즉, 특정 이슈에 관하여 직접적 행동을 취하는 국제기구의 역할에 정당성을 부여하는 것 또한 국제규범의 중요한 역할이다. 인도주의적 위기속에서 순수한 구호활동을 펼치는 세계적십자의 활동은 주권국가들 간의 갈등과 긴장 관계 속에서도 생명 존중이라는 국제규범을 이행하고 있기 때문에 예외적 사례를 제외하고 존중받게 된다. 이 경우 생명 존중의 국제규범은 세계적십자 활동에 정당성을 제공하는 요인이 되며 이는 국제규범을 준수하는 한 그 국제기구의 역할은 안정적으로 유지될 수 있음을 의미한다.

국제규범이 국제기구의 활동에 정당성을 부여하여 활동의 범위를 넓히는 기능을 하는 것과 관련하여 국제규범이 국제기구에 주는 또 다른 영향력은 규범의 확산이 특정 이슈를 담당하는 국제기구의 설립으로 이어지는 것을 들 수 있다. 국제규범이 특정 사례를 통하여 국제기구의 설립으로 전환하는 사례 중 대인지뢰금지 국제규범을 들 수 있다. 대인지뢰금지가 국제규범으로 발전하는 과정에는 대인지뢰금지운동을 활발하게 벌였던 사회운동세력이 지뢰 사용을 인도주의적 문제로 인식하도록 캠페인을 벌였고 이들의 활동으로 지뢰가 인간안보Human Security를 위협하는 요인으로 인식되기에 이르렀다. 인간안보를 위협하는 지뢰문제는 이후 대인지뢰금지에 관하여 1997년 오타와 협약Ottawa Treaty으로 구속력을 갖게 되었고 오타와 협약을 주도한 국가들을 중심으로 1999년 외무장관 수준의 인간안보네트워크Human Security Network를 공식적으로 출범하였다.11 특히 이 네트워크는 대인지뢰를 '인도주의적 문제와 개발 문제', '인간파괴human devastation'를 유발하는 원인으로 지목하고, 대인지뢰 철폐를 인간안보 향상을 위한 과정으로 본다. 그 결과 대인지뢰 문제는 일반규범인 인도주의적 문제로 인식되었고 나아가 국제규범으로서 인정받게 되었고, 그 결과 대인지뢰 문제를 담당하는 국제기구의 설

---

11 남궁 곤·조동준, "국제규범의 국내확산경로: 대인지뢰금지규범의 국회 내 유입과 발의를 중심으로," 『한국정치학회보』 제44집 제3호(2010).

립으로까지 이어지게 되었다.

인간안보

1990년부터 유엔의 유엔개발계획은 계획의 최우선 과제로 경제적 자유가 확보되어 빈곤과 기아로부터 벗어나는 것이 인류가 경험하고 있는 위기와 억압으로부터 해방되어 보다 나은 삶을 영위하는 길임을 제시하였다. 이를 위하여 1990년부터 매년 「인간개발보고서(Human Development Report)」를 통하여 국제사회의 빈곤과 기아에 관한 관심을 불러일으킴과 동시에 이를 해결하기 위한 국제적 노력이 어느 수준에 와 있는지를 지속적으로 보고하고 있다. 인간안보(Human Security) 개념은 1994년 보고서에서 최초로 등장하였고 이를 통하여 '공포로부터의 자유(freedom from fear)'와 '궁핍으로부터의 자유(freedom from want)'가 인간안보의 핵심요소라고 천명하였다. 이 보고서는 인간안보에 대하여 4가지 핵심적 특징과 7가지 주요 범주를 들고 있는데, 4가지 특징은 인간안보가 보편적(universal)이고, 인간안보의 구성요소들이 상호의존적(interdependent)이며, 예방(prevention)을 통하여 가장 잘 보장되고, 인간중심적(people-centered)이라는 점이다. 또한 7가지 범주는 ①경제안보(economic security: 가난으로부터의 자유), ②식량안보(food security: 기아로부터의 자유), ③건강안보(health security 질병으로부터의 자유), ④환경안보(environmental security: 환경오염과 자원고갈로부터의 보호), ⑤개인안보(personal security: 폭력과 범죄로부터의 자유), ⑥공동체안보(community security: 가정생활과 자신이 속한 그룹에 대한 참여의 자유), ⑦정치안보(political security: 기본적 인간 권리 행사의 자유)로 분류된다(Human Development Report 1994).[12]

---

[12] "New Dimensions of Human Security," *Human Development Report*(1994).

3. 주권국가의 행위 제약

국제기구들이 규범을 통하여 국가의 행위를 제약할 수 있다는 점에서 규범은 국제기구를 통하여 실질적으로 주권국가의 행위에 영향을 줄 수 있다. 국제기구의 기능 중 하나는 기존의 규범을 자신의 설립 목적에 맞도록 활용하는 것과 동시에 자신들의 활동을 통하여 새로운 규범을 재창조하는 것이다. 따라서 국제기구가 얼마나 기존의 규범을 적절하게 채택^{adopt}하며, 또한 국제사회가 일반적으로 동의하는 새로운 규범을 창조^{create}하는가는 해당 국제기구의 활동이 국제사회에 규범적^{normative}으로 받아들여질 수 있는 기반을 제공하는 계기가 된다. 물론 모든 국제기구의 행위가 규범적이어야 할 필요는 없지만 국제사회에서 활동하는 국제기구들의 행위가 다수의 국가에 영향을 줄 수 있음을 고려하면 규범에 의거한 국제기구의 행위는 그 정당성을 확보하는 데 유리하다. 이는 일반적으로 수용하는 국제규범을 준수하는 국제기구의 회원국이 증가할 수 있는 가능성은 높여주고, 동시에 국제기구의 영향력을 향상시키는 요인으로 작용할 수 있다.

예를 들어 노예제, 인종차별, 혹은 아동노동의 경우 세계의 특정 지역에서는 '필요한' 부분으로 간주하고 있으며 모든 국가가 앞서 지적한 이슈들의 금지를 국제규범으로 받아들이지 않았다. 특히 인권의 경우 국제규범과 각 주권국가들이 구분하는 인권의 범위는 지역과 국가에 따라 상이한 것이 현실이다. 여전히 몇몇 아프리카 국가들에서는 여성의 할례가 성인으로 가는 전통적 방식임을 고수하고 있지만 서구 국가들의 '국제규범'의 기준에서는 이와 같은 행위는 인도주의적 규범의 침해로 간주한다. 이러한 보편적 규범과 특수 규범의 충돌 속에서 국제기구로서 세계보건기구^{WHO}는 여성할례 이슈를 여성 인권 침해로 규정하여 국제 문제로서의 심각성을 제기하고 있다. 또한 2012년 유엔총회에서는 여성할례를 금지하는 권고문을 채택하였고, 2010년 WHO는 「여성할례를 시행하는 기관 혹은 개인에 대해 보건의료혜택을 금지하는 국제 전략」을 출판하였다. 또한 2008년 WHO는 유엔의 9개 기관과 함께 여성할례를 금지를 촉진하는 애드보커시를 증가시키기 위하여 더 많은 지원을 할 것을 천명하였다. 여성할례 문제에 관한 국제기구로서의 WHO의 노력은 유니세프와 유엔인구기금^{UNFPA}과 함께 발표한 1997년의 발표문에서 시작하였고 WHO는 이후 여성할례를 시행하는 국가에 대한 법적 규정을 마련하여 시행국가들을 압박하는 다양한 법적·제도적 수단을 모색하고 있다.[13]

WHO와 여성할례의 문제는 국제기구가 보편적 규범으로 자리 잡고 있는 인권을 특정 사례에 효과적으로 적용하여 인권의 범위를 좀 더 구체화하고 있음을 보여주는 사례이다. WHO는 기구가 마련한 규칙을 권고할 권리를 보유하고 있고 법률적으로 집행하는 권한은 없지만 법적 구속력을 발휘할 수 있다.

여성할례

세계보건기구의 발표에 의하면 여성할례(female genital mutilation)는 아프리카와 중동의 28개국에서 행해지고 있으며 수단의 전체 여성 중 90%, 이집트의 80%의 여성들이 할례를 받는 것으로 조사되었다. 또한 소말리아는 89%, 에티오피아는 90%, 지부티는 98% 그리고 나이지리아의 50% 이상의 여성들이 할례를 받는다. 아프리카를 포함한 22개국에서 현재 약 1억 3천만 명 이상의 여성들이 할례를 받는 것으로 파악되고 있다. 할례 시술은 지역에 따라 다양하게 행해지고 있으며 할례를 받는 여성들은 신생아부터 15세 이상, 혹은 성인 여성까지 다양하다. 여성할례의 문제는 문화, 종교, 사회적 인식과 결부되어 인권이라는 측면과 지역의 오랜 관습이라는 인식이 지속적으로 충돌하고 있다.

여성할례를 여성 인권침해로 간주하여 국제사회에서 추방하려는 노력은 세계보건기구 및 유니세프 등을 통하여 지속적으로 이루어지고 있다. 1997년 여성할례에 관한 학술적 연구를 포함하여 관련 정책에 대한 다양한 연구가 진행되었고, 이를 통하여 이후 세계보건기구는 유니세프

---

13 세계보건기구, "Female genital mutilation," http://www.who.int/mediacentre/fact sheets/fs241/en/(검색일: 2013.6.18).

(United Nations Children's Fund)와 유엔인구기금(United Nations Population Fund: UNFPA)과 함께 1997년에 등장한 결의문을 다시 한 번 천명하게 되었다. 이후 2008년 세계보건기구는 9개의 관련 유엔기구들과 함께 여성할례 추방에 관한 결의문을 채택하였고, 이 결의문은 여성할례 추방을 위한 애드보커시에 대한 지원을 늘릴 것을 결의하였다. 2010년 세계보건기구는 주요 유엔기구들 및 국제기구들과 협력하여 「Global Strategy to Stop Health Care Providers from Performing Female Genital Mutilation(보건 관련 종사자들의 여성할례 금지를 위한 국제 전략)」을 출간하였다. 이와 함께 2012년 12월 유엔총회는 여성할례 추방을 결의하여 유엔총회 또한 여성할례를 단지 지역적 규범의 문제가 아닌 인권 문제로 인식하고 있음을 재천명하였다.

여성할례에 대한 국제사회의 반응은 여성할례를 법적으로 금지하는 국가들이 증가한다는 점에서 주목할 만하다. 예를 들어 호주의 경우 1994년 이민자 사회에서 발생한 일련의 여성할례 사례로 인하여 1997년부터 호주의 모든 주와 영역에서 여성할례를 범죄로 간주하게 되었다. 또한 캐나다는 여성할례를 아동학대로 간주하거나 극심한 폭행으로 인정하였다. 이민사회의 문제가 심화되는 프랑스에서도 여성할례는 최고 20년형을 받는 범죄행위로 인정되었다. 이 밖에도 이탈리아, 노르웨이, 네덜란드, 뉴질랜드, 스페인, 스웨덴, 영국 및 미국에서 여성할례는 징역형에 처할 수 있는 범죄행위로 간주하고 있다.

4. 국제사회에서 규범의 종류

1) 구속적 및 비구속적 규범

국제사회의 규범에 관한 논의는 특히 국제레짐 연구에서 나타난 규범의 역할에 대한 부분을 살펴보는 것이 중요하다. 국제레짐에서 설명하는 규범은 두 가지 종류로 나눌 수 있는데, 하나는 규제적 규범 혹은 규칙regulative norms or rules이고, 또 다른 하나는 구성적 규범 혹은 규칙constructive norms or rules이다. 규제적 규범은 무엇을 해서는 안 된다는 금지규범으로 이러한 규범의 실행을 위하여 국제기구가 필요한 경우가 일반적이다. 이러한 공식적

기구들은 특정 행동을 금하고 이를 어길 경우 처벌을 가할 수 있다. 다음으로 구성적 규범은 행위자들의 특정 행위를 구성하는 규범으로 국제정치의 기본적 조직 원칙 등이 여기에 속한다.

국제사회의 규범 중 구속력을 강하게 갖는 규범은 국제법에서 찾을 수 있다. 일반적으로 국제법은 적어도 일련의 구속력 있는 법적 규범으로 국가 간의 관계를 규제한다. 국제법의 구속력은 국제사회에서 중요한 행위자인 주권국가가 행위의 자유를 누리고 있음에도 불구하고 왜 특정한 권리, 의무 혹은 면책 특권 등을 다른 국가와 공유하고 있는가를 설명해준다. 최근 국제법은 주권국가 간의 행위에 대한 규제뿐만 아니라 점차 그 영역을 확대하여 국제기구, 나아가 개인의 활동까지 영향력을 행사하고자 한다.

비구속적 규범, 혹은 연성법은 특히 구속력 있는 다자간 조약이 체결되기 어려운 경우나 국가 간 이익의 상충 및 사적 영역의 영향력의 확대로 인하여 구속력을 발휘하기 어려운 상황에서 나타나는 경우가 빈번하다. 따라서 비구속적 규범은 때로는 선언declarations, 원칙principles, 가이드라인, codes of conducts, 혹은 frameworks로 불리기도 하며 법적 구속력은 없으나 여전히 국가 및 사적 영역의 행위자들에게 영향력을 행사한다. 이러한 비구속적 규범은 최근 국제 환경보호 부분에서 주권 국가들의 이익이 첨예하게 대립되는 가운데 합의점을 도출하는 노력의 일환으로 나타나기도 한다. 대표적인 비구속적 규범의 역할은 1963년 〈The Declaration of Legal Principles Governing the Activities of States in the Exploration and Use of Outer Space of 1963〉에서 확인할 수 있다. 1963년 비구속 규범으로 '선언'을 한 이후 1967년 우주협약Outer Space Treaty of 1967으로 발전한 이 사례는 주권 국가들 간의 충돌을 최소화하고 합의점을 도출하기 위하여 비구속적 규범인 선언을 먼저 사용한 이후 시간을 두고 합의점에 이르러 조약의 형태로 진화하게 되었다. 이후 유엔에서 결정한 우주 사용 등에 관한 일련의 조약은 1963년 선언을 모태로 하여 다양한 조약의 체결이 가능하게 되었다. 이렇듯 비구속적 규범은 향후 구속력을 갖는 조역으로 발전할 토대를 제공하여 문제 영역에서의 돌파구를 모색하는 주요한 기능을 수행한다.

2) 강제규범의 유형14

(1) 조약(Treaty)

조약은 가장 일반적인 개념 혹은 특별한 개념으로 주로 당사국 간의 정치적·외교적 기본관계나 지위에 관한 포괄적인 합의를 기록하는 데 사용된다. 일반적 개념으로서의 조약은 모든 국제사회의 행위자들 간의 행위가 그 문서의 공식적인 형태와 관계없이 국제법적으로 구속력이 있는 모든 요건을 가리킨다. 1969년과 1986년 비엔나협약에서 조약의 포괄적 개념이 천명된 바 있다. 이 중 1969년 비엔나협약은 조약을 "단일의 문서 또는 그 이상의 관련 문서에 구현되는지 여부에 관계없이, 또한 특정의 명칭에 관계없이, 서면 형식으로 국가 간에 체결되며 국제법에 의하여 규율되는 국제적 합의"15로 규정하였다. 또한 1986년 비엔나협약은 1969년 협약의 조약 개념을 확대하여 국제기구 간의 협정 또한 조약의 일부로 인정하게 되었다.

일반적 개념으로 조약이 성립되기 위해서는 다음과 같은 기준을 준수해야 한다. 첫째, 조약은 조약을 체결하는 관련 행위자들 간에 법적 권리와 의무를 준수하도록 요구할 수 있는 구속력이 있어야 한다. 둘째, 조약을 체결하는 당사자는 주권국가 및 국제기구를 포함한다. 셋째, 조약은 국제법의 규율을 받아야 한다. 마지막으로 조약은 문서화되어야 한다. 1969년 조약에 관한 비엔나협약 이전에도 '조약'이라는 단어는 문서화 과정을 반드시 포함하는 것으로 이해되었다.

(2) 헌장(Charter)

헌장은 주로 국제기구를 구성하거나 특정한 제도를 규율하기 위한 국제적 합의에 사용된다. 헌장이 사용된 역사는 1215년 대헌장Magna Carta의 발효

---

14 United Nation Treaty Collection, "Definition of key terms used in the UN Treaty Collection," http://treaties.un.org/Pages/Overview.aspx?path=overview/definition/page1_en.xml(검색일: 2013.7.2).

15 이와 관련한 구체적 내용은 조약법에 관한 비엔나협약 제2조를 참조할 것.

까지 거슬러 올라가며, 잘 알려진 최근 헌장은 1945년 채택된 유엔헌장the Charter of the United States과 1952년 미국 주 기구헌장Charter of the Organization of American States of 1952이 대표 사례이다.

(3) 협정(Agreement)

협정은 주로 정치적인 요소가 포함되지 않은, 조정이 상대적으로 수월한 전문적·기술적인 주제를 다룰 때 많이 사용된다. 협정은 일반적 개념과 특별 개념으로 구분하여 정의할 수 있다. 우선 일반 개념으로서의 협정은 1969년 조약에 관한 비엔나협약에서 나타난 국제협정International Agreement에서 그 범위를 유추할 수 있다. 1969년 비엔나협약에 나타난 협정은 조약이 아닌 기타의 국제적 약속까지 아우르는 광의의 개념인데 특히 비엔나협약 제3조는 국제협정을 문서화된 형태가 아닌 것까지 협정으로 간주한다고 명시하고 있다. 이 경우 구두협정이 국제협정으로 효력을 발생하는가의 문제가 생길 수 있는데 구두협정의 경우도 광의의 협정 개념으로는 국제협정으로서의 효력을 유지할 수 있다. 그 사례로 한 국가의 외교부 장관과 다른 국가의 외교부 장관 사이의 구두 약속도 넓은 의미의 '국제협정'으로 간주할 수 있다.

특별개념으로서의 협정은 조약보다 좁은 범위의 구체적 목적을 위한 비공식적 이해를 지칭한다. 이러한 의미에서 협정은 양자간 혹은 제한적 다자간 조약을 의미하기도 한다. 특히 이 경우 협정은 비준의 대상이 아닌 기술적 및 행정적 사안을 규정하는 부분에 대한 각 정부 대표 간의 이해로 볼 수 있다. 전형적인 협정은 경제, 문화, 과학 등의 분야의 협조체제에서 등장한다. 특히 경제문제에서는 세금의 이중부과를 피하거나, 재정부분의 조력 등에 관한 구체적인 사안들에 관하여 협정을 맺는 경우가 빈번하다.

(4) 협약(Convention)

협약은 양자조약의 경우 특정분야 또는 기술적인 사항에 관한 입법적 성격의 합의에 주로 사용된다. 다른 조약의 유형과 마찬가지로 협약도 일반적 개념과 특별 개념으로 나누어 정의할 수 있다. 우선 일반 개념으로서의 협약은 국제관습 및 국제법의 일반규칙과는 다른 법적 요소로서 일반적 혹은 특수한 의미로 사용될 수 있다. 이 경우 협약은 모든 종류의 국제협정을 아우를 수 있으며 이때의 협약은 광의의 조약과 같은 의미로 사용되기도 한다. 협정을 지칭하는 말로 'Black letter law'가 있는데 이는 여타 국제법과는 구분되는 일반법으로서의 협정을 지칭하기도 한다.

협약의 특별 개념은 양자 및 다자협정에서 사용된다. 협약은 일반적으로 국제사회 전반의 참여가 허용되는 경우가 많다. 특히 국제기구의 이름으로 진행되는 협상 등에서 협약이 이루어지는 경우가 흔하다. 예를 들어 생물다양성협약,[16] 유엔해양법협약,[17] 조약에 관한 비엔나협약[18] 등이 대표적인 국제협약이다. 또한 국제기구가 특별 협약을 채택하는 경우가 있는데 1989년의 유엔 아동인권협약[19]은 유엔총회에서 채택하였고, 1951년 국제노동기구의 남녀 근로자를 위한 임금평등에 관한 협약[20]을 국제노동회의[International Labour Conference]에서 채택하였다.

(5) 의정서(Protocol)

의정서는 조약이나 협약보다는 공식적이지 않은 협정을 의미한다. 그러나 최근 의정서는 기본적 문서에 대한 개정이나 보충적 성격을 띠는 조약에 사용되는 것 이외에 전문적 성격의 다자조약에도 많이 사용되고 있다. 쌍방간의 서명이 명기된 의정서는 조약을 대체할 수 있는 장치가 될 수 있는데 이러한 경우 조약을 비준하기에 앞서 의정서를 비준하였기 때문에[ipso facto] 성사되는 경우가 일반적이다. 또한 조약에 대한 선택적 의정서의 경우 조약

---

16 Convention on Biological Diversity of 1992.
17 United Nations Convention on the Law of the Sea of 1982.
18 Vienna Convention on the Law of Treaties(1969).
19 Convention on the Rights of the Child(1989).
20 ILO Convention concerning Equal Remuneration for Men and Women Workers for Work of Equal Value(1951).

에 관한 좀 더 구체적인 권리와 의무부분을 확립하기 위하여 사용된다. 이 경우 조약의 다양한 문구 및 내용에 대해 당사자들 간의 합의가 완전히 이루어지지 않은 경우 추가적으로 내용 등을 보충하는 의정서를 채택할 수 있다. 1966년에 등장한 〈The Optional Protocol to the International Covenant on Civil and Political Rights of 1966〉이 대표적인 선택적 의정서의 사례이다. 조약의 보충 서류로서의 의정서의 기능이 있는데 이 경우에는 기존 조약에 대한 보충 조항들을 포함하여 책정한다. 대표적 사례로 난민 지위와 관련한 1967년 의정서[21]는 난민지위와 관련한 1951년 협약[22]을 보충하는 의정서였다.

(6) 각서 교환(Exchange of Notes)

각서의 교환은 사법체계에서 일어나는 것과 유사한 협정이다. 각서 교환이 이루어지기 위해서는 쌍방이 서명한 두 부의 문서가 필요하다. 각서 교환은 조약 등에 관한 신속한 진행을 돕는 의미에서 빈번하게 사용된다.

(7) 양해각서(Memorandum of Understanding)

양해각서는 다른 종류의 조약보다 비공식적 형태이며 국제협정을 맺는 과정 속에서 협정의 운용 등에 관한 준비과정으로 사용된다. 양해각서는 비준절차가 필요없다는 점에서 기술적 세부 사항에 관한 합의를 도출할 때 유용하게 사용된다. 유엔의 경우 평화유지활동을 조직하기 위하여 회원국들과 양해각서를 체결하기도 하며, 또한 다른 국제기구들로부터의 협조를 구하기 위하여 양해각서를 체결하기도 한다.

(8) 잠정협정(Modus Vivendi)

잠정협정은 향후 영구적이고 구체적인 협정 및 협약을 기록하는 임시협

---

21 Protocol relating to the Status of Refugees(1967).
22 Convention relating to the Status of Refugees(1967).

정으로 일반적으로 비공식적 형식을 갖추고 있으며 비준절차를 거치지 않는다.

III. 새로운 규범의 창출

국제기구만이 새로운 국제규범을 창조하는 역할을 담당하지 않는다. 심화되는 세계화는 다양한 행위자들의 등장을 촉진시켰고 새롭게 등장한 행위자들로 인하여 더욱 다양한 이슈를 다루는 국제규범의 등장 및 확산 또한 주목할 만한 현상이 되고 있다. 특히 국제공공재와 관련된 분야에 있어서 증가하고 있는 국제협력은 행위자의 다양성뿐만 아니라 이들이 만들어내는 새로운 국제규범의 형성을 돕기도 한다.

1. 새로운 규범 수립의 사례: 제4차 원조효과성에 관한 고위급회담

새로운 규범의 등장 및 확산을 선도하는 행위 중 하나로 고위급회담을 예로 들 수 있다. 2011년 부산에서 개최된 '원조효과성에 관한 고위급회담 High-Level Forum on Aid Effectiveness'은 원조의 효과와 영향력을 향상하기 위한 국제사회의 이행성과를 점검하고 새로운 개발협력 의제를 도출하는 것을 목표로 하였다. 특히 부산 세계개발원조총회는 2005년의 파리선언과 2008년의 아크라행동계획의 이행결과를 평가하고, 포괄적 개발협력의 차원에서 원조를 논의하는 것을 주요 목표로 삼고 있다. 또한 새천년개발목표Millenium Development Goals와 2015년 이후 이른바 Post-MDGs에 걸맞은 새로운 국제개발협력 목표를 도출하고자 하였다.

개발규범을 심화시키는 중요한 주제 중 하나는 바로 원조효과성이다. 단순히 도움이 필요한 국가에 도움을 주는 방식의 국제원조에서 원조 피로[aid fatigue]를 해소하기 위한 노력으로 주목하게 된 원조효과성은 이제 전 세계의 개발도상국, 시민사회단체, 국제기구 및 공여국들로부터 지지를 받게 되었다. 또한 원조효과성은 원조의 질을 높이기 위한 다각적인 노력의 과정이지만 실제로 원조의 규모를 증가시키고 있다. 국제사회의 원조규범의 하나로 자리 잡게 된 원조효과성에 관한 다양한 논의는 국제원조를 이끌고 있는 국제기구들의 다각적인 활동의 준거를 제시하고 사업방식을 변화시키는 중요한 요인이 되었다. 2002년 파리선언 이후 수원국의 주인의식[ownership], 원조국과 수원국 간의 원조정책 조정[alignment]을 강조하는 것이 이제는 국제 원조규범으로 심화되었다.

〈표 1〉 개발원조 관련 선언들

선언	내용
2002년 로마선언 (Rome Declaration)	- 공여국 간 원조노력의 조화(harmonization)에 중점을 둔 원조효과성의 주요 원칙 제정 - 수원국의 상황을 고려한 개발협력 원칙과 기준을 준수 - 수원국의 우선순위(빈곤감소전략 등)에 근거한 개발협력을 제공하고 공여국 간 조정노력을 강화
2005년 파리선언 (Paris Declaration)	- 공여국과 수원국이 공동으로 원조효과성 제고를 위한 원칙에 합의 - 수원국의 주인의식(ownership), 원조일치 노력(Alignment), 공여국 간 원조노력 조화(harmonization), 결과중심의 관리(managing for results), 공여국과 수원국의 개발성과에 대한 상호책임성(mutual accountability)의 원칙
2008년 아크라선언	- 개발에 대한 수원국의 주인의식 강화, 효과적이고 포괄적인 개발 파트너십 구축, 개발성과 도출과 책임성 강화
2011년 부산선언	- 개발 우선과제에 대한 개발도상국들의 주인의식 - 성과중심 - 포용적 개발 파트너십 - 투명성과 상호책임성 강조

출처: OECD

국제기구의 과거·현재·미래

부산총회의 결과는 기존 파리선언의 5대 원칙 중 수원국의 주인의식, 결과중심의 관리, 상호책임성을 공동의 원칙으로 채택하는 것을 특징으로 한다. 또한 원조를 개발목표 달성을 위한 수단으로 인식하여 기존의 원조 중심의 논의를 넘어선 '효과적인 개발협력effective development'을 추구함으로써 새로운 글로벌 개발 파트너십, 지속가능한 성장과 개발, 포괄적 경제성장, 인권, 성 평등, 부패감소, 기후변화 재원의 발굴 등으로 개발협력의 영역을 넓힌 것에서 의의를 찾을 수 있다.[23] 또한 부산총회는 기존의 DAC 회원국뿐 아니라 신흥개도국, 시민사회, 민간기금 등 다양한 주체가 회담의 의제 형성과 논의과정에 참여함으로써 개발협력 주체의 다양성과 포괄성을 인정하는 계기가 되었다. 부산총회는 기존의 개발협력 방향을 제시했다는 점에서 의의가 있다고 평가받고 있다. 제4차 원조효과성에 관한 고위급회담은 지난 3차에 걸쳐 개최된 회담의 결과물과 마찬가지로 부산선언을 발표하였다. 1차 로마회담, 2차 파리회담, 3차 아크라회담은 각각 개발원조 효과성과 관련한 주요 선언을 발표하였고 각 선언에서 주창한 아젠다는 개발원조 분야 특히 원조의 효과성 부분에서 국제규범을 형성하는 데 중요한 역할을 하는 것으로 평가할 수 있다.

부산선언은 원조효과성 논의를 효과적인 개발협력 논의로 확대했다는 점에서 원조규범을 발전시키는 데 일조했다고 볼 수 있다. 기존의 파리선언에서 제기된 원조효과성은 원조의 관리 및 운영 측면에서 최소한의 가이드라인을 제공하는 것에 그쳤다는 비판을 받았다. 이는 원조가 개발이라는 근본 목표를 달성하기 위하여 사용되는 다양한 수단 중 하나이기 때문에 단순히 원조의 효과성만을 강조하는 것으로 개발협력의 성과를 향상시킬 수 없다는 문제점을 노출시켰다. 따라서 '개발'에 중점을 두는 원조로 논의의 초점을 확대하고자 하는 노력이 있었다. 그러나 이곳에서 언급하고 있는 '개발'의 정의에 대한 국제사회 합의의 부재로 말미암아 개발효과성을 주장하는 주체

---

23 박수경·이주영, "부산 세계개발원조총회(HLF-4)의 주요 논의와 성과,"『KIEP 지역경제 포커스』(2011.12.12), Vol.5, No.48.

들 간의 긴장관계가 지속되고 있다. 예를 들어 유엔의 경우 개발을 인간개발human development과 사회개발에 논의의 초점을 맞추고 있고, 세계은행World Bank의 경우 경제성장에 기초한 개발을 강조하고 있다. 따라서 개발에 대한 국제사회의 공통된 합의가 없는 경우 개발규범을 선도하는 국제기구의 역할은 새로운 규범의 확산에 중요한 역할을 할 수 있다.

특히 부산선언에서 주창한 효과적인 개발협력effective development cooperation 개념을 소개하여 새로운 글로벌 개발 파트너십, 지속가능한 성장과 개발, 포괄적Inclusive 경제성장, 인권, 성평등, 부패감소, 기후변화 재원의 발굴 등 더욱 다양한 주제를 '개발'의 개념에 포함시킴으로써 국제사회에서 국제원조규범을 확대시키는 역할을 담당하고 있다. 부산선언에서는 원조효과성을 넘어서는 효과적인 개발협력을 위해 취약국과 분쟁국에 대한 접근방식의 차별화, 남남협력 및 삼각협력, 민관협력 등의 방안이 소개되었다. 또한 부산총회에서는 그동안 고위급회담의 의제형성과 논의과정에서 배제되었던 신흥개도국, 시민사회, 민간기금 등의 새로운 행동주체가 참여함으로써 개발협력의 다양성을 인정하는 계기로 평가받고 있다.

이와 함께 개발도상국의 발전을 위한 재원과 해결방안의 대안적 제공자로서 신흥개발도상국의 역할에 대한 관심이 높아졌고 개발도상국 간 협력방식인 남남협력South-South Cooperation과 공여국을 포함한 개발도상국 간의 협력방식인 삼각협력Triangular Cooperation이 기존 원조의 대안책으로 제시되기도 하였다. 결론적으로 부산총회는 그동안의 국제원조규범으로 자리 잡은 선진국-개도국 중심의 원조체제를 넘어서 '효과적인 개발협력을 위한 파트너십'을 강조하고, '강력하고 지속가능한 개발도상국의 성장 기반'을 구축하기 위한 국제사회의 새로운 파트너십을 선언하여 새로운 국제원조규범을 수립하는 아젠다 세팅의 기능을 수행하고 있다. 부산총회는 과거 3차례의 고위급회담 이후 등장한 선언의 효과적인 이행을 위한 행동지침을 설정하기 위한 장관급 '글로벌 파트너십' 회의를 개최하기로 결정하여 지속적인 활동을 하고 있다. 이는 선언에서 발전하는 행동강령을 통하여 국제사회의 규범이 구체화되는 양상을 확인할 수 있는 사례이다.

〈표 2〉는 부산총회 이후 구체적 행동지침을 구축하기 위한 다각적 노력의 일환이다. 부산총회의 가장 핵심적 내용 중 하나인 부산 글로벌 파트너십 구축 논의는 장관급회의, 집행위원회, OECD-UNDP 공동사무국 운영이라는 논의를 구체화하기 위하여 수차례의 회의를 개최하여 관련 국가 및 다른 행위자들과의 공조노력을 기울이고 있다. 부산총회 이후의 글로벌 파트너십 구축 논의가 예상보다 진척이 늦어지고 그 효과성에 대해서도 시민단체 등의 비판이 표출되고 있는 것 또한 사실이다. 그러나 새롭게 공여국

〈표 2〉 부산 글로벌 파트너십 구축 과정[24]

부산 글로벌 파트너십 구축 논의	내용
장관급회의 (Ministerial Meeting)	- 부산총회에서 합의된 글로벌 파트너십의 기능을 수행하는 핵심적 역할 - 부산총회 관련 문서에 승인한 국가 또는 기관 대표들이 참여 - 2013년 상반기 중으로 추진 예정
집행위원회 (Steering Committee)	- 파트너국, 공여국, 신흥국을 대표하는 공동의장, 다자개발은행, 시민사회, 의회, 민간, UN 대표로 구성된 12~14명 의원들 - 위원회의 효율성과 대표성에 대한 균형의 문제가 상존하고 있음
OECD-UNDP 공동사무국 운영	- OECD-UNDP 공동사무국 운영 방안 - 효율적 운영을 위한 OECD와 UNDP 업무분담 명시 - 집행위원회와 글로벌 파트너십간 관계에 대한 추후 논의 - 사무국 운영에 필요한 인력과 예산 관련 사항 추후 논의

출처: ODA Watch

---

24 부산총회에서 합의된 글로벌 파트너십의 4가지 주요 기능은 다음과 같다. ① 효과적인 개발협력을 위한 정치적 모멘텀의 유지와 강화, ② 부산총회 합의사항에 대한 책무성 강화, ③국가 간 경험 및 지식 교류의 간편화, ④부산총회의 이행사항의 국가 수준의 지원(ODA Watch), http://www.odawatch.net/articlesth/20432

이 된 한국이 국제원조규범의 확대를 위하여 주도적으로 국제회의를 개최하였다는 부분은 국제규범의 아젠다 세팅 과정에서 과거 선진국들의 주도품이었던 국제규범의 수립과 확산이 이제 개발도상국을 통해서도 수립되고 심화될 수 있음을 보여주는 사례로서 주목할 만하다.

2. 규범의 확산: 민간인 보호의무 사례

2011년 3월 17일 유엔안전보장이사회의 결의로 국제사회가 주권국의 보호의무responsibility to protect 위반을 이유로 타국에 개입할 수 있음을 확인하였는데 특히 이 결의는 리비아의 내전이 민간인을 상대로 광범위하게 그리고 조직적으로 진행되는 공격이 반인도적 범죄에 해당될 수 있다고 판단하였다. 또한 유엔 안보리는 리비아 사태가 유엔헌장 7장에 의거하여 국제평화와 안전에 위협이 되기 때문에 군사적 개입을 승인하였다.25 이 결의안으로 인하여 총 18개국(4개 북대서양조약기구 가입국, 스웨덴, 카타르, 아랍에미리트연합, 요르단)이 리비아에 대한 군사개입에 참여하였다.

개입과 국가주권에 관한 이슈는 2001년 개입과 국가주권에 관한 국제위원회International Commission on Intervention and State Sovereignty에서 천명한 보호의무 개념으로 촉진되었다. 이 보고서가 촉진한 국제정치학과 국제법학에서의 논쟁은 당시 국제법과 국제관계의 관행으로 공인되었던 주권과 내정불간섭에 예외가 있을 수 있음을 제시한 것이었다. 이 보고서 이후 2003년 코피 아난 Kofi A. Annan 유엔 사무총장이 제시한 '위협, 도전과 변화에 대한 고위원단 High-Level Panel on Threats, Challenges and Change: HLPTCC'의 보고서로 제출되었고 고위위원단의 보고서는 2004년 유엔총회에서 본격적으로 논의되었다. 특히 아난 총장의 보고서에 담긴 민간인 보호의무는 2005년 천년정상회의의 목

---

25 조동준, "신데렐라처럼 등장한 보호의무 개념과 개입,"『국제정치학회논총』51집 2호 (2011).

〈표 3〉 국제규범으로서의 민간인 보호의무의 발전

보고서	보호의무
2001	주권개념의 일부 혹은 필연적으로 수반되는 사항
The Responsibility to Protect: Report of the International Commission on Intervention and State Sovereignty, Vol.1. Ottawa, Canada: International Development Research Center, 2001	인권보호(적극적 의무)와 인위적 재앙 등으로부터의 보호(소극적 의무)를 동시에 포함
2005	주권개념과 무관
Secretary-General. In Larger Freedom: Towards Development, Security and Human Rights for All. A/59/2005. 2005.3.21. http://daccess-dds-ny.un.org/doc/UNDOC/GEN/N05/270/78/PDF/N0527078.pdf	결과문서에 지정한 네 가지 범죄로부터 주민을 보호하는 제한적이며 소극적 의무

출처: 조동준, pp.168-169의 내용을 재구성

표 달성을 점검하기 위한 2005년 세계정상회의의 결과문서Outcome Document 에 반영되었다. 이와 동시에 안보리도 당시 수단 다르푸르 사태를 다루면서, 수단 정부에게 보호의무를 언급하는 등 이제 민간인 보호의무는 주권과 내정불간섭과의 상충에도 불구하고 국제규범으로 구축되었다.[26]

---

[26] 조동준(2011), pp.163-164.

IV. 규범의 제도화 유형

1. 국제법

주권국가들이 여전히 중요한 국제질서의 행위자로 존재하며 국가의 생존이 근본 목적이라고 간주하는 현실주의적 입장에서는 규범이 미치는 영향력은 제한적일 수 있다. 그러나 구속적 규범으로서의 국제법은 존재하는 국제규범이 제도화된 실체로 등장했다는 점에서 제한적이지만 규범의 진화를 통하여 제한적이지만 개인과 국가의 행위를 제약하는 구속력을 보유할 수 있음을 보여준다.

1) 강행규범으로서의 국제법

국제규범이 국제사회 인식 속에서만 존재하는 것이 아니라 실제로 제도화 과정을 거쳐 법률적 틀을 확립한 것이 국제법이다. 구속적 규범으로서의 국제법은 지속적으로 진화하고 발전한다. 비구속적 국제규범이 구속력을 가진 국제법으로 전환되기 위해서는 다양한 과정을 거쳐야 하며 이 과정에서 국제법으로 확립되는 규범은 지극히 제한적이다. 그 이유는 국제사회에서 논의되고 있는 이슈들에 대한 다양한 견해가 존재하고 이와 동시에 이슈를 둘러싼 행위자 특히 주권국가 간의 이해 충돌로 인한 긴장관계가 상존하기 때문이다. 따라서 어떠한 국제규범이 국제법이 되는지 명확한 규칙이 적용되는 것은 아니다. 다만 시기에 따라 주도적인 국제규범이 국제법으로 발전할 가능성이 높은 것이 사실이다.

국제법은 국가 간의 관계에 적용시킬 수 있는 규율, 규범 및 규칙 등을 포함하고 있는데 이러한 국제법은 각 국가들이 본격적으로 외교 관계를 맺기 시작하면서 형성되었다. 국제법의 다양한 규율들은 개개 주권국가들이 국가가 보호하고자 하는 국가 이익을 평등과 호혜에 기초한 원칙 및 규범에 근거하여 지키고자 하는 노력의 결과이다. 비록 국제 사법시스템이 국내 사법체계와 같이 제도화된 법률적 장치를 보유하지 못하고 있지만 국제법이 규정하는 다양한 규칙들은 적어도 국가들 간 준수해야하는 또 하나의 법질서로 자리잡아가고 있다.

국제법은 국가 간의 분쟁이 원만히 해결되지 않거나 분쟁의 해결책이 불명확할 때 해결의 지침으로 작용한다. 예를 들어 국가 간의 조약체결 과정에서 분쟁이 있을 경우 분쟁 당사국들은 국제법의 조약 해석에 주목하게 되고, 이러한 경우 조약에 관한 비엔나협약27은 조약 해석의 기준으로 기능한다. 국가 간의 분쟁이 특정 조약으로 해결되기 어려운 경우, 분쟁 당사국들은 일반법Common Law과 유사한 국제법을 추구한다. 특정 이슈에 관하여 당사국들이 오랜 시간 분쟁 해결 노력에 경주하였다면 이들 국가들의 노력은 새로운 '규범norm'으로 인정받게 되며, 새로이 만들어지는 국제규범이 더 많은 국가들의 호응을 받게 되었을 때 국제법의 규칙으로 편입될 가능성이 높아진다.

국제범죄를 국가 간 공조를 통하여 해결하고자 하는 국제사회의 노력은 일찍이 1899년과 1907년 헤이그 조약 및 1949년 제네바 조약을 통하여 그 기본 원칙이 구축되었다. 제2차 세계대전 이후 뉘른베르그Nuremberg와 극동 전범재판Far East Tribunals을 통하여 국제법이 개인에게 직접 적용되는 사례를 만들었다. 이러한 사례는 냉전이 해체된 이후 동유럽 국가들에서 지속적으로 적용되었다. 예를 들어 헤이그에서 만들어진 'International Criminal Tribunal for former Yugoslavia'는 이후 보스니아, 세르비아, 크로아티아, 코소보 등지에서 군부 및 민간지도자들의 범죄행위에 대한 기소에 대한 기준으로 활용되었다. 앞서 언급한 국가들에서 기소된 군부 및 민간 지도자들이 집권기에 행한 다양한 범죄행위를 처벌하는 규정으로 각 국가의 국내 형법조항이 아닌 국제법 조항으로 이들을 처벌하는 것은 이들이 행한 범죄가 인간성humanity에 반하거나 전범war crime과 같은 전 인류에 대한 범죄로 간주되는 행위를 했음을 확인하는 것이며 이는 이러한 범죄행위는 단지 국내법이 아

---

27 Vienna Convention on the Law of Treaties(1969).

닌 국제법 규범으로 처벌하는 강력한 국제사회의 의지를 다시 한번 보여주는 계기가 되었다. 이는 과거 인식으로만 존속되는 인간존중이 국제규범화를 넘어 국제법으로 제도화되고 이를 실제 사례에 적용함으로써 과거 규범으로만 살아남아 있던 국제사회의 합의된 '생각'이 법제화되고 공고화되는 과정을 겪고 있음을 보여준다. 국제 범죄에 대한 국제법 구축 노력은 2001년 9월 11일에 발생한 뉴욕 월드트레이드센터에 대한 테러집단의 공격으로 그 범위가 넓어졌다. 9.11 테러사건은 '전쟁'의 범위를 이제 국가 간의 영토 분쟁이라는 전통적 의미에서 비국가 단체와의 분쟁으로 전쟁의 개념을 확대 적용하는 계기가 되었다. 전통적 의미에서의 국제법상 중립neutrality과 교전belligerency은 국제 테러 문제를 다루면서 새롭게 정리되고 있다.

인도적 개입humanitarian intervention 또한 최근 국제법 내에서 주목받고 있는 국제 문제 중 하나이다. 인도적 개입은 국가가 타국가 내에서 발생하는 비인도적 행위를 억제하기 위해 군사력을 사용하는 것을 의미하는데 20세기 이후 미국의 그라나다 개입(1983), 파나마 개입(1989) 및 나토NATO의 코소보사태 개입(1999) 등에서 나타났다.

2) 보편적 국제법과 특수 국제법

국제법에서 다루고 있는 규범은 수혜집단과 주제에 따라 상이하다. 어느 집단의 행위를 규제하는가에 따라 국제법은 양자간 혹은 다자간 조약으로 분류할 수 있다. 즉 전 세계 모든 국가들의 행위에 영향을 미칠 수 있는 보편적 국제법과 특정 지역의 국가들에게 파급효과가 있는 국제법으로 구분할 수 있다. 국제법과 규범의 관계에서 또 하나 주목해야 할 부분은 바로 보편적 국제법과 특정 지역의 규범 간 관계이다. 보편적 국제법의 근본 원칙은 가이드라인guideline이다. 국제법의 가이드라인을 통하여 보편적 국제법이 추구하는 국가의 기본권과 의무를 설정하여 규제의 범위를 정한다. 현존하는 국제법의 기본 원칙이자 규범적 내용은 1970년 만장일치로 채택된 유엔 총회의 〈the Declaration on Principles of International Law Concerning Friendly Relations and Cooperation among States in Accordance with the Charter of the United Nations〉28이다. 이후 이 선언은 1975년 유럽에서 국가 간 관계에 대한 기본 원칙을 천명한 〈Final Act of the Conference on Security and Cooperation in Europe in 1975〉의 모태가 되었다.

국제법에서 중요한 위치를 차지하고 있는 조약에 관한 비엔나협약(1969)은 보편적 국제법에서 추구하는 강행peremptory규범이 '국제사회에서 받아들이고 인정한 규범'임을 천명하여 보편적 국제법의 규범이 국제사회에서 공히 받아들여지는 것임을 분명히 하였다. 따라서 국제법에서 추구하는 절대적 규범은 특별한 이유가 없는 한 국제규범으로서의 역할을 할 수 있는 정당성을 제공받았고, 이와 동시에 보편적 국제법을 준수하는 행위자는 국제법에서 추구하는 규범을 받아들일 책무가 발생한다. 흥미로운 것은 현대 국제법은 특별히 법조항을 신설하여 절대적 규범의 종류에 관하여 언급하지 않는다는 점이다. 그럼에도 불구하고 보편적 국제법이 추구하는 규범의 절대적인 가치는 법조항이 아닌 국제법 자체의 구속력 속에서 국제사회에 확산되어 규범의 확장을 꾀한다.

결국 국제법 내에서 추구하는 규범은 국제법이 확립되기 이전 주도적 규범으로 존속하던 것이 국제법의 틀 안으로 편입된 경우와 국가 간의 협의에 의하여 국제법이 형성된 이후 국제규범으로서 탄생한 규범의 두 종류로 구분할 수 있다. 규범은 국제법을 존속시키는 중요한 요인 중의 하나이기도 하지만 동시에 국제법을 모태로 새롭게 탄생하는 이른바 쌍방향적 관계를 유지하고 있다.

2. 강행규범으로서의 국제기구의 구속력: 인권과 환경 문제

국제기구가 가지고 있는 구속력이 얼마나 주권국가에 영향을 미치는가에 대한 논쟁은 현실주의와 자유주의 속에서 서로 다른 양상을 보이고 있다.

---

28 The Declaration on Principles of International Law in 1970.

현실주의 시각으로 본 국제기구의 구속력은 국제기구를 국제정치 지형 속에서 독립적 행위자로 인정하지 않는 시각이라는 점에서 상당히 제한적이다. 현실주의 시각에서는 국제기구를 국가 간의 권력투쟁 속에서 주변적인 역할만을 수행하는 국가를 위한 정책수단[29]으로 간주하였다. 이 시각에서 보는 국제기구는 근본적으로 창설자의 수중하에 놓여 있으며, 어느 한 시점에서 과반수를 형성하고 있거나 기타의 다른 방법으로 국제기구를 통제할 수 있는 회원국들의 이익에 봉사하도록 이용되는 국가의 종속물이다. 따라서 국제기구의 구속력이란 결국 의사결정과정 속에서 주도적 위치에 있는 국가들의 이익의 반영이므로 국제기구의 구속력은 국제정치의 각 국가들 간의 힘의 경쟁의 결과이므로 각 주권국가들을 구속하기에는 제한적이다.

이와 달리 자유주의적 시각에서 본 국제기구의 구속력은 자유주의가 가정한 국가 간 상호의존 및 협력으로 인한 국제평화의 가능성에 근거한다. 자유주의 시각 중 특히 상호의존론과 이후 국제레짐 연구에서 국제기구에 대한 일반적 관심과 더불어 국제기구의 구속력에 대해 주목한다. 상호의존론에서 국가 간 그리고 국가사회 간의 상호의존이 심화되면서 이들 간에 군사력을 사용할 가능성이 점차 적어지고 이에 따라 군사력이 아닌 새로운 영향력의 수단으로 국제기구가 중요한 역할을 한다는 인식이 높아졌다.[30] 특히 상호의존론에서 국가 이외의 비국가적 행위자를 중요시 여기며 국제기구를 단순히 국가에 의해 설립된 도구가 아니라 국가의 통제를 벗어나 제한적이나마 자율성을 가지고 있는 집단으로 보았다.

1) 인권과 환경 관련 국제기구

인권과 환경 이슈는 국제규범이 국제기구를 통하여 구속력이 확장되는 것을 확인할 수 있는 부분이다. 물론 인권과 환경 이슈가 단순히 일반규범이 국제규범으로 확산되어 강행규범으로서의 구속력을 갖는 것으로 발전한

---

29 박재영, 『국제기구정치론』(1996), p.273.
30 박재영(1996), pp.43-49.

것으로 보기에는 이들을 둘러싼 여러 요인들이 혼재되어 있는 것이 사실이다. 더군다나 인권 문제에 대한 시각은 인권을 주권국가의 관할권 내에 속하는 문제로 보는 국가주의적 시각과 개인을 일개 국가의 시민이라기보다 하나의 전지구적 공동체의 일원이라고 보는 시각인 보편주의적 시각이 여전이 상충하고 있다. 그러나 유엔을 중심으로 인권이 주권국가의 배타적 영역에 속하는 문제가 아닌 국제사회의 규범으로 점차 주권국가를 구속하는 강제력이 확대되고 있음을 확인할 수 있다. 또한 법적 구속력이 적은 국제기구 또한 인권 이슈에 관하여 직접적 행동을 통한 규제보다 정부의 정책을 바꾸도록 자극을 함으로써 간접적으로 국제인권보호에 중요한 역할을 하고 있다.

국제환경 문제는 탈냉전 이후 본격적으로 유엔 등을 통한 다자외교의 대상으로 발전하여 단순한 환경보호 문제에서부터 지속가능한 개발에 이르기까지 다양한 부분을 논의하게 되는 국제적 이슈로 자리잡고 있다. 또한 개발을 우선시하는 개발도상국과 환경보호를 강조하는 선진국 간의 이익 대립이 환경 문제 속에서 특히 심각하게 나타나게 되는데 이러한 선진국-개도국 간의 갈등은 국제기구를 통한 조정 및 협력이 어느 때보다 중요하다는 것을 확인해준다. 그러나 인권규범과 달리 환경규범은 주권국가들 간의 긴장 관계가 더욱 복잡한 메커니즘 속에서 심화되고 있기 때문에 국제기구의 구속력이 인권규범과 비교하여 상대적으로 낮음을 알 수 있다. 특히 환경 관련 기구들은 기구 간의 활동 중복이 많고 이들을 효율적으로 운영할 수 있는 환경 거버넌스의 구축이 앞서 제시한 선진국-개도국 간의 첨예한 이익충돌로 인하여 원활하게 이루어지지 않았기 때문에 국제기구에서 제시하는 환경규범 관련 구속력은 인권과 비교하여 상대적으로 제한적이다. 이는 인권과 환경 이슈는 모든 국제규범이 동일한 비중으로 국제사회에 받아들여지지 않을 수 있음을 보여주는 사례가 된다.

2) 인권 관련 국제기구의 구속력

인권 관련 논의는 제2차 세계대전 이전과 이후로 나누어 논의할 수 있다.

제2차 세계대전 이전의 인권논의는 주권국가의 관할권 내의 문제로 간접적으로 개인의 권리를 규율하는 정도였다. 강대국의 경우에도 외국에 있는 자국민을 구출하기 위한 특별 보호규정을 설정하여 타국에 간섭하기도 하였지만 자국 내의 인권 문제는 주권국가의 권할 영역으로 간주하였다. 제2차 세계대전 이후 인권의 국제적 보장이 포괄적으로 논의되면서 인권이 주권국가의 재량에 해당하는 것이 아닌 국제적 보호의 대상이 되어야 한다는 보편적 논의가 국제사회에 퍼지게 되었다. 이러한 국제사회의 인식이 구체화된 것이 바로 유엔의 '인권과 기본적 자유의 존중'에 대한 유엔헌장의 전문 내용이다. 이후 유엔은 '세계인권선언'을 통하여 인권 및 기본적 자유에 대한 존중을 유엔 회원국들이 협력하여 달성할 것을 촉진하였다. 세계인권선언은 법적 구속력은 없으며 인권과 자유를 존중하기 위해 모든 국가가 달성해야할 공통의 기준을 세웠고 이후 인권관련 조약이나 각국의 헌법제정에 영향을 주었다.

인권의 어느 부분까지 법적 구속력이 있는 조약으로 수립할 것인가에 관한 논의는 1966년 국제인권규약으로 구체화되었다. 국제인권규약은 세계인권선언의 정신을 구체화한 법적 구속력을 갖는 조약으로 지금까지의 인권의 국제적 보장의 노력 중 가장 강력한 효력을 가지게 되었다. 국제인권규약은 이후 인권위원회가 실종, 고문, 약식처형 등의 문제에 대해 좀 더 다양한 국가들을 공적인 감시public scrutiny하에 둘 수 있는 근거를 마련해주었다. 〈표 4〉는 구체적으로 인권 관련 국제기구의 법적 구속력을 확인하기 위하여 선택된 인권 관련 국제기구의 법률적 권고 여부를 제시한 것이다. 조사된 국제기구 대부분이 권고조항을 가지고 있는데 이 중 경제사회국, 국제인권협회, 유엔에이즈계획, 소수집단의 권리를 위한 모임, 유엔인도주의업무조정국, 유엔인권이사회, 유엔재단 등은 법률적 권고 권한이 없었다. 또한 조사된 국제기구 중 권고 집행 강제력을 가진 기구는 개인이 진정을 한 경우 고문방지위원회, 유엔 경제적·사회적·문화적 권리위원회, 강제실종협약, 유엔인종차별철폐위원회, 이주노동자와 그 가족의 권리보호협약위원회, 아동권리위원회, 유엔인권위원회, 고문방지소위원회 등이 있다. 또한

WHO는 권고 집행 강제력을 가지고 있지는 않지만 법적권한 및 구속력을 가지고 있는 국제기구이다.

〈표 4〉 인권 관련 국제기구: 법률적 권고 여부

기구 이름	약어	한글명칭	창설 연도	권고 여부	권고 집행 강제력
Amnesty International		국제사면위원회	1961	○	×
Commission on the Status of Women	CSW	유엔여성 지위위원회	1946	○	×
Committee against Torture	CAT	고문방지위원회	1987	○	○ (개인진정 의 경우)
Committee on Economic, Social and Cultural Rights	CESCR	유엔경제적· 사회적·문화적 권리위원회		○	○ (개인진정 의 경우)
Committee on Enforced Disappearances	CED	강제실종협약		○	○ (개인진정 의 경우)
Committee on Teaching about the United Nations	CTAUN		1997	n/a	n/a
Committee on the Elimination of Racial Discrimination	CERD	유엔인종차별 철폐위원회	1983	○	○ (개인진정 의 경우)
Committee on the Protection of the Rights of All Migrant Workers and Member of Their Families	CMW	이주노동자와 그 가족의 권리보호협약	1990	○	○ (개인진정 의 경우)
Committee on the Rights of Persons with Disabilities	CRPD	유엔 장애인권리협약	2006	○	○ (개인진정 의 경우)
Committee on the Rights of the Child	CRC	아동권리위원회	1989	○	○ (개인진정 의 경우)

Department of Economic and Social Affairs	DESA	경제사회국		n/a	n/a
Food and Agriculture Organization of the United Nations	FAO	유엔 식량농업기구	1943	○	×
Human Rights Committee		유엔인권위원회	1946	○	○ (개인진정의 경우)
Human Rights Without Frontiers	HRWF	국경 없는 인권		○	
International Freedom of Expression Exchange	IFEX	국제표현 자유교류	1992	n/a	n/a
International Labour Organization	ILO	국제노동기구	1919	○	n/a
International Society for Human Rights	ISHR	국제인권협회	1984	n/a	n/a
International Women's Rights Action Watch Asia Pacific	IWRAW	국제여권 실행감시	1985	○	×
Joint United Nations Programme on HIV/AIDS	UNAIDS	유엔에이즈계획	1996	n/a	n/a
Minority Rights Group International	MRG	소수집단의 권리를 위한 모임	1960s	n/a	n/a
National Association for the Advancement of Colored People	NAACP	전미유색인종 지위향상협회	1909	○	×
Office for the Coordination of Humanitarian Affairs	OCHA	유엔인도주의 업무조정국	1991		×
Office of Democratic Institutions and Human Rights of the Organization for Security and Co-Operation in Europe	OSCE	유럽안보협력기구	1995	○	n/a
Office of the United Nations High Commissioner for Human Rights	OHCHR	유엔인권최고 대표사무소	1993	○	n/a
Subcommittee on Prevention of Torture	SPT	고문방지 소위원회	1995	○	○ (개인진정의 경우)
The Asian Human Rights	AHRC	아시아	1986	○	n/a

Commission		인권위원회			
United Nations Committee on the Elimination of Racial Discrimination	UNCERD	유엔인종차별 철폐위원회	1965	○	n/a
United Nations Development Fund for Women	UNIFEM	유엔 여성개발기금	1976	○	×
United Nations Development Programme	UNDP	유엔개발계획	1966	○	×
United Nations Educational, Scientific and Cultural Organization	UNESCO	유네스코	1946	○	×
United Nations High Commissioner for Refugees	UNHCR	유엔난민기구	1951	○	×
United Nations Human Rights Council	UNHRC	유엔인권이사회	1947		×
United Nations Human Settlements Programme	UN-HABITAT	유엔인간 정주계획	1978	○	×
United Nations International Children's Emergency Fund	UNICEF	유엔아동기금	1946	○	×
United Nations Office on Drugs and Crime	UNODC	유엔마약 범죄사무소	1997	○	×
UN Fund for Population Activities	UNFPA	유엔인구기금	1967	○	n/a
United Nations Relief and Works Agency for Palestine Refugees in the Near East	UNRWA	유엔팔레스타인 난민구호기구	1949	○	×
United Nations Security Council	UNSC	유엔 안전보장이사회	1945	○	○
UN-Women	UN-Women	유엔여성기구	2010	○	×
World Food Programme	WFP	세계식량계획	1960	○	×
World Health Organization	WHO	세계보건기구	1948	○	X(but 법적권한 및구속력 있음)

United Nations Development Programme	UNDP	유엔개발계획	1965	○	×
United Nations Foundation		유엔재단	1945		n/a
United Nations Mine Action Service	UNMAS		1997	○	×

3) 환경 관련 국제기구의 구속력

환경 문제는 이제 국제사회의 다양한 변화와 함께 국제적 이슈로 중요성이 더 높아지고 있다. 오존층 파괴, 지구온난화, 해수면 상승, 생물다양성 이슈 등 환경 문제에 대한 여러 논의는 이제 단순히 환경보호를 위한 것이 아닌 전지구적 공존의 문제로 확대되었다. 이러한 환경 문제는 이제 인간안보 개념 속에서 더 이상 개별 주권국가들이 해결하는 주권국가 영역 내의 문제가 아닌 국제사회의 협조가 절실한 국제 문제가 되었다. 따라서 환경 문제를 다루는 국제기구의 역할은 그 어느 때보다 중요해지고 있다.

환경 문제는 인권 문제와는 달리 유엔의 탄생 때부터 국제사회의 관심을 불러 일으킨 것은 아니었다. 이는 주권국가들이 여전히 개발과 관련하여 천연자원에 대한 '주권'의 문제가 주권국가들의 영역으로 고수하고 있었기 때문이기도 하였다. 이러한 환경에 대한 주권국가들의 절대적 권한 주장은 1970년대 이후 변화를 보이기 시작하였는데 특히 이 과정에서 비정부기구들의 지속적인 환경보호 노력이 국제기구의 환경에 대한 관심을 야기시키는 계기를 만들어주었다. 또한 환경오염이 궁극적으로 인류의 공영을 위협할 수 있다는 인식이 제고되면서 환경오염은 이제 전 세계가 공동으로 해결해야 하는 문제로 부상하게 되었다. 이후 유엔인간환경회의United Nations Conference on Human Environment: UNCHE는 스톡홀름선언이라고 불리는 인간환경선언Declaration on the human Environment을 채택하면서 국제사회가 환경과 관련하여 합의한 국가행동과 책임의 원칙을 제시하였다. 환경보호가 이제 인간환경뿐만 아니라 지구환경으로 확대되면서 「브룬트란트 보고서Bruntland Report」를 통하여 지속가능한 개발sustainable development 개념을 천명하여 환경과 개발의 공존을 피력하는 전환점을 맞이하게 되었다. 이후 리우선언과 의제 21을 통하여 환경보호에 관한 노력을 확대 발전시키고 있다.

환경 문제는 인권 문제와 달리 선진국-개도국 간의 갈등이 환경 문제뿐만 아니라 이와 결부된 개발 문제에 있어서도 지속적으로 대립하고 있기 때문에 국제규범으로 환경보호가 법적 구속력을 획득하는 데 더 많은 장애물이 있다. 범세계적인 환경 문제를 다루는 구체적 국제기구가 존재하기 어렵다는 것 또한 국제규범으로서의 환경보호가 법적 구속력을 갖는 수준으로 확대되는 데 어려움이 있다는 것을 확인해준다. 〈표 5〉는 국제기구 중 환경과 관련된 국제기구들의 법률적 권고 여부를 보여준다. 흥미로운 것은 조사된 국제기구들 중 대부분이 권고조항을 가지고 있고 세계환경개발위원회, 세계기후연구계획 등의 기구는 법률적 권고 권한이 없는 것으로 나타났다. 이 중 권고 집행 강제력을 가진 기구는 유엔식량농업기구, 국제해사기구, 세계무역기구, 국제해양법재판소 등이고 나머지 기구들은 권고 집행 강제력은 없는 것으로 나타났다.

모든 국제기구들을 조사할 수 없는 한계가 있었지만 적어도 조사대상 국제기구들의 법률적 권고 권한 부분에서 인권과 환경 관련 국제기구들은 다음과 같은 특징을 보인다. 우선 국제기구의 권고 권한의 경우 인권과 환경 관련 국제기구 모두 대부분의 국제기구들이 권고 권한을 보유하는 것으로 나타났다. 인권 관련 국제기구보다 환경 관련 국제기구에서 권고 조항을 더 많이 보유하는 것으로 나타났다. 또한 권고 집행 강제력을 가진 기구는 인권 관련 국제기구에서 더 많이 나타났다. 심지어 WHO의 경우 권고 집행 강제력이 공식적으로 나타나지 않았지만 법적 권한 및 구속력을 가지고 있는 국제기구로 나타났다. 반면 환경 관련 국제기구는 경제 이슈와 해양 관련 국제기구, 그리고 유엔식량농업기구를 제외한 조사 대상 국제기구들이 권고 집행 강제력을 가지고 있지 않은 것으로 나타났다.

기구 이름	약어	한글	창설연도	권고여부	법률행위 집행여부
Food and Agriculture Organization	FAO	유엔식량 농업기구	1946	O	중국"수입제한폐기원부자재목록에 관한통지"라는법안을발표하여재생자원의수입을강력규제하기시작
International Atomic Energy Agency	IAEA	국제원자력기구	1957	O (ICRP)	×
International Labour Organization	ILO	국제노동기구	1946	O	×
International Maritime Organization	IMO	국제해사기구	1958	O	법률위원회존재/ UNCLOS와MARPOL73/78은기국에대해선박위반행위의발생장소에관계없이강력한법령집행권을인정함
Organization for Economic Cooperation and Development	OECD	경제개발 협력기구	1948	O	×
UN Educational, Scientific and Cultural Organization	UNESCO	유네스코	1946	O	×
United Nations Environment Program	UNEP	유엔환경계획	1972	O	×
World Health Organization	WHO	세계보건기구	1948	O	×
World Meterorological Organization	WMO	세계기상기구	1950	O	×
World Trade Organization	WTO	세계무역기구	1995	O	무역환경위원회/ 환경목적의무역조치,무역에효과를 끼치는환경정책, 환경목적의부과금

					이나조세,국제무역규범과국제환경조약의분쟁해결체제를다룸
Center for International Forest Research	CIFOR	국제삼림연구센터	1993	○	×
Green Climate Fund	GCF	녹색기후기금	2010		×
International Oceanographic Commission	IOC	정부간해양학위원회	1960	○	×
International Panel on Climate Change	IPCC	기후변화에 관한 정부간 패널	1988	○	×
International Seabed Authority	ISA	국제해저기구	1996	n/a	n/a
International Strategy for Disaster Reduction	ISDR	재해감소를 위한 국제전략기구	1990	○	×
International Tribunal for the Law of the Sea	ITLOS	국제해양법재판소	1982	○	○
International Tropical Timber Organization	ITTO	국제열대목재기구	1986	○	×
International Union for Conservation of Nature	IUCN	세계자연보전연맹	1948	○	×
United Nations Commission on Sustainable Development	UN CSD	유엔 지속개발위원회	1992	○	×
United Nations Economic and Social Council	UN ESCAP	유엔 아태경제사회이사회	1947	○	×
United Nations Development Programme	UNDP	유엔개발계획	1966	○	×
WORLD BANK	WB	세계은행	1945	○	×
United Nations Economic Commission for Africa	UNECA	아프리카경제위원회	1958	○	×

United Nations Institute for Training and Research	UNITAR	유엔훈련조사연구소	1963	○	×
United Nations Office for Outer Space Affairs	UNOOSA	유엔우주업무사무소	1962	○	×
United Nations University, Institute for Environment and Human Security	UNU-EHS		2003	n/a	n/a
World Commission on Environment and Development	WCED	세계환경개발위원회	1987	n/a	n/a
World Climate Research Programme	WCRP	세계기후연구계획	1980	n/a	n/a

협약	약어	한글	창설연도	권고여부	법률행위 집행여부
Ramsar Convention	RAMSAR	람사르 협약	1971		-
Rotterdam Convention	PIC	유해화학물질 사전통보승인 협약	1998		
Secretariat of the Basel Convention on the Control of Transboundary Movements of Hazardous Wastes and their Disposal	SBC	유해폐기물의 국가 간 이동 및 그 처리의 통제에 관한 바젤협약	1992		
Stockholm Convention on persistent organic pollutants	POP	잔류성유기 오염물질에 대한 협약	2001		
the Convention on biological diversity	CBD	생물다양성 협약	1992		
United Nations Convention to Combat Desertification	UNCCD	유엔 사막화방지 협약	1992		
United Nations Convention to Combat on the Law of the Sea	UNCLOS	유엔해양법 협약	1982		
United Nations Economic	UNECE	장거리월경	1979		

국제기구의 과거·현재·미래

Commission for Europe		대기오염조약		
United Nations Framework Convention on Climate Change	UNFCCC	기후변화에 관한 유엔기본협약	1994	

V. 결론

국제사회의 상호의존성이 심화되면서 주권국가뿐만 아니라 새로운 행위자로서 국제기구의 역할이 점차 중요해지고 있다. 국제기구를 바라보는 현실주의, 자유주의 나아가 최근의 구성주의적 시각에서 국제기구는 때로는 주권국가들 사이의 갈등 표출의 장으로, 국가들의 협조를 이끌어내는 협력의 장으로 기능해오고 있다. 이와 동시에 국제기구는 국제규범을 만들어 확산시키는 규범 확장자로 그 역할의 범위가 넓어지고 있다. 특히 국제기구의 역할 중 규범을 만들고 확산하는 역할은 인권과 환경과 같은 국제이슈를 주권국가를 통하여 구현하는 측면이 점차 국제사회에서 주목받고 있다.

탈냉전 이후 분쟁의 억제자로서의 강대국의 역할이 약화되면서 국제평화와 안전의 유지를 위하여 국제기구의 역할이 그 어느 때보다 중요해지고 있으며 국제기구의 역할에 정당성을 부여하는 국제규범의 창출자로서 국제기구 또한 향후 국제기구 연구의 중요 대상이 될 수 있다. 이제 국제기구는 국제규범의 확산을 담당하는 역할뿐만 아니라 새로운 규범의 창출자로 주권국가에 대한 구속력을 행할 수 있는 범위로 그 역할을 확대하고 있다. 그러나 국제기구가 확대하는 국제규범이 언제나 동일한 비중을 두고 확산되는 것은 아니다. 인권과 환경규범에 대한 국제기구의 법적 구속력 부분의 차이는 바로 국제사회가 다양한 국제규범을 받아들이는 수준의 차이가 여전히 존재함을 보여준다. 향후 국제기구와 국제규범의 관계는 창출, 확산, 발전

등과 같은 규범의 진화과정뿐만 아니라 어떠한 규범이 국제규범으로 발전되고 이후 강행규범으로 구체화되는가에 대한 연구가 병행될 때 국제기구의 역할의 정당성을 이해하는 데 도움이 될 것이다.

추천도서

✛ 남궁 곤·조동준. "국제규범의 국내확산경로: 대인지뢰금지규범의 국
회 내 유입과 발의를 중심으로." 『한국정치학회보』. 한국정치학회,
2010.

이 논문은 국제규범이 국내 정치과정에 확산되는 경로를 대인지뢰금
지규범의 국회 내 의원입법 과정을 중심으로 분석한 논문이다. 이 논
문을 통하여 추상적인 국제규범이 실제적으로 주권국가의 입법과정에
영향을 주는 것을 확인하고 나아가 국제규범의 국내적 확산을 이해하
는 데 도움을 준다.

✛ 박재영. 『유엔과 국제기구』. 법문사, 2007.

이 책은 국제기구 연구의 일반적 개념부터 국제기구의 행위를 분석하
는 다양한 모델을 제시함으로써 국제기구를 연구하는 연구자들에게
기초개념 및 이론을 소개한다. 이를 통하여 최근 글로벌 거버넌스의
주요한 행위자로 주목받는 국제기구에 관한 연구에 유용하다.

✛ 이신화. "세계정치와 동아시아 안보: 동아시아 인간안보와 글로벌 거
버넌스." 『세계정치』. 서울대학교 국제문제연구소, 2006.

이 논문은 최근 관심을 끌고 있는 '인간안보'를 동아시아적 관점에서
분석하여 인간안보 이슈가 글로벌 거버넌스의 주요 이슈가 될 수 있음
을 제시하였다. 이를 통하여 글로벌 거버넌스의 범위를 넓혀 더 다양
한 국제 문제를 글로벌 거버넌스의 아키텍처를 통하여 해결고자 노력
하는 국제사회의 행위와 그 한계를 고찰한다. 인간안보 개념을 통하여
글로벌 거버넌스와 여타 국제이슈의 관계를 이해하는 데 유용한 논문
이다.

✛ Global Public Policy Institute, http://www.globalnorms.net/

Global Public Policy Institute(GPPi)는 2003년 설립된 싱크탱크로

효과적이며 책무성 강한 거버넌스를 만들기 위한 공적 영역, 사적 영역 그리고 시민사회를 아우르는 혁신적 전략들을 수립하는 데 목적을 둔다. GPPi는 특히 인권활동, 세계 에너지 거버넌스, 글로벌 거버넌스, 국제평화 및 안보, 인권 등에 연구활동의 초점을 맞추고 있으며 UN Global Compact에 참여하고 있는 기관 중의 하나이다. 또한 GPPi는 International Relations and Security Network의 주요 참여 기관이다.

✣ Richard J. Payne · 조한승 · 고영일 옮김. 『글로벌 이슈: 정치 경제 문화』. 시그마프레스, 2013.

글로벌 거버넌스의 다양한 주제들에 관한 최근 소개를 담고 있는 이 책은 국가의 경계를 초월하여 국제체제에 도전을 제기하는 다양한 문제들을 설명한다. 이 글은 특히 국제사회에서 실제로 발생하고 있는 문제들을 세계화와 함께 최신 사례로 소개함으로써 특히 정치학 및 국제정치를 공부하고자 하는 학생들에게 각 주권국가들이 국제사회 속에서 정치적 · 경제적 · 사회적 의존관계를 유지하고 있음을 보여준다.

제 5 장   국제기구와 한국

유현석

Ⅰ. 서론
Ⅱ. 한국과 국제기구: 역사
Ⅲ. 글로벌 거버넌스와 한국
Ⅳ. 결론

I. 서론

2013년 현재 한국은 유엔안전보장이사회의 비상임이사국 직을 수행하고 있으며 유엔 사무총장을 배출한 나라이다. 2012년에는 GCF^{Global Climate Fund} 사무국을 송도에 유치하여 국제기구 유치 역사에 중요한 진전을 이룩했다. 역사적으로 보면 대한민국은 유엔총회의 결의에 따라 유엔임시한국위원단의 감시하에 치러진 총선을 통해 정부를 수립하였기 때문에 한국과 국제기구와의 인연은 특별하다고 할 수 있다. 한국은 많은 국제기구와 국제조약에 가입해 왔고 최근에 와서는 국제기구를 유치하거나 대규모 국제회의들을 유치하고 있으며 금융이나 개발 분야 등에서 글로벌 거버넌스에 중요한 기여를 하고 있기도 하다.

이 장에서는 첫째, 한국과 국제기구의 관계를 유엔을 중심으로 역사적으로 정리하고 또 다양한 분야에서의 한국의 국제기구 활동에 대해 소개할 것이다. 이러한 작업은 결국 한국이 글로벌 거버넌스에서 맡은 역할의 변화 또는 전개를 기술하는 것이 될 것이다. 두 번째는 중견국 한국이 글로벌 거버넌스에서 어떠한 역할을 해왔는가를 보여줄 것이다. 우선 글로벌 거버넌스, 그리고 중견국의 외교정책에 대한 간단한 소개를 하고 글로벌 금융부분과 핵안보부분에서의 한국의 역할에 대해서 설명할 것이다.

II. 한국과 국제기구: 역사

1. 유엔과 한국

한 국가만의 문제라는 것이 존재하기 어렵게 된 현 시대에 국가들은 국제
협력을 도모해 다양한 문제들을 해결하고자 하는데 이러한 협력은 기금 형
태나 사업, 법조항(국제법), 기구 등의 다양한 형태로 나타난다. 그중에서도
국제기구는 국제법을 바탕으로 2개 이상의 주권국가들의 합의하에 독자적
인 지위를 갖는 국제협력체로서 구성되는 국제협력의 가장 가시적이면서 집
행력을 가진 형태이다. 그중에서도 그 규모나 협력 범위가 가장 큰 국제기
구는 국제연합, 즉 유엔United Nations: UN이다. 제2차 세계대전 후 설립된 국
제연맹을 계승해 세계평화의 유지와 인류복지의 향상을 목적으로 1945년
유엔헌장에 의해 설립됐다.

우리나라는 유엔총회 결의 제112(II)B호에 따라 설치된 유엔 한국임시위
원단UN Temporary Commission on Korea: UNTCOK의 감시하에 실시된 총선을 통해
1948년 8월 15일 정식으로 대한민국 정부가 출범했고, 1948년 제3차 유엔
총회가 대한민국 정부를 유일한 합법정부로 승인하는 결의를 채택한 직후인
1949년 1월 19일 유엔가입 신청서를 유엔 사무총장에게 제출해 이러한 국
제협력체의 한 구성원이 되고자 했다. 같은 해 2월 한국의 유엔가입 권고
결의안이 안보리 표결에 부쳐졌으나, 소련의 거부권 행사로 부결됐고 1949
년 11월 특별정치위원회의 보고를 기초로 유엔총회가 안보리에 한국의 가
입 신청 재심을 요구하기 위해 채택한 결의도 소련의 반대에 부딪쳤다.

한국은 유엔 회원국이 아니었음에도 불구하고 유엔의 집단안보가 발동된
몇 안 되는 사례 중의 하나이다. 한국전쟁이 발발하자 미국은 유엔안전보장
이사회를 긴급 소집했고 유엔은 '북한군의 철수', '무력 침공 격퇴와 원조
제공' 그리고 '유엔 한국통일부흥위원단설치' 등의 결의를 채택하였다. 유엔
안보리는 북한을 침략자로 규정하고, 그에 대해 집단적으로 대항하기 위해

16개국이 참여하는 유엔군을 소집하여 한국전쟁에 참여하였다.

1970년대 중반 박정희 정부는 북한의 유엔가입에 반대하지 않겠다는 의사를 밝히고, 80년대 들어 국력신장, 외교적 노력을 통해 한국의 국제적 여건을 개선하겠다는 목표하에 소련, 중국 등 사회주의국가들이 대거 참가한 서울 올림픽 유치를 성공으로 이끌어 냈다. 또 적극적인 북방외교를 통해 동구 사회주의 국가들과 외교 관계를 수립하기 시작해 마침내 사회주의의 종주국이라 할 수 있는 소련과도 1990년 9월 30일 외교관계를 수립하고, 중국과도 1990년 10월 20일 무역대표부 설치에 합의하면서 유엔가입 실현에 중요한 전기를 마련했다.

1991년 정부는 유엔가입 실현을 최우선 외교과제로 책정해 연두 기자회견(1991.1.8)과 외무부 업무보고(1991.1.24)뿐만 아니라 ESCAP 서울총회 개막연설(1991.4.1)에서 노태우 대통령이 연내 유엔가입 실현 의지를 강력히 천명했으며, 우리의 단호한 의지를 밝히는 4월 5일자 정부각서를 유엔 안보리 문서로 배포하기도 했다. 무엇보다도 중요한 변화는 (구)소련과 중국이 남북한의 유엔가입에 관해 보다 현실적인 태도를 보이기 시작한 것이다. 우리의 유엔가입에 관한 국제사회의 압도적 지지 분위기를 인식한 북한은 5월 27일자 외교부 성명을 통하여 유엔가입을 신청할 것을 발표하고 7월 8일 유엔 가입신청서를 유엔 사무총장에게 제출했다. 뒤이어 우리정부도 유엔가입신청서를 제출했고 남북한의 유엔 가입신청서가 안보리 가입심사위원회의 심의를 거쳐 8월 8일 단일결의로서 안보리에 회부, 안보리는 이를 토론 없이 만장일치로 채택, 총회로 회부하여 제46차 유엔총회 개막일인 1991년 9월 17일 남북한이 함께 유엔에 가입하게 됐다.

가입한 지 20년 가까이 된 한국의 위상은 매우 높아졌다. 1995년 11월 8일 한국은 안보리 비상임이사국(1996~1997 임기)으로 선출되었고 2012년에는 역사상 두 번째로 유엔 안보리 비상임이사국으로 선출되었다. 안보리에서 비상임이사국의 권한과 역할은 물론 한계가 있지만 국제안보와 관련한 국제규범과 규칙을 만드는 데 직접 참여할 수 있다는 데 의미가 있다. 2001년 9월 12일에는 한승수 외교부 장관이 제56차 유엔 총회 의장으로 취임했다. 무엇보다도 2006년 유엔총회에서 반기문 당시 외교통상부 장관을 8대 유엔 사무총장으로 추천한 안보리 결의(1715호)에 따라 동인을 사무총장으로 임명하는 총회결의가 만장일치로 채택되면서 한국인 최초로 유엔 사무총장을 배출한 일은 기록할 만한 성과이다. 2011년 반기문 유엔 사무총장은 유엔총회에서 안보리 15개 이사국 및 5개 지역그룹 등 사실상 전체 192개 유엔 회원국의 압도적인 지지하에 2012~2016년간 연임이 확정되었다.

반기문 사무총장 외에도 유엔에 진출한 한국인들의 수는 점차 늘어나고 있다. 2012년 8월 기준 국제기구(55개)에 근무하는 우리 국민은 446명이며, 그중 총 101명이 유엔 사무국에서 근무 중인데 이는 2년 전 66명에서 두 배 가까이 증가한 규모이다. 이처럼 한국의 활동과 그 기여도의 증가는 다양한 영역에서 나타나고 있는데, 2012년 11월 기준 세계 각처에서 활동 중인 유엔 평화유지활동은 모두 15개로 95,550여 명이 참여 중이며 우리나라는 1993년 소말리아 공병부대 파병을 시작으로 2012년 12월 기준 총 8개의 PKO에 379명이 참여하고 있고, 이는 전체 유엔 PKO 분담률 10위의 수준이며 인적 참여에서는 119개 PKO 파병국가 중 37위 수준이다. 또 우리나라의 국제적 위상 및 경제력에 상응하는 수준의 재정적 지원을 통해 국제기구 내에서의 발언권 강화와 국제사회에의 기여 증대를 위해 국제기구 분담금을 납부하고 있다.

한국은 유엔의 2001년 정규예산의 1.38%인 1,363만 달러를 부담했는데 2012년에는 총 5,300만 달러(2.26%)를 부담했고 이것은 193개 회원국 중 분담금 순위 11위에 해당하는 액수이다. 한국은 또 84개 유엔 직속기관 중 유엔 경제사회이사회ECOSOC, 유엔 인권이사회UNCHR, 유엔 사회개발위원회UNCSD, 구유고 국제형사재판소ICTY 등 13개 기관의 이사국을 역임하고 있고 16개의 유엔 전문기구 중에서도 유엔 식량농업기구FAO 등 9개 기구에서 활동 중이다. 2009년 통계로 325명의 한국인들이 유엔에서 일하고 있으며 현재 고위직으로는 반기문 유엔 사무총장을 비롯해서 유엔 인권차석대표, 유엔 정보통신기술국장직 등에 진출해 있다.

국제질서가 미국을 중심으로 단극체제의 형태를 보이는 상황에서 유엔과

한국의 유엔 분담금 체납

한국은 현재 많은 액수의 유엔 분담금을 체납하고 있다. 2009년 유엔 정규예산 분담금 체납액이 1억 5천만 달러에 달했다. 정부는 반기문 사무총장의 취임 이후 체납액을 납부하겠다는 의사를 밝힌 바 있다. 2012년 체납액은 6천8백만 달러로 감소했고 2013년에는 체납액을 모두 납부할 예정이다. 2012년 현재 PKO 분담금 체납액이 1억 1천만 달러로 PKO 체납액으로는 4위에 해당한다. 1위는 3억 4천만 달러를 체납한 미국이다. 우리나라는 OECD 회원국이며 경제규모 10위권대의 나라로서 분담금을 계속 체납하면 향후 국제기구 진출을 통한 역할의 강화 노력에 어려움이 오게 되며 전반적인 국가 신인도에도 부정적인 영향을 줄 수 있는 것이다. 유엔 헌장 19조는 유엔에 대한 분담금의 지불을 2년 이상 연체한 회원국에 대해 총회에서의 투표권을 박탈한다고 규정하고 있다.

같은 다자기구의 역할은 위축될 수밖에 없다. 그러나 유엔은 약소국들의 영향력과 목소리가 상당한 국제기구이며 이러한 유엔에서 한국은 중간국가로서 강대국과 약소국 사이에 중재자로서의 적극적 역할을 해야 한다고 판단된다. 한국과 같은 중간국가의 적극적 역할을 통해 유엔이 변함없이 국제협력과 논의의 장으로 기능할 수 있을 것이다.

2. 한국과 주요 국제기구

여기에서는 주요 국제기구들에서 한국의 활동에 대해서 간단히 소개하기로 한다.[1]

---

[1] 아래 내용은 대한민국 외교부 홈페이지에 소개된 내용임.

1) WHO(세계보건기구)

WHO는 1948년에 발족한 유엔의 전문기구로, 우리나라는 1949년 8월 17일에 가입해 올해 5월 스위스 제네바에서 열린 제66회 WHO 연차 총회에서 북한과 함께 집행이사국으로 선출되면서, 현재까지 집행이사국 6연임 (60~63, 84~87, 95~98, 2001~2004, 2007~2010, 2013~2016) 중이다. 이번에 서태평양지역 집행이사로 선출된 전만복 보건복지부 기획조정실장 외에도 고위직에 한상태 박사(서태평양지역 사무처장 역임: 89~94, 94~99), 이종욱 박사(2003년 7월 21일 제6대 WHO 사무총장 취임) 등이 진출했었으며 이외 2003년 12월 기준 WHO 본부 및 서태평양지역 사무처에 6명(P-5급)이 진출해 있는 것으로 확인됐다. 1999년 WHO 주한(상주) 대표부는 폐쇄됐으나, 의무 분담금Assessed Contribution 비율은 2004~2005년 기준 1.8213%로 회원국 중 10위 규모를 유지하는 것으로 나타난다.

2) UNESCO(유엔교육과학문화기구)

우리나라는 1950년 6월 14일 유네스코에 가입했으며, 유네스코한국위원회가 〈유네스코 헌장〉에 따라 대한민국에서의 유네스코 활동을 촉진하고, 유네스코와 대한민국 정부, 교육·과학·문화 등 관련 분야 전문기관과 단체 간의 연계·협력을 원활하게 하기 위하여 설립됐다. 58개 국가로 이루어져 있는 유네스코 집행이사회에 한국은 1988년부터 3선 연임하며 집행이사국으로 활동했으며 2011년 10월 개막한 유네스코 제36차 총회에서 집행이사국으로 재선출되어 2015년까지 유네스코의 핵심 의사결정에 참여할 수 있는 결정적이 계기를 마련하게 됐다. 진행이사회 외에도 한국은 다수의 산하위원회 위원국으로 활동하고 있으며, 다양한 산하기구에 진출해 있기도 하다.2

---

2 한국이 진출한 산하기구는 인간과 생물권사업(MAB)국제조정위원회 이사국(2012~2015), 불법소유문화재 반환촉진 정부간위원회(ICPRCP) 이사국(2009~2013), 국제수문학사업 (IHP) 정부간위원회(2009~2013), 국제교육국(IBE)이사회 (2012~2015), 생명윤리 정부간위원회(IGBC) 이사국(2012~2015) 등이다.

3) IMF(국제통화기금)와 IBRD(국제부흥개발은행)

IMF와 IBRD는 브레턴우즈협정에 따라 세계무역 안정과 개발도상국의 경제성장 지원을 목적으로 설립된 국제금융기구들로 두 기구를 총칭하여 브레턴우즈기구라고도 부르기도 하며 2011년 기준 총 188개국이 가입돼 있다. 우리나라는 1955년 8월 26일 IMF에 58번째 회원국으로 가입했고, IMF 회원국은 IBRD에 자동 가입된다는 규정에 따라 같은 해 IBRD의 가입국이 됐다. IMF는 국민들에게는 1997년에는 외환위기로 잘 알려져 있는데, 당시 한국은 IMF에 구제금융을 신청했고, 직후 IBRD는 한국의 경제재건 및 구조조정을 위한 차관 70억 달러와 기술지원 자금 4,000만 달러를 제공하면서 서울에 IBRD 한국사무소를 설치했다. 2001년 한국 정부가 차입금을 전액 상환하면서, 당시 IBRD 한국사무소와 함께 설치됐던 ADB(아시아개발은행)와 IMF(국제통화기금), IFC(국제금융공사) 사무소들도 철수했고, IBRD도 2000년 한국사무소 철수를 결정했다.

4) ILO(국제노동기구)

초기 국제연맹 산하에 ILO는 사회정의에 기초한 세계평화를 실현하고 근로조건의 개선을 위한 국내적·국제적 노력을 기울이며, 결사의 자유를 확보하는 것을 목적으로 설립됐다가 1946년 유엔의 전문기구로 편입됐으며, 2008년 기준 총 182개의 회원국이 가입돼 있다. 우리나라는 1991년 12월 9일에 가입했으나, 가입 이전에도 제68차 ILO총회(1982)부터 공식 옵서버로 참가해왔다. 1996년~2011년에 이사국을 역임했으며, 2008년에 854만 1,452 스위스프랑^{CHF}의 분담금을 납부해 분담률 규모 2.174%로 전체 11위를 나타냈다.

5) WTO(세계무역기구)

1995년 설립된 WTO는 GATT체제를 대체해 세계무역질서를 세우고, UR협정의 이행을 감시하는 다자간 무역기구로 발전시키고자 하는 목적에서 출발했다. 기존에 GATT 회원국이었던 한국은 1995년 1월 1일 WTO 출범과 함께 WTO 회원국이 됐으며, 2013년 3월 기준 회원국은 159개 국가이다. WTO 가입을 통해 한국은 무역규모를 확대하고 무역상대국을 다양화하여 경제에 활력을 불어넣었으며, 무역규모 기준 세계 10위권 이내의 무역대국으로 성장했다는 평가이다. 최근 세계무역기구WTO 차기 사무총장에 도전했던 박태호 경제통상대사가 고배를 마셨으나, 우리나라는 2012년 기준 WTO 사무국에 5명의 직원이 근무하고 있으며, 김철수 WTO 사무차장을 배출한 바 있다. 2012년 한국의 WTO 분담금은 5,293,499 스위스프랑CHF으로 전체 예산의 약 2.727%를 차지하고 있는 것으로 나타났다.

6) IAEA(국제원자력기구)

IAEA는 유엔 총회에 연례 보고를 하고, 안전조치 위반 사실을 안전보장이사회에 보고하는 등 유엔과 밀접한 연관이 있으나 산하의 전문기구specialized agency가 아닌 독립기구independent organization이다. 우리나라는 1956년 10월 26일 유엔 본부에서 개최된 IAEA 창립 총회에 참석해 IAEA 원당사국이 되었으며, 2008년까지 10회(1957년, 1965년, 1973년, 1977년, 1981년, 1985년, 1991년, 1995년, 1999년, 2005년)에 걸쳐 지역 이사국으로 활동했으며, 1988년, 1997년, 2003년에 순번 이사국으로 선출되었다. 또 1999년~2001년에는 이사국, 2003년~2005년에는 윤번이사국, 2007년~2009년에는 이사회에 옵서버로 활동하기도 했다. 재정적으로는 2008년 기준 전체 분담률의 1.733%인 627만 9,717달러를 분담금으로 납부했다.

7) UNDP(유엔개발계획)

1963년 유엔 기술원조기구UNTAB와 사무소 설치 협정을 체결하여 유엔과의 기술협력업무를 개시하고 1964년 유엔특별기금UN Special Fund: UNSF과의 협력 협정을 체결했던 우리나라는 1965년 11월 유엔총회 결의에 의거 UNTAB와 UNSF를 통합하여 UNDP가 설립됨에 따라 우리나라는 UNDP와 협력 협정을 체결하고 기존 관련협정을 대체했으며, 해당 협정에 근거하여 2009년까지 서울 사무소를 유지해왔다. 2009년 12월 서울 대표부 사무소를 철수하고 현재는 유엔개발계획 서울정책사무소가 활동하고 있다. 세계 최대의 다자간 기술원조 공여 계획으로 유엔의 개발 활동을 조정하는 중앙기구로서, 한국은 2008년에 집행이사회 이사국으로 선출됐을 뿐 아니라, 1994년~1995년, 1998년~2000년, 2008년~2010년에 걸쳐 이사국으로 선임되어 활동했다. UNDP는 그동안 한국에 농수산 전문가 훈련, 중화학 공업기술 인력 양성, 에너지 기술 분야 등에서 각종 지원을 이행했으며, 한국은 2000년에 UNDP 재정지원 대상Target for Regular Resources from Core: TRAC 국가에서 졸업, 2006년 4월 '한-UNDP 기본협력협정'을 체결해 그에 따라 2007년~2011년에 총 1천만 달러 규모의 공동 협력 사업을 지원하기도 했다.

8) 인권과 사회분야

유엔 인권이사회, 유엔 총회 및 3위원회, 경제사회이사회 등의 유엔 헌장 기구 외에도 인권협약기구Treaty-based bodies, CCPR; CESCR; CERD; CEDAW; CRC; CAT; CRPD들이나 국제사면위원회Amnesty International와 Freedom House와 같은 주요 인권 NGO들도 인권과 사회 분야에 활동하고 있는 국제기구에 포함된다. 우리나라의 경우 난민문제에 관심이 많은 57개국으로 구성된 유엔난민최고대표사무소UNHCR에서 2000년 2월 이사국으로 선출됐으며 한 번 임명된 경우 임기는 영구적이므로 현재까지도 이 지위가 유지되고 있다. UNHCR은 한국지부를 두고 있는데, NGO로서 국가권력에 의해 처벌당하고 억압받는 각국 정치범들을 구제하기 위하여 설치된 국제비정부기구를 표방하는 국제사면위원회 역시 1972년에 한국지부가 설립됐다.

9) 군축, 비확산 및 국제안보 분야

군축과, 비확산, 안보 그리고 대테러국제협력 영역에서 우리 정부는 NATO(북대서양조약기구), OSCE 등 주요 안보기구와의 협력 확대를 통해 국제평화 및 안전에 기여하고, 북핵 문제와 남북관계 등 한반도 문제에 대한 이해와 지지를 구해오고 있다. 한국의 NATO의 회원국은 아니지만 NATO는 2005년 12월 당시 반기문 외교장관의 NATO 본부 방문을 계기로 NATO

와의 공식 협력관계가 수립^{Contact Countries}됐으며, 한·NATO 정보보안양해 각서 체결(2009.12월)을 통해 협력기반을 구축했다.

10) 개발협력

대표적으로 OECD(경제협력개발기구)는 상호 정책조정 및 정책협력을 통해 각 회원국의 경제사회발전을 공동으로 모색하고 나아가 세계경제문제에 공동으로 대처하기 위한 정부간 정책연구 및 협력기구이다. 한국은 1996년 12월 29번째 회원국으로 가입했으며, 2012년 기준 OECD의 총예산의 규모는 345.5백만 유로로 한국은 이 중 7,493천 유로를 부담하는 것으로 나타났다.

아시아지역의 경제성장 및 경제협력 증진 및 회원국에 대한 개발자금 지원을 목적으로 1966년 설립된 국제개발은행인 ADB(아시아개발은행)의 경우 한국은 설립 당시부터 가입해 있었으며, 현재는 3,000만 달러의 자금을 출자하면서 상임이사국의 지위를 얻었다. ADB는 2012년 기준 48개 역내회원국과 19개 역외 회원국 등 총 67개 회원국을 보유하고 있으며, 최대 주주로는 일본(17.72%), 중국(7.31%), 호주(6.57), 인도네시아(6.18%) 순이며 한국은 5.72%로 캐나다와 미국에 이어 7위를 기록하고 있는 것으로 나타났다.

11) 에너지, 자원협력

국제에너지기구^{International Energy Agency: IEA}는 석유공급 위기에 대응하기 위해 각종 에너지 자원 정보를 분석 및 연구하는, 경제협력개발기구^{OECD} 산하 단체로, 2011년 기준 28개의 회원국이 가입돼 있으며, 우리나라는 2002년 3월에 가입했다. 5개 위원회 가운데 신생 에너지 및 미래 에너지에 대한 공동 연구 개발 체제 구축을 위한 활동을 전개하는 에너지연구기술위원회^{CERT}에서 한국은 국제에너지기구가 운영 중인 43개 이행 협정 중 24개에 참여하고 있으며, 2011년에 신설된 스마트 그리드 관련 이행 협정 International Smart Grid Action Network: ISGAN에서 한국은 간사국을 맡게 되었다.

12) 녹색성장, 기후변화

녹생성장, 기후영역은 특히 우리나라가 주도적으로 나서고 있는 영역으로 최근 국내 사무소 및 본부 유치 등의 성과를 이뤄낸 부분이기도 하다. 먼저 GGGI(글로벌녹색성장연구소)는 우리나라 주도의 국제기구로 비영리법인 형식으로 설립돼 2012년까지 국제기구로 전환할 계획 중에 있으며, 코펜하겐 유엔기후변화협약 당사국 총회 연설에서 이명박 대통령이 설립을 공표Global Green Growth Institute: GGGI한 데서 출발한 국제기구이다. 또 AFOCO (아시아산림협력기구) 역시 우리나라 주도하에 설립된 최초의 산림분야 국제기구로 한국과 ASEAN 10개국 등 11개 회원국을 대상으로 아시아 지역 산림녹화와 기후변화 대응을 위한 국가 간 협력사업 진행을 계획하고, 회원국의 산림 관련 정보를 한국 조림투자기업에 제공하고 산림 전문가와 학생의 해외교류를 지원하고자 출범했다. 가장 최근에 유치한 GCF(국제기후기금)는 올해 6월 송도가 그 사무국을 유치하고 개발도상국의 국가이행기구로부터 기후변화프로젝트에 대해 신청을 받아 기금을 지원하는 역할을 하는 국제기구로, 환경 관련 대규모 국제기구를 유치한 것은 아시아 최초라는 의의를 갖는다.

3. 국제기구에서 한국의 역할의 변화

대표적인 국제기구라고 할 수 있는 유엔과 유엔체제와 관련해서 한국은 1991년 유엔가입 이전까지는 유엔가입을 위한 노력과 함께 냉전기의 남북한 외교 대결의 무대로 활용해 왔다. 그 후 1991년 남북한의 유엔 동시가입 이후 한국의 본격적인 유엔외교가 시작되었고 안보, 인권, 개발, 환경, 테러리즘 등의 분야에서 유엔 및 관련 기구에서 활발하게 활동하였다. 그 결과 유엔 가입 이후 단 시간 내에 안전보장이사회 비상임이사국, 경제사회 이사회 이사국 등을 역임했으며 유엔 사무총장을 배출하였다.

한국은 2000년대 이전까지 주요 국제기구나 국제협약에서 개도국의 지위를 요구하거나 각종 의무를 면제 또는 유예받으려는 입장을 취해왔다. 그러나 한국이 OECD에 가입하고 경제적으로 세계 10위권의 경제대국으로 성장하면서 국제기구를 통한 지구촌에 대한 기여를 강화하는 방향으로 정책이 전환되었다. 시기적으로 보면 동아시아 경제위기를 비교적 빠른 시일에 극복하고 난 이후 노무현 정부 시기 이후 본격적인 세계 기여에 대한 한국의 노력이 강화되었다고 할 수 있다.

이명박 정부는 글로벌 코리아를 천명하며 한국의 국제적 역할과 위상을 강화하는 노력을 강화했다. G20 정상회의, 핵 안보정상회의 등 대규모 국제회의를 개최하였다. GCF^Green Climate Fund 등 국제기구 유치도 본격화되었다. 특히 송도국제도시에 국제기구들이 속속 유치되고 있다. GCF 본부 유치와 함께 UN ESCAP(아태 경제사회위원회) 동북아 지역사무소, UN APCICT (아태 정보통신교육원), 세계선거기관협의회^A-WEB, 글로벌녹색성장연구소^GGGI, 세계은행^World Bank 한국사무소, UN CITRAL(국제 상거래위원회), UN ISDR(재해경감국제전략기구) 동북아사무소 등이 송도 국제도시에 유치되었다. 2012년 말 현재 한국에 유치된 국제기구는 43개이다. 이 중 지자체가 유치한 국제기구가 22개로 51%를 차지하고 있다. 중앙정부는 대체로 규모가 큰 녹색기후기금, 국제백신연구소^IVI 등 14개 기구를 유치했다. 국제기구 중 국제비정부기구도 상당수 있다. 세계변호사협회^IBA 아시아본부, 아시아조정연맹 등 체육기구와 직능단체의 아시아본부 등이 있다. 또 기존에 유치했던 유엔 산하기구나 교육, 연구기관, 협의체 등을 국제기구로 인증을 받는 작업들도 추진되고 있다(예: 유네스코 산하 국제무예센터, 아셈중소기업녹색혁신센터^ASEIC 등).

III. 글로벌 거버넌스와 한국

1. 글로벌 거버넌스의 등장

세계화·지구화globalization라는 거대한 변화는 다양한 정치·사회·경제적 결과를 낳게 된다. 중요한 것은 이러한 결과가 한 국가 차원의 노력으로는 해결하기 어려운 것들이라는 것이다. 초국적 자본의 등장으로 인해 문제점들은 한 나라의 능력이나 대책으로는 해결할 수 없게 되었다. 안보 문제역시 한 국가 내의 내전이나 한 지역의 분쟁은 그 국가, 지역에만 영향을미치는 것이 아니라 주변 국가, 나아가서 전지구적 영향을 갖게 되기도 한다. 따라서 이러한 문제점을 해결하기 위한 노력도 국가 차원이 아닌 전지구적global 차원에서 이루어져야 효과를 얻을 수 있을 것이다. 글로벌 거버넌스라는 개념은 지구적 문제를 관리하는 메커니즘, 혹은 관리하는 과정 자체를 의미한다. 지구적 문제를 지구적 차원에서 관리하기 위한 노력들이 활발해지면서 글로벌 거버넌스라는 개념에 대한 논의도 활발해지고 있다.

거버넌스라는 개념에는 행위자, 행위들의 역할, 행위자들 간의 연결 유형등이 담겨 있다. 행위자라는 측면에서 볼 때 웨스트팔리아체제가 결국 주권국가의 권위를 바탕으로 한 체제라고 볼 때 국제적 문제의 해결 주체는 국가이다. 그러나 글로벌 거버넌스라는 새로운 문제관리방식은 주권국가의 권위authority가 초국가적 기구로 일부 이동하는 현상을 의미하기도 한다. 국가들은 자신들이 효과적으로 다룰 수 없는 문제들의 해결을 위해 자신의 주권의 일부를 초국가적 협력체에 양도하고, 이 초국가적 공동체는 공동의 노력을 통해 지구적 문제를 관리하는 것이다. 이러한 글로벌 거버넌스가 기존의문제관리 방식과 차별되는 것은 국가들의 노력뿐만 아니라 비국가 행위자들과의 협력이 중요한 부분을 차지한다는 것이다. 국제적으로 활동하는 비정부기구들INGO은 이제 국가, 국제기구들과 함께 지구적 문제를 찾아내고 그해결책을 제시하며 지구적 노력의 이행을 감시하는 역할을 수행함으로써 글

유엔과 글로벌 거버넌스

국제비정부기구들의 역할과 함께 글로벌 거버넌스의 핵심적 기제로서 유엔의 역할이 강조되고 있다. 유엔은 단일한 국제기구로서 가장 크고, 광범위한 주제를 다룰 수 있는 이점을 바탕으로 글로벌 거버넌스의 중심축으로 등장했다. 유엔은 1995년 글로벌거버넌스위원회(UN Commission on Global Governance)를 창설하고 「Our Global Neighborhood」라는 보고서를 발표했다. 이 보고서에서 유엔은 변화된 세계질서에 대응하기 위한 도구로서 글로벌 거버넌스를 제안하면서 기존의 정부간 관계뿐만 아니라 NGO, 다국적 기업, 세계 자본시장 등의 다양한 세력을 포함하는 개념으로 글로벌 거버넌스가 다시 정의되어야 한다고 주장했다. 유엔이 글로벌 거버넌스의 중심축이 될 수 있는 또 하나의 이유는 유엔이 글로벌 거버넌스의 핵심적 요소의 하나인 지구시민사회(global civil society)와 국가 사이에서 중재자 역할을 할 수 있는 능력을 가지고 있기 때문이다.

로벌 거버넌스에 매우 중요한 행위자로 등장했다.

글로벌 거버넌스는 또 글로벌한 문제를 해결하기 위해 다양한 행위자가 연결되어 있는 방식이라는 차원에서 기존의 국제 문제의 해결 메커니즘과는 다르다. 기존의 문제관리 방식이 국가 중심의 위계적 형태라면 글로벌 거버넌스에서는 국가·국제기구·NGO들이 수평적으로 네트워크를 형성하고 이러한 네트워크들을 통해 문제를 관리하고 해결을 도모하는 메커니즘이다. 각 행위자들은 자신의 능력범위에서 필요한 역할을 수행한다. 예를 들어 NGO들은 문제를 관리하는 방법을 결정하는 과정이 민주적이고 투명하게 이루어지는가를 감시하고 대안적 의견을 제시하기도 하며 집행 과정을 감시하기도 한다.

2. 한국과 중견국 외교: 국제기구의 측면에서

한국은 세계 10위권의 경제규모를 가지고 있으며 상당한 수준의 군사력을 가지고 있다. 한국의 국제적 위상 역시 크게 증가하여 OECD 회원국이며 다양한 국제기구에 가입되어 있는 외교적으로 강한 국가이기도 하다. 그럼에도 불구하고 한국은 소위 주변 4강이라는 강대국에 둘러싸여 있고 이들 국가들과 밀접한 관계를 가지고 있는 상대적 약소국이기도 하다. 이러한 한국의 상대적 위상은 최근 들어 중견국이라는 새로운 정체성을 모색하는 방향으로 전환하고 있다. 한국은 전통적인 강대국의 위상을 가지지 못하지만 경제력, 외교적 영향력 등 다양한 측면에서 중견국의 위상을 확보하고 있으며 대외정책의 방향에 있어서도 중견국 외교의 방향으로 나아가야 한다는 견해들이 대두되고 있다.

중견국은 학자들에 따라 다양하게 정의되고 있다. 국력의 크기를 가지고 중견국을 분류하기도 하고 중견국들이 가진 독특한 외교정책으로 중견국을 개념화하기도 한다. 한 가지 공통적인 것은 중견국이 반드시 물리적 국력이 중간 정도라는 것은 아니라는 것이다. 중견국은 중진국 가운데 상위그룹에 속하는 국가로 물질적 능력 이외에 상당한 정도의 소프트파워를 구비한 국가들을 말한다. 중견국은 구조적 능력으로는 강대국에 미치지 못하지만 외교적 능력 면에선 강대국에 근접하는 수준에 도달한 국가로 보기도 한다.[3]

탈냉전 이후 국제정치의 복잡화는 강대국이 아닌 국가들의 상대적 영향력을 증가시켰다. 특히 중견국가 middle power로 분류될 수 있는 국가들의 역할은 국제정치의 여러 분야에서 계속 증가해 왔다. 특히, 군사적 영역이 아닌 문화·인권·환경 등의 영역에서 이러한 중견국가들의 역할은 잘 알려져 있다. 중견국가에 대한 개념적 모호성에 대한 논란은 여전하다.[4] 국제정치

---

3 김치욱, "국제정치의 분석단위로서 중견국가(Middle Power): 그 개념화와 시사점,"『국제정치학회보』 제49집 1호(2009).

4 김치욱, "국제정치의 분석단위로서 중견국가(Middle Power): 그 개념화와 시사점,"『국제정치학회보』 제49집 1호(2009), pp.8-30.

의 분석단위로서 중견국가를 구분할 때에 어떠한 기준으로 국가들을 범주화 시키는가에 따라 그 분류가 달라질 수 있기 때문이다. 일반적으로 캐나다, 호주, 북유럽 국가들과 같은 나라들이 중견국가로 분류되어지는 데에 합의 가 이루어져 있는데 이들은 외교행태에 있어서도 나름대로의 특성을 가지고 있다. 중견국가의 행태적 특성은 일반적으로 그들의 외교행태에 의해서 잘 드러난다. 먼저 쿠퍼에 따르면, 중견국가는 외교적 행위에 있어서 국제 문제 에 대해 다자적인 해법을 모색하고 또한 국제분쟁에서 비교적 타협적인 자 세를 견지, 외교지침으로서 선한 국제시민의식good international citizenship을 수 용한다.5 또한 국제사회에서 중견국가라고 인지되어지는 행위자들은 다자 적 기구나 과정을 통해 국제적인 규범을 형성시키는 경향성을 보이게 되는 데,6 전통적인 중견국가로 분류되는 캐나다 역시 인간안보라는 새로운 개념 의 국제규범을 수립하고 외교정책의 기조로 삼고 있음을 알 수 있다.

이러한 행태적 특성에 따라 중견국가들이 국제정치의 장에서 주도적 역 할을 담당하고 있는 의제는 주로 강대국들이 담당하기 어려운 영역의 것으 로 인간안보, 문화, 환경 등이다. 대표적 예로 캐나다는 인간안보의제에 있 어서 강대국을 비롯한 다른 어떤 나라들보다도 중추적인 역할을 해오고 있 음을 알 수 있다. 에반스와 그랜트는 중견국은 전체 영역을 아우르는 것보 다 어떤 한 특정한 분야에 자원을 집중시키는 틈새외교를 펼치게 된다고 그 행위적 특성을 말하고 있다.7 중견국가의 이러한 틈새외교는 강대국의 관심이나 인센티브가 적고, 약소국의 능력이 부족한 쟁점영역에 자신의 외 교자산을 집중해서 두드러진 역할을 수행하기 위한 것이다.8

---

5 Andrew F. Cooper, Richard A. Higgott and Kim Richard Nossal, *Relocating Middle Powers: Australia and Canada in a Changing World Order* (Vancouver: UBC Press, 1993).

6 Ungerer Carl, "The Middle Power Concept in Australian Foreign Policy," *Australian Journal of Politics and History* 53-4(2007), p.539.

7 Gareth. Evans and Bruce Grant, *Australia's Foreign Relations in World of the 1990s*, 2nd ed.(Victoria: Melbourne University Press, 1995).

8 이수형, "중추적 중견국가론과 참여정부의 균형적 실용외교," 『한국과 국제정치』 제24

중견국은 국제체제에서 강대국과는 다른 목표와 수단을 가지고 있는 특성을 가지고 있다. 중견국은 국제체제의 모습과 작동을 지배할 수는 없지만 국제체제의 주요 아젠다에 대한 영향력을 가지고 있다. 국제체제에서 노르웨이, 스웨덴과 같은 중견국들이 국제평화에 대한 영향력을 행사하고 있는 것이 좋은 예이다.

중견국의 역할은 다음 몇 가지로 정리할 수 있다. 첫째, 중견국은 규범의 형성자로서의 역할을 할 수 있다. 국제규범을 형성하는 것은 사실상 강대국의 영역이지만 중견국은 강대국을 포함한 많은 나라들이 받아들일 수밖에 없는 규범을 창출함으로써 글로벌 거버넌스에 기여할 가능성이 있다. 규범의 형성은 물리적 국력이 그대로 반영된다기 보다는 대안적 국력의 영역에서 작동하는 것이기 때문에 중견국으로서는 상대적 경쟁력을 가질 수 있는 부분이다. 이러한 역할에 집중하고 있는 나라들 중에 캐나다나 노르웨이 등이 주목할 만하다. 캐나다는 인간안보 관련 정부간 협력 이니셔티브를 통해 인간안보라는 새로운 안보개념 그리고 안보규범을 증진하기 위한 노력을 해왔다.9 노르웨이 등과 함께 하는 'Human Security Network' 역시 캐나다의 이미지와 정체성을 형성하는 중요한 국제적 이니셔티브이다.

이러한 과정에서 중견국들은 강대국들과 달리 하드파워적 자원에 한정이 있기 때문에 강대국과는 다른 방식으로 글로벌 아젠다를 설정하고 국제규범을 창출하는 전략을 취한다. 캐나다처럼 뜻을 같이 하는 나라와 인류에 공헌할 수 있는 연대를 구축하는 것은 적은 비용을 들이고 큰 효과를 얻을 수 있는 방법이기도 하다. 한국처럼 외교적 지평에 제약이 있는 나라는 중견국 외교, 틈새외교를 통해 국제적 위상과 영향력을 확보할 수 있다. 이러한 연대는 반드시 정부간 연대의 형태를 가질 필요는 없다. 오히려 공공외교라는 측면에서 볼 때는 비정부기구들과의 연대 프로그램을 만드는 것이

권 1호(2008), p.224.

9 Roland M. Behringer, "Middle Power Leadership on the Human Security Agenda," *Cooperation and Conflict* 40(September 2005), pp.305-342.

더 효과적일 수 있다. 캐나다의 경우 외교부가^{DFAIT} 분쟁방지와 평화조성활동을 하는 전 세계 500여 개의 시민사회조직의 네트워크인 Global Partnership for the Prevention of Armed Conflict를 지원하고 있다.[10]

둘째, 중견국은 국가 간의 협력을 촉진하는 촉진자 역할을 수행하기 용이하다. 강대국들이 첨예한 갈등으로 인해 협력을 창출하는 역할을 하기가 어렵다는 것을 생각할 때 중견국은 적정한 외교적 능력과 위상 그리고 강대국과는 다른 첨예한 경쟁이 없다는 점을 활용하여 국가 간 협력을 촉진하는 역할을 할 수 있다. 이와 관련하여 중견국이 국가 간 협력을 현실화하는 국제적 회의들을 개최하는 역할을 할 수 있다. 한국이 2010년 G20 정상회의 그리고 2011년 제4차 세계개발원조총회 그리고 2012년 핵 안보정상회의를 개최한 것은 이러한 국제회의의 개최자 역할을 하기 시작한 것을 상징적으로 보여주는 것이다. 셋째, 중견국은 강대국 간의 경쟁을 조정하는 조정자 역할을 수행할 수 있다. 중견국은 보편적 가치에 대한 존중을 바탕으로 갈등관계에 있는 국가들 사이의 관계를 조정 및 매개할 수 있다. 한국이 중견국 외교를 표방하면서 많은 전문가들이 한국이 동북아시아에서 미국과 중국의 이해갈등을 조정할 수 있는 역할을 할 수 있다는 점을 강조하고 있는데 이러한 주장은 한국이 중견국으로서 평화라는 인류 보편적 가치에 대한 존중을 바탕으로 미·중 양국을 설득하고 이들 사이에 가교역할을 할 수 있다는 생각에 바탕을 두고 있다.

이러한 중견국의 역할에 있어 가장 중요한 매개체는 국제기구 및 다자적 국제제도이다. 중견국은 양자관계를 통해서는 강대국에게 영향을 미치기 어렵다. 그러나 국제제도라는 마당에서 중견국은 보다 더 다양하고 중요한 역할을 할 수 있다. 다자메커니즘에서 국제규범을 제안, 창출하고 글로벌 거버넌스를 창출하기 위한 국제적 회의들을 개최하는 역할 등은 중견국들이 강

---

10 Hyun Seog Yu, "The Role of Canada in Mainstreaming Human Security," paper delivered at the Conference on Promoting Human Security: The Experience of Canada and Korea. March 7, 2008, Embassy of Canada, Seoul.

점을 가지고 있는 부분이다. 이러한 이유로 중견국들은 국제체제에서 다자 기구나 제도 등에 대해 많은 관심을 가지고 활동하고 있다. 어떻게 보면 국제사회에서 국제기구와 다자적 제도들은 중견국들이 자신들의 이익을 도모하는 데 있어서 매우 요긴한 존재이다. 특히 중견국들은 국제기구에의 참여 혹은 국제기구에서의 의제 설정 등의 활동을 통해 글로벌 문제들을 해결하기 위한 메커니즘인 글로벌 거버넌스에 참여와 기여를 하고 있다.

3. 한국과 글로벌 거버넌스

한국의 글로벌 거버넌스에서의 역할은 매우 제한적이었다고 볼 수 있다. 한국은 탈냉전 이후에야 유엔에 가입할 수 있었고 분단 상황에서 안보를 최우선으로 하는 4강 중심의 양자외교에 머물러 왔기 때문에 글로벌 문제 해결에 대해 적극적인 관심을 가지고 활동하지 못했다. 또한 한국은 오랫동안 개도국의 위치를 가지고 있었기 때문에 글로벌 문제 해결에 주도적으로 참여하기보다 의무를 면제받거나 의무 부담을 연기시키는 것에 외교력을 집중해 왔던 것도 사실이다. 그러나 한국이 경제적으로 세계 10위권의 강국이 되면서 국제적 기여에 대한 인식이 커지기 시작했고 그에 따라 글로벌 거버넌스에 기여하는 것이 중요한 대외정책의 과제로 등장하기 시작했다. 이명박 정부에 와서는 글로벌 코리아라는 국정지표와 함께 기여외교가 본격적으로 추진되기 시작했고 녹색성장을 필두로 개발원조와 평화유지활동, 군축 및 비확산 등의 글로벌 아젠다에 대한 기여를 본격화하였다. 또한 2010년 G20 정상회의를 시작으로 2011년에 세계개발원조총회 개최, 2012년 핵안보정상회의 2013년 사이버스페이스총회를 개최하면서 글로벌 거버넌스에 주도적 역할을 하고 있다.

1) G20과 한국의 역할
2007년 여름 미국에서는 서브 프라임 모기지 사태가 발생했다. 서브프라임 모기지 사태는 2008년에 들어와서 미국의 제5위 투자회사인 베어스턴스 파산과 9월의 리먼브라더스 파산보호 신청으로 인해 대형 금융기관의 파산 가능성에 대한 우려가 커지면서 은행 간 대출 시장이 경색되고, 결과적으로 자금 중개 기능이 마비되어 기업금융이 얼어붙는 금융위기가 발생했다. 이러한 미국발 위기는 곧바로 세계적인 주식시장의 급락으로 나타나게 된다. 투자자들이 주식을 팔고 안전자산인 달러를 보유하려는 행태로 인해 주식시장이 급락하고 경제위기에 취약한 나라의 통화들은 그 가치가 폭락하게 된다. 금융위기는 곧바로 실물경제의 위기로 연결되어 세계적으로 소비의 감소, 수출의 감소, 실업률 증가가 나타났다. 이 과정에서 외환보유고가 바닥난 아이슬란드, 파키스탄은 IMF에 구제금융을 신청하기도 했다.

미국발 금융위기를 해결하는 과정에서 핵심 기제로 떠오른 것이 G20 정상회의이다. G20 정상회의는 세계 경제는 물론 다양한 글로벌 아젠다를 다루는 글로벌 거버넌스의 핵심적 메커니즘으로서 위상을 강화하고 있다. G20 정상회의는 2008년 11월 15일 "금융시장 및 세계경제에 관한 정상회의"라는 이름으로 미국 워싱턴에서 처음으로 개최되었다. G20 정상회의는 G8 국가를 비롯하여 중국, 인도, 브라질, 멕시코, 남아프리카공화국, 한국, 호주, 인도네시아, 사우디아라비아, 터키, 아르헨티나 등 11개국과 EU 의장국이 참석하였다. G20 정상회의가 경제위기에 대응해 신속하게 추진될 수 있었던 것은 G20 정상회의가 이미 1999년에 세계 19개 주요 국가로 구성된 G20 재무장관회의의 틀을 그대로 사용하였기 때문이다.

G20의 등장은 1997년 아시아의 금융위기가 결정적 계기를 제공했다. 1995년 멕시코의 페소위기와 함께 남미 경제에 큰 위기가 왔고 아시아 경제위기 그리고 1998년의 러시아 디폴트 선언으로 세계경제는 심각한 위기를 맞게 되었다. 기존의 국제경제거버넌스의 중심에 있던 G7은 구성원이 너무 제한적이었고 개도국의 금융 문제를 해결할 수 있는 능력도 갖추지 못하고 있었다. 이러한 상황에서 G7을 보완하기 위한 시도들이 나타나기 시작했다. 1997년 미국의 클린턴 대통령은 1997년 밴쿠버 APEC 정상회의에서 국제금융체제의 개혁안을 마련하기 위한 재무장관, 중앙은행총재회담으로

G22를 제안했다. G22는 1998년 워싱턴회의를 시작으로 작동하기 시작했고 1999년에는 G33으로 확대되었다. 1999년 9월 IMF 연차총회에서 개최된 G7에서 G7 국가와 주요 신흥경제국이 참여하는 G20 창설을 합의했다.[11] 이후 G20 회원국들이 12월 15일 독일 베를린에서 독일과 캐나다의 재무장관이 주최자가 되어 환율제도와 대외채무, 자본이동, G20 역할과 목표, 위기재발 방지 등을 의제로 첫 회의를 개최함으로써 G20이 공식적으로 출범했다.[12]

G20이 G7을 보완하는 목적을 가지고 출범했지만 G7과 여타 개도국 간의 격차가 컸기 때문에 G20은 G7의 의제들을 논의하는 기능이 중심이 되었다고 할 수 있다. G20의 중요한 목적 중의 하나가 금융위기의 원인인 신흥경제국들을 다자적인 틀에 포함시켜 이들의 금융체제를 감시·감독하여 국제금융질서의 안정을 도모하는 것이었다. 다시 말해 G20이 신흥시장국가들의 국제금융거버넌스에의 참여라기보다는 G20을 통해 주요 신흥시장국가들의 합의를 이끌어내는 메커니즘으로서의 성격이 강하다는 것이다. 이러한 사실은 G20 출범 시 G22에서 자본이동의 규제를 주장해온 말레이시아나 홍콩이 제외된 것에서 미루어 짐작할 수 있다.[13] G20이 본격적인 국제경제거버넌스의 주인공으로 떠오른 것은 2008년 글로벌 금융위기 이후이다. 대공황 이후 최대의 위기상황에서 G7의 역량만으로는 글로벌 금융위기를 해결하기 어렵다는 인식과 세계경제에서 신흥시장국들이 차지하는 비중과 영향력을 인정하고 이들을 국제경제거버넌스에 참여시켜야 한다는 인식이 확산되면서 기존의 재무장관급 회담이었던 G20을 정상회의체로 격상시켰고 글로벌 경제거버넌스의 최고협의체 지위를 부여하게 된 것이다.

G7이 선진 7개국의 재무장관회담이고 G8은 G7의 정상과 러시아의 정상

---

11 G20은 19개 나라와 EU가 참여주체이다. EU에서는 European Council 의장과 European Central Bank 총재가 참여한다.

12 김치욱, "G20의 부상과 중견국가 한국의 금융외교," 『국가전략』 15권 4호(2009), p.89.

13 장원창, "G20 출범과 우리의 대응," 『주간 금융동향』(한국금융연구원, 1999년 10월).

이 만나는 정상회의체인 것처럼 G20 재무장관회의는 G20 정상회의와는 별도로 치러지게 된다. 물론 G20 정상회의는 G20 재무장관회의에서 논의된 의제들에 대해서 회원국 정상들이 합의를 공식화함에 따라 정치적 무게를 실어주는 메커니즘으로 볼 수 있다. 실질적인 논의들은 G20 재무장관회의에서 계속 이루어지게 될 것이기 때문이다. 그럼에도 불구하고 G20 정상회의는 기존의 G20 재무장관회의가 정상회의로 격상된 것 이상의 의미를 갖는다. 무엇보다도 G20 정상회의의 출범을 통해 G20이 명실상부한 신흥시장국가들의 의사를 대변할 수 있는 거버넌스 메커니즘으로 전환하였다. 2008년 정상회의 이전의 G20에서는 실질적으로 신흥시장국가들의 영향력은 매우 미비하였다. 한국만 하더라도 G20의 참여국가이기는 했지만 G20이 실질적으로 한국의 입장을 반영하는 메커니즘이라고 생각한 것은 아닌 것으로 보인다. 한국은 1999년 창설 첫해 강봉균 재정부장관이 G20에 참석한 후 2004년까지 한 번도 참석하지 않았다.[14] G20 정상회의가 출범하면서 G20은 본격적으로 국제경제거버넌스의 위상을 확보하게 되었고 그 안에서 신흥시장 국가들의 역할도 강화되게 되었다. 예를 들어 그동안 G7을 중심으로 운영되던 금융안정포럼Financial Stability Forum에도 신흥국의 참여를 확대하기로 결정하였다.

한국은 2008년 시작된 글로벌 금융위기로 인해 글로벌 금융거버넌스에 의미 있는 역할을 담당할 기회를 갖게 되었다. 가장 중요한 것은 한국이 글로벌 거버넌스에서 주요 아젠다를 설정하는 역할을 할 수 있는 기회를 갖게 된 것이다. 다시 말해 G20의 트로이카 시스템을 잘 활용하여 한국에서 열리는 G20 정상회의에서 우리의 주요 아젠다를 정상회의 의제로 설정하였던 것이다. G20 정상회의에 참가하여 보호무역 조치를 금지하는 제안을 비롯한 적극적 역할을 하였고 또 2010년 G20 의장국으로서 정상회의를 유치하는 외교적 성과도 거두었다. 2010년의 정상회의를 준비하는 과정에서 한국은 주요 선진국들과 함께 글로벌 금융문제는 물론 다른 주요 글로벌 아젠

---

14 김치욱(2009).

다들에 대한 우리의 입장 그리고 개도국들의 입장을 전달하고 논의할 수 있는 기회를 갖게 되었다. 실제로 한국은 개도국의 입장을 반영하는 개발 이슈를 G20 정상회의 아젠다로 채택하는 노력을 함으로써 선진국과 개도국 간의 가교 역할을 담당하는 역할을 수행하였다.

한국은 'Korea Initiative'를 G20의 새로운 의제로 추진하였고 그중에서 개발 문제는 서울정상회의의 주요 아젠다로 채택되었다. 한국은 개발 문제를 선진·개도국이 공동의 노력을 통해 개발 격차를 해소해 나갈 것을 방향으로 제시하여 기존의 '워싱턴 컨센서스'를 넘어설 수 있는 새로운 개발 패러다임을 제시하였다는 점에서 의미가 있다.[15] 한국이 이러한 기여를 할 수 있었던 것은 물론 개최국이라는 이점이 있었기 때문이지만 보다 근본적으로는 국제정치경제적 차원에서 신흥국들의 부상이라는 구조적 변화가 있었기 때문이라고 볼 수 있다. 환율 문제, 기축통화 문제 등 주요 문제에 있어서 선진국의 입장이 아닌 개도국, 신흥국들의 입장이 강하게 대두되었으며 이러한 현상은 애초에 G20이 신흥국의 보다 큰 목소리를 수용할 수밖에 없었다는 점을 생각해보면 쉽게 이해될 수 있을 것이다. 이러한 국제정치경제의 구조적 변화 속에서 중견국의 위상을 추구하고 있는 한국은 글로벌 거버넌스에서 중요한 기여를 할 수 있는 기회를 가지게 된 것이다.

2) 핵안보정상회의와 한국의 역할

2010년 오바마 대통령의 주도로 제1차 핵안보정상회의가 워싱턴에서 열렸고 이 자리에서 2012년 핵안보정상회의 개최국으로 한국이 선정되었다. 이러한 결정은 몇 가지 차원에서 이해될 수 있을 것이다. 첫째는, 한국의 지위와 영향력이 향상되어 국제사회에서 주요 아젠다를 다루는 국제회의를 개최할 수 있는 능력을 보유하였다는 점에 대해 미국과 주요 국가들이 인정했다는 것이다. G20 정상회의의 성공적 개최는 이러한 서구 선진국의 판단

---

15 이동휘, "G20 서울 정상회의: 평가와 향후 전망," 『주요국제문제분석』(외교안보연구원, 2010년 12월 2일), p.6.

에도 기여한 것으로 보인다. 둘째, 미국을 비롯한 주도 국가들은 첫 번째 회의가 핵보유국인 미국에서 열렸기 때문에 두 번째 회의는 비핵국에서 여는 것이 의미가 있다고 생각한 것으로 보인다. 특히 한국은 비확산, 핵안보, 원자력의 평화적 이용 면에서 모범국가에 속하기 때문에 핵안보정상회의를 개최하는 비핵국으로서 적합하다는 판단을 했을 것으로 보인다.

한국은 2012년 53개국 국가수장 및 4개 국제기구 대표가 참가한 핵안보정상회의를 성공적으로 개최하였다. 핵안보 이슈에 있어 서울정상회의의 큰 의미는 핵테러 방지를 목표로 취약 핵물질을 방호를 강화하자는 워싱턴정상회의의 기본 취지를 계승함과 동시에 핵안보 정상회의에 대한 국제사회의 공감대와 지지를 확대하기 위해 논의 주제와 대상을 확대한 것이다.16 특히 원자력의 안전문제를 위시하여 새로이 부각된 핵안보 현안을 신규 의제로 추가한 것을 주목할 만하다. 2011년 3월 발생한 후쿠시마 원전사고는 원자력안전과 핵안보가 불가분의 관계에 있다는 점을 보여주었고 원전 시설에 대한 테러공격의 결과는 원전 안전사고 결과와 크게 다르지 않고 사후대응 주체와 방법 또한 유사하다는 점에서 핵안보와 원자력 안전이 상호보완적으로 발전될 필요성이 제기되었다. 이러한 인식을 바탕으로 서울정상회의 준비과정에서 방사능테러에 대비한 방사성 물질의 안보와 원자력안전과 핵안보 간의 연계가 신규의제로 대두되었다. 애초에 미국은 핵테러방지에 집중하기 위해 방사능 테러문제를 배제하였으나 많은 나라들이 방사능테러와 핵시설 공격 등에 의한 방사능테러의 발생 가능성과 위험성을 제기했다. 특히 원자력안전과 핵안보의 상호 보완성에 근거한 통합적 접근의 효과의 필요성이 대두되었다.

전봉근 교수의 평가에 따르면 "후쿠시마 원전사고는 그 피해 규모로 인해 이미 '안보 사건화'되었고 특히 원전의 취약성을 노출시켜 향후 원전이 테러분자의 사보타주 대상이 될 가능성이 높아져 핵안보정상회의에서 원자력안

---

16 전봉근, "2012 서울 핵안보정상회의 성과와 과제," 『외교안보연구』 8권 1호(2012년 6월), p.15.

전과 핵안보에 대한 상호보완적 접근을 논의하는 것이 불가피하게 되었다. 여러 가지 논의 끝에 서울정상회의에서는 기존 의제에 대한 논의를 심화시키는 것과 동시에 신규의제로서 방사능 물질의 안전한 관리와 핵안보와 원자력안전의 통합적 접근이 추가로 논의됨으로써 워싱턴정상회의 논의와 차별화를 이루게 되었다."17

서울 핵안보정상회의의 가시적인 성과물은 '서울 코뮈니케'이다. 53개 국가수장과 4개 국제기구 대표들은 핵과 방사능 테러 방지를 위한 실천조치를 담은 정상선언문을 만장일치로 채택했다. 서울 코뮈니케의 몇 가지 특징을 살펴보면 후쿠시마 사고 교훈에 유의하여 원자력의 평화적 이용에 있어서 안전과 안보의 통합적 고려의 필요성을 인식하고 있다. 또한 사용 후 핵연료와 방사성 폐기물의 관리강화 필요성을 강조하고 핵 테러 방지에만 초점을 두었던 워싱턴정상회의에서 한걸음 더 나아가 방사능 테러 방지를 위한 조치들을 구체적으로 제시하고 있다.

이것은 한국이 주도적으로 제기한 방사성안보와 핵 안보와 원자력안전 간 연계가 정상회의의 신규 의제로 채택된 것이다. 이는 핵 안보가 단순히 미국만의 문제가 아니라 방사능테러와 원자력안전문제에 노출된 모든 국가의 주요 관심사임을 반영한 것이다. 이러한 아젠다 세팅에서의 기여를 통해 한국의 핵 안보 분야 글로벌 거버넌스에 중요한 역할을 수행했다고 볼 수 있다. 국제 핵 안보 분야에서 질서창출을 위한 논의에 주도적으로 참여하고 글로벌 거버넌스의 규범 창출자 역할로 전환하는 하나의 계기를 마련했다고 볼 수 있다. 또한 서울정상회의 내용적 측면에서 볼 때 한국은 중견국으로서 선진국과 개도국, 핵국과 비핵국, 핵물질 보유국과 비보유국 사이의 갈등을 조정하는 가교역할을 성공적으로 수행함으로써 핵 안보 글로벌 거버넌스에 큰 기여를 하였다.18

---

17 전봉근(2012), p.17.

18 전봉근(2012), p.28.

IV. 결론

국제기구는 국가에게 두 가지 측면을 가지고 있다. 국제기구는 국가들이 공동의 목적을 위해 만들어진 존재이기 때문에 국가는 해당 분야에서 국제기구의 역할에 도움을 받는다. 국제기구들은 국가들의 공통의 문제에 대해 해결책을 제시하고 그를 위한 공동의 노력을 도모한다. 또 국가들은 국제기구를 통해 자국의 외교적 이해를 추구하기도 한다. 그러나 또 한편으로 국제기구는 국가들을 압박하거나 구속하기도 한다. 유엔 안보리의 결의안, WTO의 국제무역규범과 같이 국제기구가 만들어낸 결정이나 규범은 자국의 이익을 추구하려는 국가와 충돌을 빚기도 한다. 특히 국제비정부기구들은 국가들과 자주 갈등을 빚는다.

한국의 국력이 신장되고 국제적인 존재감이 커지면서 한국은 점차로 국제기구에서 중심적 역할을 하게 되었다. 더 많은 기구에서 이사국 역할을 하게 되었고 국제기구에 대한 분담금도 늘어나고 있다. 한국이 글로벌한 문제의 해결에 있어 좀 더 큰 역할을 하게 된 것이다. 그러나 동시에 한국은 더 이상 국제기구가 정한 규범이나 규칙에 예외를 적용받기 어려워졌다. 또한 그동안 수용하지 못했던 국제규범도 수용해야 하는 더 큰 압박에 놓이게 된다. 신장된 국력과 위상과 더불어 더 많은 의무와 솔선수범, 국제규범의 수용이라는 비용도 부담하게 된 것이다.

그럼에도 불구하고 한국과 같은 중견국은 국제기구와 같은 다자제도를 잘 활용해야 한다. 초강대국과는 달리 물질적 능력에 한계가 있기 때문에 원칙적으로 모든 국가가 동등한 자격에서 참여하는 다자제도인 국제기구가 중견국들에게 유리한 외교적 수단이 될 수 있다. 한국은 지금 국격의 상승기에 있다. 그리고 국제정치 역시 다양한 글로벌 문제의 대두로 인해 양자관계 중심에서 다양한 다자적 제도가 활성화되는 모습을 보이고 있다. 한국의 국가 위상을 높이고 강대국들과의 관계에서 우리의 목소리와 이익을 확보할 수 있는 외교적 수단으로서 국제기구의 중요성은 점점 커지고 있다.

이러한 시점에 한국은 보다 적극적이고 창의적인 대 국제기구 전략을 수립해서 추진해야 한다. 다자외교를 수행할 수 있는 역량을 강화하고 한국외교에서 다자외교의 중요성과 비중을 늘려야 한다.

【부록】

일련 번호	기구명	한국 가입	북한 가입
1	경제협력개발기구(OECD)	1996	-
2	아시아·태평양경제협력체(APEC)	1989	-
3	아시아개발은행(ADB)	1966	-
4	유럽부흥개발은행(EBRD)	1990	-
5	아프리카개발기금(AfDF)	1980	-
6	아프리카개발은행(AfDB)	1982	-
7	동남아중앙은행기구(SEACEN)	1990	-
8	동남아·뉴질랜드·호주 중앙은행기구(SEANZA)	1966	-
9	아시아·태평양개발센터(APDC)	1982	-
10	국제백신연구소(IVI)	1997	-
11	유엔기념공원(UNMCK)	1959	-
12	국제무역센터(ITC)	1964	-
13	국제결제은행(BIS)	1997	-
14	세계관세기구(WCO)	1968	-
15	아시아생산성기구(APO)	1961	-
16	아시아·아프리카법률자문기구(AALCO)	1974	1974
17	아프리카·아시아농촌개발기구(AARDO)	1963	-
18	아시아·태평양지역식물보호위원회(APPPC)	1981	1995
19	아시아·태평양우편연합(APPU)	1961	-
20	아시아·태평양전기통신협의체(APT)	1979	1994
21	국제의회연맹(IPU)	1964	1973
22	FAO/WHO 국제식품규격위원회(CAC)	1970	1981
23	콜롬보플랜(Colombo Plan)	1962	-

24	동부지역공공행정기구(EROPA)	1962	–
25	국제교육국(IBE)	1962	1975
26	국제전기기술위원회(IEC)	1963	2004
27	국제도량형국(IBWM)	1959	1981
28	지구환경금융(GEF)	1994	–
29	국제납·아연연구그룹(ILZSG)	1987	–
30	상품공동기금(CFC)	1982	–
31	섬유수출개도국기구(ITCB)	1984	1999
32	화학무기금지기구(OPCW)	1997	–
33	아시아채소연구개발센터(AVRDC)	1971	–
34	국제면화자문위원회(ICAC)	1954	–
35	대서양참치보존위원회(ICCAT)	1970	–
36	국제문화재보존복구연구센터(ICCROM)	1968	1986 (1996 탈퇴)
37	국제이동위성기구(IMSO)	1985	–
38	국제전기통신위성기구(INTELSAT)	1967	2001
39	정부간해양학위원회(IOC)	1961	1978
40	국제수로기구(IHO)	1957	1987
41	아시아·태평양수산위원회(APFIC)	1950	–
42	중서대서양수산위원회(WECAFC)	1974	–
43	중동대서양수산위원회(CECAF)	1968	–
44	중서부태평양수산기구(WCPFC)	2004	–
45	인도양참치위원회(IOTC)	1996	–
46	중부베링해명태자원보전협약(CBSPC)	1995	–
47	북서대서양수산기구(NAFO)	1993	–
48	남극해양생물자원보존위원회(CCAMLR)	1985	–
49	국제법정계량기구(OIML)	1978	1974
50	국제포경위원회(IWC)	1978	–
51	북태평양해양과학기구(PICES)	1995	–

일련 번호	기구명	가입 연도	소재지
1	유엔(UN)	1991	뉴욕
2	세계보건기구(WHO)	1949	제네바
3	유엔식량농업기구(FAO)	1949	로마
4	만국 우편연합(UPU)	1949	베른
5	유엔교육과학문화기구(UNESCO)	1950	파리
6	국제전기통신연합(ITU)	1952	제네바
7	국제민간항공기구(ICAO)	1952	몬트리올
8	국제통화기금(IMF)	1955	워싱턴
9	국제부흥개발은행(IBRD)	1955	워싱턴
10	국제개발협회(IDA)	1961	워싱턴
11	국제금융공사(IFC)	1964	워싱턴
12	국제투자보증기구(MIGA)	1988	워싱턴
13	국제투자분쟁해결본부(ICSID)	1967	워싱턴
14	세계기상기구(WMO)	1956	제네바
15	국제해사기구(IMO)	1962	런던
16	유엔공업개발기구(UNIDO)	1967	비엔나
17	세계지적재산권기구(WIPO)	1979	제네바
18	국제농업개발기구(IFAD)	1978	로마
19	국제노동기구(ILO)	1991	제네바
20	세계관광기구(UNWTO)	1957	마드리드
21	세계무역기구(WTO)	1995	제네바
22	국제원자력기구(IAEA)	1957	비엔나
23	제네바군축회의(CD)	1996	제네바
24	유엔아태경제사회위원회(ESCAP)	1954	방콕
25	유엔중남미카리브경제위원회(ECLAC)	2007	칠레
26	유엔무역개발회의(UNCTAD)	1965	제네바

※ 유엔산하기구(Funds and Programs) 경우, 유엔 회원국 모두가 회원국으로 간주되므로 미표기
출처: 외교부 홈페이지(www.mofa.go.kr)

구분	기구명	주요내용	소재지	설립 연도
중앙 정부 유치 기구	세계은행(WB) 한국사무소	• 세계은행(WB) 한국사무소 개소 예정 ('13.7월) • 국내유치는 확정되었으나 지자체 간 경합 중(인천송도-서울)	미정	2013
	유럽-아시아 국제연구 개발망 협력센터 (TEINCC)	• 아시아 및 유럽을 연결하는 국제 연구 망인 TEIN 및 해당 협력 사업을 운영·관리하는 전담 총괄기관 (ASEM 산하 53개 회원국 가입)	서울	2012
	국제백신연구소 (IVI)	• 신종백신 개발 및 기술원조, 20개국 142명(외국인 40명) 근무 • 서울대 내 부지제공 및 1.5억 달러 상당 건물 신축		1997
	유네스코 아·태 국제이해교육원 (APCEIU)	• 소수다문화 이해 교육 및 다자간 교육 무상원조 • UNESCO와의 협정에 의해 설치, 30명(외국인 1명) 근무		2000
	녹색기후기금 (GCF)	• 개도국 온실가스 감축과 기후변화 적응 지원 • 초기 상주원 2~3백 명으로 출범 후 기금규모 증액에 따라 증원	인천	2013 (예정)
	아·태 정보통신기술 교육훈련센터 (APCICT)	• UNESCO 산하기구로 IT 교육훈련, 10명(외국인 3명) 근무 • 사무공간, 시설장비, 운영비(인천시 100만 달러, 방통위 50만 달러) 지원		2006
	UN 기념공원 (UNMCK)	• 한국전쟁전사자를 매장한 공원관리를 위해 설치, 22명(외국인 1명) 근무	부산	1951
	북서태평양 보전실천계획 (NOWPAP) 사무국	• 연안 및 해양환경의 보전·관리·개발, 3명(외국인 1명) 근무		2004
	국제자치단체연합 (ICLEI) 동아시아사무소	• 환경 문제에 관한 국제협력을 위한 자치단체 연합기구 • 동아시아 지역 회원수 76개, 근무인원 15명 규모	서울	2012

지자체 유치 기구	인간정주관리를위한 지방정부네트워크 (CITYNET)	• 아·태지역의 지방정부 간 효율적 연계망 구축, 도시 간 정책 교류와 국제공조를 통해 지역 내 지속가능한 도시발전을 목표로 하는 국제기구		2012
	UN 재해경감 국제전략(ISDR) 동북아사무소	• 동북아 재해경감 국제협력, 인천시 파견인력 1명 근무 • 사무공간, 시설장비, 운영비(인천시 100만 달러, 방재청 150만 달러) 지원	인천	2009
	UN 기탁도서관	• UN본부도서관 산하 기탁도서관, UN 주요사업 및 국제회의록 비치		2009
	APEC e러닝 연수센터	• 회원국 간 지식정보격차 축소 및 교육확대	부산	2006
	국제이주기구(IOM) 산하 이민정책연구원	• 국제이주 관련 연구·교육 정책개발	경기도	2009
	국제만화가대회 (ICAC) 사무국	• 세계 만화인들의 교류 및 네트워크 구축		2005
	세계과학도시연합 (WTA)	• 세계 과학도시 간 네트워크 구축, 4명 직원 근무	대전	1998
	UNESCO-WTA 산하 과학도시연구센터	• 과학도시 간의 연구 및 교류		2006
	UN HABITAT 국제훈련센터	• 도시화 및 환경복원, 생태보존기술, 정주 환경 개선 등의 전문훈련	강원도	2007
	APEC 해양환경교육훈련 센터(AMETEC)	• APEC 개도국에 대한 해양환경 보전 관련 기술이전과 직원훈련	경남	2003
	동아시아 람사르지역센터 (PRC-EA)	• 동아시아 지역 습지정보 네트워크 구축, 3명(외국인 1명) 근무		2009
NGO 기구	세계변호사협회(IBA)아시아본부, 국제교회성장회의(CGI), 세계태권도연맹(WTF), 아시아조정연맹(ARF), 아시아태권도연맹(ATU) 등			

※ 전체 43개 중 주요 기구 25개
출처: 기획재정부, 『국제기구 유치현황과 추가 유치 활성화 방안』(2012년 11월 21일)

✢ 김치욱. 『세계화 시대의 국제정치경제 — 국제경제기구와 한국 외교』. 2011 KAIS International Conference, 2011.

　국제경제 분야에서 존재하는 국제기구와 국제제도들에 대한 분석과 한국의 역할, 전략들을 기술하고 있음.

✢ 윤영관·황병무. 『국제기구와 한국외교』. 서울: 민음사, 1996.

　국제기구에 초점을 맞추어 한국외교를 분석한 유일한 단행본으로서 국제기구와 한국의 관계에 대한 포괄적인 지식을 얻을수 있음.

✢ 이상환. "국제적 반부패 논의와 한국의 대응방향: 회계투명성 논의를 중심으로." 『세계지역연구논총』 24권 1호. 2006.

　국제기구보다는 국제레짐의 규범과 원칙 등에 한국이 어떻게 대응해야 하는지를 설명.

제 **6** 장

글로벌 거버넌스의 시각에서 본
국제기구의 위상 및 역할:
총론적 이해를 위하여

최동주

Ⅰ. 서론

Ⅱ. 국제기구 위상 및 역할의 역사적 조명

Ⅲ. 글로벌 거버넌스의 새로운 방향성과
   국제기구의 위기와 도전

Ⅳ. 새로운 환경에 대한 국제기구의 대응과제

Ⅴ. 결론

I. 서론

본격적인 국제기구의 등장 이후의 국제체제 운영 및 유지와 관련된 광의의 글로벌 거버넌스는 역사 속에서 지금까지 세 차례 시도되었다고 볼 수 있다. 우선 1914년 이전의 1차 글로벌 거버넌스 물결 당시 산업화와 경제발전의 필요성 때문에 주로 서구에서 관세, 물류, 해운, 교통, 통신 등의 영역에서 국경 간 제도적 틀이 출현했다. 1918년 이후 전후 질서재편과 국제평화를 위한 노력이 제2차 글로벌 거버넌스의 물결을 이루었고, 이는 곧 국제연맹을 통해 가시화되었다. 이 물결은 당시의 불안정한 국제역학으로 인해 1930년대 이후 쇠퇴하였다. 제3차 글로벌 거버넌스의 물결은 1945년 이후 재개되었고 유엔과 브레턴우즈체제로 대변되면서 오늘날까지 이어지고 있다.

그러나 우리가 오늘날 일반적으로 이해하는 협의의 글로벌 거버넌스는 1970~80년대의 국제채무 문제를 해결하고, 이전의 국민국가 개발모델을 시장을 통한 성장모델로 전환하기 위해 1980년대부터 본격적으로 고안되었다고 볼 수 있다. 이런 배경하에서 세계은행을 필두로 IMF, G7, WTO 그리고 개도국의 정치엘리트들이 국민경제의 추구가 아닌 세계시장 참여를 통해 개도국의 발전전략을 기획하는 과정에서 글로벌 거버넌스 개념이 구체화되고

정책 차원에서 강력하게 시행되었다.[1]

지금의 글로벌 거버넌스를 촉진시킨 지구화는 그 성격에 있어서 과거의 국제화와 근본적인 차이를 보인다.[2] 특히 정보화의 급속한 진전으로 글로벌 차원의 인적·물적 교류가 증대했고 그 속도도 가속화되었다. 선진국들에 의해 주도되고 있는 신자유주의 기반 세계시장의 통합은 자본과 상품의 국제적 이동을 자유롭게 하여 국민국가의 경계를 더욱 약화시키고 있는 실정이다. 게다가 지구온난화와 오존층 파괴 등 전지구적 환경 문제의 경우 국가들 간의 공동대처가 시급한 실정이다. 이러한 지구촌 사회의 변화는 제3차 글로벌 거버넌스의 등장 초기와는 다른 새로운 협력 메커니즘의 창출에 대한 요구를 증대시켰다. 하지만 지구화는 세계적인 헤게모니 투쟁을 약화시키기보다는 오히려 강화시키는 역작용을 일으켰다. 그래서 모든 국가들의 합의를 중시하는 유엔의 영향력은 오히려 약화되고 있는 가운데 요구는 다양하고 집요하게 증대하고 있다. 반면, 헤게모니 국가들이 주도하는 IMF, 세계은행, WTO, NATO 등 비 유엔 국제기구들이 국제적인 정책결정에 중요한 영향력을 행사하는 빈도가 점차 늘고 있지만 지구시민사회라는 새로운 저항적 행위 집단의 도전을 받고 있다.

지구촌 문제의 개선을 위한 정책수립 및 집행의 과정에서 세계정부 유엔이 과거와 같은 지위와 권위를 유지하지 못하게 된 이유는 개혁이 끊임없이 요구되어온 유엔기구 자체의 다양한 문제로부터 그 배경을 찾을 수 있다.

---

[1] 조효제, "초국적 인권네트워크와 글로벌민주주의,"『다문화사회연구』제34집 2호(2002), p.6. 거버넌스 개념을 보완하기 위한 이론개발은 중요한 국내 및 국제정치학적 과제이다. 연성법 이론과 다원적이고 복합적인 질서하에서 지식의 생성과 전파를 중요한 정책형성 요인으로 보는 인식공동체(epistemic community)와 정책 네트워크(policy network)의 담론, 의사소통적 행위에 의한 권위와 권한관계의 재생산에 주목하는 공론장(public sphere) 담론, 그리고 NGO와 같은 비정부기구에 의한 밑으로부터의 정치적 행동주의(political activism)에 주목하는 담론 등을 들 수 있다.

[2] 베일리스(John Baylis)는 "지구화는 사회간의 상호연결성이 증대하는 과정, 즉 세계의 한 부분에서 일어나 사건이 멀리 떨어져 있는 사람과 사회에 갈수록 많은 영향을 끼치는 것"이라고 설명한다. 하영선 외 역,『세계정치론』(서울: 을유문화사, 2003), p.17에서 재인용.

지구시민사회

지구시민사회(global civil society)의 개념은 1990년대 서구사회에서 만들어진 신조어이며, 이에 앞서 등장한 시민사회(civil society) 개념은 1970년대 폴란드의 solidarity 운동을 위시한 동구의 사회운동 물결 속에서 새롭게 사용되기 시작한 용어이며 이후 국제기구, 다국적은행, 초국적 기업, 국제비정부간기구의 이른바 서구의 지구행위자들(global agents)로 지칭되는 사람들에 의해 다른 계층의 국가들로 전파된 것으로 본다. 지구화나 민주화와 같은 전지구적 차원의 급격한 사회변동 과정은 특정 국가의 전략적 결정이 더 이상 한 국가의 이해관계에 그치지 않게 하였으며, '초국적 갈등정치'라는 새로운 정책결정의 기제하에 놓이게 하였다. 지역의 여러 사안도 지역의 문제로 국한하여 접근할 수 없을 정도로 전지구적 차원의 문제로 확대되고 통합되는 행위자 간의 상호의존성은 더욱 확대되고 있는 것이다. 이 통합과정 한편 국가, 문화, 성, 계급, 그리고 인종 등을 둘러싼 사회적 갈등현상을 전지구적으로 확대시켰으며 이를 극복하기 위한 노력 또한 초정부 간, 비정부조직 간의 전지구적 연대활동으로 발전했다.

유엔 안보리 의사결정의 강제성과 실효성 문제, 유엔정책전문기구들의 전문성, 효율성, 재정건전성의 문제 그리고 상대적으로 우월해진 비(非)유엔기구들의 유엔기구 전담 정책영역에의 도전 등이 그 이유들이다. 또한 강대국들이 유엔기구를 통한 논의의 장을 과도하게 정치화시키고 주요 전문기구들의 운용에 대해 소극적인 지원 자세를 취하는 것도 중요한 이유 중 하나이다. 하지만 지구사회의 보편적 가치에 기반한 다양한 비정치적 영역에서의 이슈들이 인간안보 차원에서 논의되고 지구사회의 공동 대응에 대한 필요성이 인식되면서 유엔의 역할에 대한 기대와 요구는 점차 확대되고 있는 실정이다. 시장의 논리로 보면 과거와 대비하여 수요는 폭증을 하는데, 공급자의 위상과 생산 경쟁력이 과거의 수준에 머물러 있거나 위축되고 있는 형국이다. 세계정부로서 유엔기구들이 처한 이러한 대내외적인 도전요인들을 극복하고 국제사회 내에서의 위상과 역할을 재확립할 수 있는지 여부가 지구사회의 공동의 선을 성취할 수 있는 결정적 요인으로 인식된다. 결국 이러한 도전을 극복하기 위한 개혁은 유엔기구의 대내외 능력을 제고시키는 방향성을 유지하면서 추진되어야 한다. 내적으로는 기구 자체의 전문성과 효율성이 대폭 개선되어야 하고 외적으로는 네트워킹을 통해 유엔기구들이 추진해온 보편적 가치의 실현을 위해 가치를 공유하는 다양한 국제사회의 새로운 행위자들과 협업구도를 확립해야 한다.

반면 브레턴우즈체제를 기점으로 설립되어 패권국가들에 의해 주도적으로 성장한 안보 및 경제 영역의 비유엔기구들은 유엔기구들과 다른 차원에서의 도전에 직면해 있다. 우선 끊임없이 비난받아온 의사결정 지배구조의 문제이다. 지구사회의 문제해결을 위한 다양하고 전문적인 영역에서의 정책집행을 주도해온 이 기구들의 정책 기저가 지나치게 선진국 가치 중심으로 구성되었다는 비난이 그 문제의 핵심을 이룬다. 또 다른 문제는 지구사회 공통의 문제를 해결하기 위한 공통가치를 창출하고 확보하여 정책집행과정과 배경에 대한 대외적인 설득력을 유지하는 데 실패했다는 점이다. 이러한 도전요인들을 극복하기 위해 이 기구들은 새로운 방향성을 모색해왔다. G20과 같은 새로운 형태의 국제레짐을 창출하여 의사결정 참여자의 폭을 남쪽 국가들로 확대시키고 최근에는 다소 소극적이긴 하나 지구시민사회의 참여를 규범적으로 허용하려는 노력을 기울이고 있다. 또 다른 비판은 비 유엔기구들이 전통적으로 세계정부 유엔의 고유영역으로 인식되어 온 정책영역에 과도한 참여를 하면서 유엔기구들의 권위를 축소시키고 있다는 점이다.

두 국제기구 집단이 공통으로 처한 도전요인들도 있다. 일종의 존재감즉, 위상과 역할의 위축이다. 첫째, 새롭게 부상한 대형 신흥국들과 중견국가들이 양자관계를 통해 저개발국의 다양한 문제에 직접 뛰어들고 있는 문제이다. 중국과 인도 그리고 일본 등은 다양한 외교채널을 통해 자국의 이익을 위한 전략적 외교를 펼치고 있다. 둘째, 주권국가들이 지역주의에 의존하여 자국의 이익을 보호하는 경향이 확대되면서 국제기구들의 위상이 과거와 같지 않다는 점이다. 심지어 세계정부에서 논의되는 다양한 비정치적 사안들은 물론 정치경제적인 주요사안들도 지역 내 규범과 제도의 창출을 통해 국제기구화시키는 경향이 증대하고 있다는 점이다. 지역주의를 통한 산업과 노동의 분업이 오히려 자국의 이익에 더 도움이 된다는 인식이 확산되는 추세이다. 마지막으로 글로벌 민주주의에 대한 주권국가들의 요구가 증대하면서 양 기구 집단 모두 의사결정체제의 개혁을 요구받는다는 점이다. 이러한 도전은 새롭게 등장한 글로벌 거버넌스의 특성과 긴밀히 연관되어 있다.

위와 같은 문제의식을 바탕으로 본 연구는 우선 다음 II절에서 국제기구의 위상과 역할의 역사적 변천을 다양한 관점에서 조명해보고, III절에서 글로벌 거버넌스의 새로운 방향성을 구체적으로 탐색하여 그 새로운 방향성이 국제기구의 위상과 역할에 어떠한 영향을 미치는지를 분석한다. IV절에서는 이러한 도전요인들에 대응하여 국제기구는 향후 어떤 변화와 개혁을 모색해야 하며, 그 동력인 가치기반의 확립을 위한 노력은 어떤 환경적 요인들을 고려하고 추구되어야 하는지에 대해 살핀다. 마지막 결론에서는 새로운 글로벌 거버넌스의 형성과정에서 산물로 등장한 국제기구의 미래에 대한 여타 시사점들을 논하고 추가적 연구 과제를 제시한다.

II. 국제기구 위상 및 역할의 역사적 조명

근대국가체제가 형성된 이래 인류는 국가를 통해 전 세계가 직면한 문제를 해결해왔다. 전통적으로 국가들은 외교를 통해서 전지구적인 문제들을 해결하거나 혹은 패권국이 존재하여 그들의 능력으로 혹은 패권국의 주도로 문제해결을 위한 합의를 이끌어내곤 하였다. 하지만 19세기 이후 국제관계는 양적·질적으로 폭발적으로 증가하여 과거와는 달리 하나의 쟁점에 여러 당사국이 관련되게 되었다. 또한 20세기에 들어서면서 지구화는 더욱더 가속화되어 기존의 국가중심적인 외교나 패권의 중요성이 감소하고 상대적으로 글로벌 거버넌스의 중요성이 강화되게 되었다. 그리고 이러한 글로벌 거버넌스체제의 등장은 체제의 핵심적 주체의 하나인 국제기구의 위상을 더욱더 높여주는 계기가 되었다.

이러한 시대적 요구로 인해 등장한 국제기구는 인류 공동의 문제를 해결하기 위해 구체적으로 다음과 같은 역할을 한다.[3] 첫째, 국제기구는 창설국의 위임을 받아 전지구적 문제를 해결하는 기제로 작동한다. 둘째, 국제사회가 관심을 가져야 할 새로운 쟁점 해결을 제창, 그를 위한 토론장을 제공하고, 더 나아가 국제기구는 쟁점을 해결할 새로운 방식을 제기하기도 한다. 셋째, 국제기구는 공통의 관심사를 공유한 국가 간 합의에 기반, 공통기준을 마련한다. 이와 동시에, 국제기구의 활동이 각 국들의 정통성 확보를 위한 전투장이 되거나, 오히려 국가들이 전지구적 문제를 회피하는 수단이 되는 등의 부정적 측면도 존재하기는 한다. 하지만, 이러한 부정적 측면에도 불구하고 오늘날 전지구적 문제의 중요성과 심각성이 날로 커지는 추세로 인해 국제기구의 역할에 대한 기대가 여전히 존재한다고 본다.

그렇다면 이 새로운 글로벌 거버넌스의 시대에 국가중심의 다자외교로부터 출발한 국제기구는 그 위상이 축소될 것인가? 결론부터 말하자면, 현재의 국제기구의 유용성은 새로운 글로벌 거버넌스 시대에도 결코 적지 않다.[4] 이는 국제기구의 중심이 되는 국가들의 역할이 새로운 글로벌 거버넌스의 시대에도 심하게 약화되지만은 않을 것이라는 전망에 기인한다. 전통적으로 국제기구는 '주권국가를 단위로 구성되어왔고 이들의 대표자들에 의해 운영되어온 고도로 제도화된 정부간국제기구'를 의미한다. 하지만 새로운 글로벌 거버넌스의 시대의 국제기구는 그 외연이 조금 더 확장되어 국가가 주체가 아닌 비정부기구 등도 포함하고 있다. 즉, 국가중심의 국제기구가 새로운 시대의 요구에 부합하여 스스로 변화함으로써 그 유용성을 계속해서

---

3 이 책의 제1장 "국제기구의 필요성"(조동준), pp.15-52 참조.
4 이 책의 제2장 "국제기구의 정의와 상충하는 시각"(정구연), pp.53-96 참조.

입증해가고 있는 것이다.

한편, 국제관계이론에서 보는 국제기구의 위상은 각각의 상충하는 시각에 따라 매우 다르다. 주요한 몇 가지 이론을 살펴보면, 우선 현실주의자들은 국제기구의 자율적 능력을 매우 낮게 본다. 국제기구는 국가의 이익을 위해, 국가이익을 침해하지 않는 범위에서 국가 간의 상호협력을 도와줄 뿐이며, 이들 국제무대의 중심부에는 항상 국가만이 존재한다고 본다. 이와 반대로 자유주의이론은 제도를 통해 국가 간 분쟁을 조정해왔던 선례를 존중한다. 따라서 국제기구를 국제정치의 중심적 행위자로 보고 자율성을 갖고 국가 간의 이익을 조정, 국제체제의 안정에 기여하는 중요한 역할을 수행한다고 평가한다. 구성주의자들은 협력이나 갈등보다 이들을 발생시키는 관념을 훨씬 더 중요한 것으로 본다. 즉, 국제사회 구성원들의 이익이나 정체성은 이미 주어진 것이 아니라 그들의 상호작용을 둘러싸고 있는 환경 즉, 문화, 규범, 제도 등을 통해 규정되고 형성되는 것으로 인식된다. 따라서 구성주의자들은 국제사회 속의 규범과 관습, 그리고 국제기구 등의 국제제도를 매우 중요하게 생각한다.

이상과 같이 국제기구의 위상은 상충하는 이론에 따라 각각 다르게 규정되지만, 그럼에도 불구하고 이들 이론들 모두 공통적으로 국제기구의 유용성을 인정하고 있다. 즉, 가장 극단적인 현실주의조차도 국제기구의 유용성 자체는 부정하고 있지 않은 것이다. 그러므로 현재 새로운 글로벌 거버넌스의 시대에도 국제기구는 여전히 매우 중요한 역할을 할 수 있음을 이들 이론으로부터도 역시 유추할 수 있다.

국제기구의 위상을 살펴보는 또 다른 방법은 국제기구의 역사적 변천을 살펴보는 것이다. 즉, 실제 역사속에서 국제기구의 형성과 발전, 혹은 부침에 대해 분석함으로써 과거와 현재의 국제기구 간의 역사적 유산 및 유기적 상관관계에 대해 고찰해봄으로써 현재 국제기구의 위상에 대한 중요한 시사점을 제공할 수 있다.[5] 특히 19세기의 강대국협조체제, 헤이그회의, 국제공

---

5 이 책의 제3장 "국제기구의 역사적 발전"(조정인), pp.97-136 참조.

공연맹이 20세기의 대표적 국제기구인 유엔에 어떠한 유산을 남겼는지를 살펴봄으로써 국제기구의 역할과 위상에 영향을 미치는 요인에 대해 살펴볼 수 있다.

구체적으로 19세기의 강대국협조체제의 강대국 중심주의 유산은 20세기의 국제기구에도 전해져 유엔안전보장이사회 상임이사국들의 거부권에 반영되었다. 이러한 강대국 중심의 국제기구 운영은 당연히 약소국들의 반발을 가져올 수밖에 없는데, 약소국들의 이러한 평등에 대한 요구는 헤이그체제로부터 이어진 보편주의원칙에 의해 수용되었다. 즉, 헤이그회의로부터 시작된 주권의 평등은 오늘날 유엔총회의 1국 1표 원칙으로 계속 유지되고 있다. 마지막으로 오늘날 존재하는 전문국제기구들의 기원은 19세기 말에 태동한 중앙라인강위원회, 국제하천위원회 등과 같은 국제 전문기능기구들로부터 찾을 수 있다. 이들 전문국제기구들은 초국가적 또는 전지구적 문제들이 증가하면 할수록 그 종류와 역할이 증대하고 있다.

한편, 이상의 역사적 유산들을 통해 다시 한번 확인할 수 있는 것은 국제사회 내의 세력분배구조의 변화가 국제기구의 위상에 중요한 영향을 미친다는 점이다. 즉, 강대국과 약소국의 세력분배구조의 변화가 국제기구의 역할과 위상에 영향을 미칠 수 있음에 따라, 국제기구는 새로운 글로벌 거버넌스의 요구 외에도 전통적인 국가 간 세력변화에도 적절히 대응할 필요가 생기게 된 것이다. 다시 말하면, 전지구적 문제의 확산에 따른 새로운 글로벌 거버넌스의 움직임에 따라 비정부행위자나 시민사회와 같은 구성원의 외연적 확대뿐만 아니라 전통적 국가중심적 체제 내에서의 세력분배 구조의 변화 즉, 신흥국의 부상과 같은 문제도 국제기구의 위상과 역할의 변화에 중요한 도전과제로 등장한 것이다.

한편 지금까지 국가중심적 국제기구에 대해 주로 살펴보았지만, 국제기구가 주권국가에 대해 늘 수동적이기만 한 것은 아니다. 새로운 글로벌 거버넌스의 시대에는 국가와 국제기구의 역할이 충돌하게 되는 경우가 발생할 수 있다. 즉, 새로운 글로벌 거버넌스의 물결에 따라 국제기구의 영역이 확대되면서 주권국가의 이익과 충돌할 수 있고, 이 경우 국제기구의 위상을 지켜주는 것이 바로 국제규범이다. 국제기구는 환경보호, 지속가능한 개발 등과 같은 국제공공재를 창출하는 과정에서 기존 주권국가들과 갈등을 빚는 경우가 빈번한데, 이 경우 국제기구의 역할에 정당성을 제공해 줄 수 있는 것이 바로 국제규범인 것이다. 법과 다른 규범의 가장 큰 특징은 그것이 갖는 강제성보다는 그에 내재된 정당성에 의해 순응이 유도된다는 점이다. 따라서 국제규범을 실행하는 주체인 국제기구 역시 규범에 내재된 정당성에 의해 그 역할을 인정받게 되는 것이다. 뿐만 아니라 규범의 확산이 새로운 이슈를 담당하는 국제기구의 설립으로 이어질 수 있다. 따라서 국제규범은 국제기구의 활동에 정당성을 부여할 뿐만 아니라, 설립의 근거로도 작용하게 되는 것이다. 여기서 흥미로운 사실은 조동준[6]의 글에서 볼 수 있는 것처럼 국제기구가 국제규범의 창출자 역할도 한다는 점이다. 즉, 새로운 글로벌 거버넌스의 등장과 국제기구의 활동영역이 확대됨에 따라 국제기구가 새로운 이슈를 제기하고 규범을 창출하여 주권국가에 대한 구속력을 행하는 범위로까지 진출함으로써 그 위상을 스스로 고양시키기도 하는 것이다.[7]

이상에서 국제기구의 위상과 역할의 역사적 변천에 대해 다양한 관점에서 조명해보았다. 그동안 국제기구의 위상과 역할에 부침이 존재하기는 하였으나, 한 가지 분명한 사실은 그 유용성은 계속해서 인정되었다는 점이다. 특히, 한국과 같은 중견국의 경우에는 국제사회 내에서 자국의 위상을 고취시키고, 새로운 글로벌 거버넌스의 요구에 부합하기 위해 국제기구에서의 활발한 활동을 모색하고 있다. 즉, 과거 국제기구의 도움으로부터 일방적으로 수혜를 받기만 하던 국가에서 탈피하여 이제는 적극적으로 국제규범을 형성하고 국제협력을 촉진하는 역할을 수행하고 있다. 이러한 노력은 유엔 안전보장이사회의 비상임이사국직을 수행하고, 유엔 사무총장을 배출하는 등의 성과를 낳았다. 하지만 이러한 성과에도 불구하고 국제기구 내에서 한국의 역할은 아직은 미미한 수준이다. 따라서 한국은 중견국의 목소리와 이

---

6 이 책의 제1장 "국제기구의 필요성"(조동준), pp.15-52 참조.
7 이 책의 제4장 "국제기구와 국제규범의 제도화"(장혜영), pp.137-182 참조.

익을 확보할 수 있는 외교적 수단으로서 국제기구의 활용을 더욱더 적극적이고 전략적으로 추진해야 할 것이다.[8]

정리하면, 국제기구는 초기에는 주권국가로부터 창출되었으나, 그동안의 역사에서 보여지는 것처럼 그 위상의 부침을 겪었다. 하지만 그 유용성이 계속해서 인정되었기에 그 영역을 더욱더 확장하여 주권국가에 구속력을 할 정도의 적극적인 행보를 보이기도 하였다. 또한 국제기구의 위기와 도전들은 국제기구 자의와 타의에 의한 개혁과 변화를 통해 극복되어 지금까지의 명맥을 유지하고 있다. 이 장의 나머지 부분은 이러한 과정을 좀 더 구체적으로 살펴보는 데 할애하고자 한다. 즉, 새로운 글로벌 거버넌스 시대의 도래로 인해 발생한 국제기구에 대한 도전과 이에 대응하기 위한 국제기구의 개혁에 대해 좀 더 자세하게 살펴보고, 이러한 개혁노력이 미래 국제기구의 위상과 역할에 미치는 영향에 대한 시사점을 제공하고자 한다.

III. 글로벌 거버넌스의 새로운 방향성과 국제기구의 위기와 도전

국제기구는 글로벌 이슈의 범위와 성격이 다양해지는 가운데 여러 방향으로 생존을 확장해나가고 있다. 지구화 시대의 새로운 이슈는 첫째, 주권과 인권의 갈등이다. 500년 가까이 지속되어 온 주권개념은 국제법과 일반적 규범의 가치에 견고하게 지속되고 있지만, 지구시민사회의 등장은 개인주권individual sovereignty, 즉 인권의 보편적 가치에 더 큰 무게를 부여하면서 주권과 충돌하고 있다.[9] 둘째, 대내외적으로 국가는 시장에 대한 조정능력을 상

---

8 이 책의 제5장 "국제기구와 한국"(유현석), pp.183-217 참조.
9 정우탁은 이를 '인권을 앞세운 신국제주의(new internationalism)'로 표현했다. 정우탁, "지구화시대의 국제기구," 한국국제정치학회 연례학술대회 발표논문집(국제기구분과), (2006), p.31.

실한 채 때로는 갈등을 한다. 대외적으로는 신자유주의에 기반한 국제시장의 제도화와 내적으로는 전통적인 복지의 논리를 유지하지 못하고 혼돈을 겪고 있다. 이는 곧 국제기구의 구성주체인 국가능력의 축소를 의미하기도 한다. 셋째, 국제기구가 지켜 온 헌장 중심의 가치가 새로운 도전 가치들과 충돌하고 있다. 국가 간 기구의 평화와 안보를 위한 전통적 가치가 초국가적 문제로 등장한 다양한 전지구적 가치와 충돌하며, 글로벌 민주주의에 대한 힘든 모색을 진행하고 있는 것이다. 본 장에서는 전통적으로 국가가 구성주체였던 국제기구의 기능과 위상이 맞이한 도전과 지구화를 주도해온 브레턴우즈체제 기반의 국제기구들에게 닥친 구조적 도전요인들, 그리고 행위자의 다양화와 확대로 인해 증대하고 있는 글로벌정의와 글로벌민주주의를 향한 통합가치 실현의 장애요인을 살펴본다.

1. 국제기구의 위상과 역할에 대한 도전들

유엔 중심 국제기구체제는 글로벌 거버넌스의 많은 기능들을 새로이 획득하고 있지만 이에 필요한 수단들을 제대로 확보하지 못하여, 새로운 기능들을 성공적으로 수행하고 있지 못하고 있다는 주장이 팽배하다. 무엇이 문제인가? 베일리스는 그 문제를 여섯 가지 분야로 설명한다. 첫째, 유엔의 경제적·사회적 활동과 확장된 평화유지 기능이 여전히 조정과 계획의 문제를 안고 있다. 둘째, 주권과 중립성의 요구에 직면한 문제이다. 유엔의 개입활동과 연관된 이 문제는 유엔이 국가 내부의 심각한 위기에 개입하는 데 있어서 국가주권은 여전히 장벽이다. 셋째, 심각한 재정부족이다. 이는 미국 등 몇몇 선진국이 기구를 정치적으로 활용하는 데 기인한다. 넷째, 확장된 기능과 역할을 지원할 행정 및 정책집행의 효율성과 정당성의 문제이다. 다섯째, 국제사법재판소가 연합법에 우선하는 EU의 국제사법 체계에 상위하지 않는 것과 같은 사법심사와 감독기제의 부재이다. 마지막으로, 현재 유엔은 전통적인 국제평화와 안보 유지의 기능을 넘어선 다양한 안보 이슈

에 대응하기 위한 정보와 분석능력의 한계를 보이고 있다.[10]

'글로벌 엘리트들'에 의해 1921년에 설립된 외교협의회Council on Foreign Relations: CFR는 2013년 세계정부 수립을 위해 극복해야 할 도전들을 소개한 책자를 통해 2013년에 다음과 같은 일곱 가지 도전을 극복하지 않으면 2013년 세계정부를 향한 지구촌의 추동력은 위축될 것이라고 주장하고 있다. 첫째, 세계는 세계정부 수립 이후의 가장 극복하기 어려운 문제들을 해결하기 위해 책임을 분담할 필요가 있다. 세계정부가 실현되기 위해서는 중국이 글로벌 파워로서 더 큰 역할을 해야 할 필요가 있다. 둘째, 세계정부 실현을 위해서는 UN과 WTO, 그리고 G20과 같은 국제기구들의 권한을 확대하는 것이 필수적이다. 셋째, 큰 힘을 가진 국가들은 작은 국가들과의 협력을 통해 전 세계적인 정치 환경을 보다 '긴밀히 연결된 통치체제networked governance'로 발전시켜야 한다. 본질적으로 2013년 세계정부 수립의 성패는 모든 국가들이 새로운 사고방식과 체제에 적응할 수 있는가에 달려 있다. 넷째, 전 세계적으로 무역엔 더 많은 제재가 필요하다. 2013년엔 무역진흥을 위한 정부의 보조금들은 지역이나 국가 간의 기준이 아니라 국제적인 기준에 따라 제한되어야 한다. 다섯째, 세계는 문제해결을 위한 지역적인 노력을 국제적인 단계로 끌어올려야 한다. 세계정부 수립이 지지부진한 것에 실망한 많은 국가들이 지역적인 연합으로 눈을 돌리고 있다. 지역단위로 체결되고 있는 자유무역협정이 더 활발히 진행되고 있는 이유가 여기에 있다. 이런 추세가 바뀌지 않는다면, 세계정부 수립은 불가능할 것이다. 여섯째, 인터넷은 더 많은 규제가 필요하다. 정부들은 사이버공격을 제한하기 위해서 인터넷 정보의 자유로운 흐름을 관리하는 것이 반드시 필요하다. 일곱째, 중동의 퇴보적인 정치상황이 세계정부 수립에 도전이 되고 있다. 아울러 이런 지역적인 도전들에 적절히 대처하지 못하는 국제기구의 모습이 세계정부 수립을 위협하고 위태롭게 하고 있다.[11] CFR은 G2의 일원인 중국의

---

10 하영선(2003), pp.365-366.

11 Andrew Puhanic, "Council on Foreign Relations Reveals How World Government

국제제도 참여를 촉구하고, 기존 국제기구의 역할을 더 많은 규제의 창출과 정치경제적인 통제기능의 강화를 통해서만 세계정부의 수립이 가능하다는 논지이다.

국제기구의 기능을 비판적으로 관조하는 학자들의 관점과 패권국가의 '글로벌 엘리트들'의 관점은 충돌한다. 전자가 새로운 글로벌 거버넌스에 조응하기 위한 국제기구의 능력과 권한 그리고 위상의 도전요인들을 분석하며 그 대안을 모색하는 반면, 후자는 제3차 글로벌 거버넌스의 기존 체제를 유지하는 것에 최선의 가치를 두고 새로운 도전적 행위자들은 물론 국제기구의 구성주체인 개별주권 국가들에 대한 통제와 감시의 제도적 기저를 추가적으로 강화하고, 제도적 협력 메커니즘에 참여하지 않는 신흥 강대국들에 대해 배타적 시각으로 협력을 요구한다.

서론에서 논의한 바와 같이 기존의 글로벌 거버넌스체제로는 탈냉전기 이후 주권국가의 경계를 넘어 지구공동체의 복지를 위협하는 테러리즘, 마약밀매, 전염병, 불법이민, 난민, 환경안보, 에너지안보, 경제 및 금융안보, 정보안보, 빈곤 등의 문제에 효과적으로 대처하지 못하고 있다. 이런 비전통적 위협들의 가장 큰 특징은 위협요인 간 상호연계성이 심화되고 있다는 점이다. 최근 글로벌 리스크를 경제, 환경, 안보 클러스터로 단순화시켜보더라도 이들 간의 밀접한 상관성이 관찰된다. 전쟁, 국제경제 양극화 등과 같은 전통적인 리스크가 지속되면서 동시에 비전통적 리스크가 급속히 확산되고 있는 악순환이 진행되고 있는 것이다. 결국 향후 글로벌 거버넌스의 개선은 기존 글로벌 거버넌스 기제에 참여하지 못하거나 과소 대표되고 있는 국제정치 행위자들의 목소리를 어떻게 담아내느냐의 문제, 그리고 갈수록 연계성이 심화되어 가는 글로벌 리스크에 대해 지구공동체가 얼마나 효과적으로 대처하느냐 여부에 성패가 달려 있다고 볼 수 있다.[12]

Can Be Achieved in 2013," *Globalist Report*(December 28, 2012).

[12] 최영종 외, "글로벌 거버넌스의 변화와 한국의 외교전략," 외교통상부 연구용역 결과보고서(2010), pp.1-2.

그 대안으로 등장한 지금의 글로벌 거버넌스는 국제관계 연구의 자유주의적 개념의 영향을 크게 받았고, 동시에 정부이론의 범위 속에서 현실적인 질서관념의 대안을 찾는 제도주의적 전통을 기반으로 한다. 국제관계에 대한 많은 자유주의적 이론에서 전형적으로 등장하는 규범적인 난맥상들이 글로벌 거버넌스에 수반될 것이라는 것은 많은 연구에서 예측되었다. 특히 글로벌 거버넌스 구성요소들의 행위의 정당성에 대한 문제는 이미 다양한 연구자에 의해 제기되었다.13 이런 비판의 기저에는 주요 국제기구들이 글로벌 거버넌스를 지지하는 중요한 참여자이면서 추진동력으로 인식하는 시각과 연관성이 있다. 특히 경제와 안보 영역의 몇몇 주요 국제기구들은 개인적 권리와 집단적 자결권을 위협하는 요소로 인식되기도 한다. 이러한 비판적 주장들은 지구 차원의 정의의 문제를 제기하고 있고 그 논쟁은 지속되고 있다. 우선 국제기구들이 개인의 권리에 대한 중대한 침해를 하는 경우 이에 대한 권리보호의 보장과 절차적 보장이 결여되어 있다는 비판이 집중적으로 제기되고 있다. 유엔의 안보리가 만들어 내는 테러혐의자 명단은 국가적 차원에서는 거의 허용될 수 없는 사안이다. 국제기구들의 정책이 국내적인 민주화 과정에 지속적으로 영향력을 미칠 수 있음에도 불구하고, 이들 기구들은 집단적 자결권의 관점에서 자신들의 정책에 대한 이해관계를 갖는 개인과 집단에 대해 거리를 두고 업무를 수행한다.

한편 현 글로벌 거버넌스는 지역적 차원과 국제 계층적 차원의 제도화를 활성화시키고 있다. 현재 유럽은 물론이고 남미, 아프리카, 동남아시아 등에서 지역협력이 활발하게 추진되고 있다. 이를 촉진하고 있는 요인은 다양하지만, 그중에서도 글로벌 거버넌스체제에 대한 불만도 크게 작용하고 있다.

---

13 Amichai Cohen, "Bureaucratic Internalization: Domestic Governmental Agencies and Legitimization of International Law," *Georgetown Journal of International Law* 30(2005), pp.1079-1144; Ruth Grant and Robert O. Keohane, "Accountability and Abuses of Power in World Politics," *American Political Science Review* 99(2005), pp.29-43; 박진완, "글로벌 거버넌스와 국제공법," 『법학논고』 41집(2013.2), p.367을 참조.

이는 지역 차원의 문제에 대한 지역 차원의 해결이라는 장점을 가지고 있지만, 과연 지역제도가 글로벌 거버넌스의 주축이 될 것인가 아니면, 걸림돌이 될 것인가 여부에 대해서는 견해가 엇갈린다. 각 지역이 자신의 특수성만을 강조하면서, 글로벌 차원에서 인정되는 다자주의 규범을 무시하거나 여타 지역에 대해 배타적인 태도를 가질 때 양자 사이에는 갈등관계가 존재할 수 있기 때문이다.14 예를 들어 C10은 아프리카 10개국 재무장관과 중앙은행 총재의 회의체로서 글로벌 금융위기와 G20 아젠다에 대한 공동대응을 위해 남아공 이니셔티브South African Initiative의 일환으로 2009년 1월 공식 발족했다. C10의 목표는 글로벌 금융위기가 아프리카에 미치는 파급효과를 검토하고, 국제금융제도의 거버넌스에서 아프리카의 참여를 강화하며, G20 정상회의에 대한 아프리카의 간여 전략을 개발하는 데 있다. 실제로 C10은 2009년 4월 런던 G20 회의를 앞두고 G20 프로세스에 있어서 아프리카의 공동입장과 건의사항을 공식 채택한 데 이어, 후속회담에서도 아프리카의 견해를 반영하려고 노력했다. C10은 기본적으로 G20 회원국인 남아공을 매개로 G20에서 개발지원, 빈곤축소, 금융개혁 등 아프리카 국가들의 이해를 증진하기 위한 정부간 네트워크인 것이다. 국제계층적 차원의 접근은 브릭BRICs 정상회의를 통해 설명될 수 있다.

골드만삭스가 2001년 브릭이라는 단어를 만들었을 때만 해도 이것이 하나의 정부간 협력체로 발전할 것이라고 예측하지 못했다. 하지만 이들은 2009년 3월 런던 G20 재무장관회의에서 처음으로 공동성명을 발표하고 6월에는 정상회담을 개최했다. 브릭 정상회의는 국제경제제도 내에서 신흥경제와 개도국의 대표성이 증대하고 의사결정이 민주화되는 신국제경제질서의 수립을 목표로 삼았다. 또한 금융위기 해소를 위한 협력, 조정, 대화의 장으로서 G20의 중심적인 역할을 강조하기도 했다. 뿐만 아니라 브릭은 에너지 협력, 유엔개혁, 테러리즘 문제 등을 주요 의제로 다루었다. 브릭 정상회의는 G20을 비롯한 다양한 국제포럼 내에서 공동입장을 마련하고 이를

---

14 최영종(2010), p.4.

글로벌 거버넌스에 반영하기 위한 하위협의체로 제도화된 것이다.[15] 이러한 새로운 국가 간 협력의 수평적·수직적 조화는 국제기구에게 협력과 조율의 대상으로 인식될 여지가 없지는 않으나, 기존 국제기구 중심의 글로벌 거버넌스와는 다른 다양한 성격의 도전적인 행위자들이 등장하고 있음을 의미한다.

2. 지구화 주도 국제기구의 위상과 역할에 대한 도전

지구촌의 대표적 무역 규범 창출의 국제기구인 WTO는 출범 이후 몇몇 성공사례를 기반으로 가장 대표적인 국제경제 거버넌스 행위자이자 기제로 자리 잡아 왔다. 그러나 많은 회원국들은 현재의 국제무역레짐이 자신의 이해를 제대로 반영하고 있지 않다고 불만을 표출한다. 농업개발을 둘러싼 협상의 난항, 주요 경제대국 중심의 무역블록화, 다자무역기제로서의 정당성 약화, 회원국의 통고의무 불성실, 의사결정방식의 비효율성, 분쟁해결의 어려움 등을 그 불만의 배경으로 들 수 있다. 또한 환경 및 인권 NGOs, 노동조합 등이 국제무역 거버넌스의 중요한 행위자로 부상한 점도 WTO 체제의 숙제로 지적된다. 사실 우루과이라운드 협상이 진행되면서 글로벌 무역 거버넌스에서 비정부기구의 영향력이 두드러지기 시작했다. 무엇보다 라운드의 협상의제가 다양화하면서 관련이슈가 농업, 개발, 식품안정 등으로 확대되었고, 이와 연관성을 갖는 비정부기구의 관심을 증폭시켰다. WTO 설립협정도 일반이사회에게 WTO의 임무에 관해 비정부간기구와의 협력 장치를 만들 수 있도록 허용했을 정도이다.[16]

---

15 김치욱, "복합네트워크 시기': 글로벌금융위기와 세계경제 거버넌스의 변화," EAI 국가안보패널보고서: 경제위기 이후 세계질서. EAI(2011.2), p.8.

16 일반이사회는 1996년 이에 관련된 지침을 마련했다. 회원국은 WTO 정책결정의 투명성을 제고하고 사무국은 NGOs와의 직접적인 접촉에 있어서 적극적인 역할을 담당해야 한다고 규정했다. 이처럼 WTO는 적어도 공식적으로 글로벌 무역 거버넌스에서

글로벌 무역 거버넌스의 효과성과 정당성을 제약하는 또 다른 요인은 거버넌스 행위자와 이슈가 증가했다는 점에 더해 이들 간의 연계성도 심화되었다는 것이다. 예를 들어 ILO나 UNESCO 등 다른 국제기구들도 WTO의 정책과 분쟁해결 절차에 직간접적으로 연결되어 있다. 글로벌 무역 거버넌스의 또 다른 과제는 다자주의와 양자주의 간 조화의 문제이다. 특히 2000년대 이후 양자주의가 다자주의를 앞지르는 경향이 관찰되고 있으며, 양자 FTA는 다자무역체제에 부정적이거나 긍정적인 효과를 파급할 수 있다.[17] 즉 FTA는 참가국 간 무역장벽을 완화함으로써 무역창출 효과를 수반할 수 있지만, FTA 비참여국을 사실상 차별함으로써 무역전환trade diversion이라는 부작용을 낳을 수도 있다. 특히 후자는 GATT/WTO의 근간이라고 할 수 있는 비차별 원칙에 반한다는 점에서, 지역주의 또는 양자주의의 확산은 자유무역을 확산시키기보다는 무역블록의 형성을 가속화할 위험성을 내포하고 있는 것이다.

국제금융기구에 대한 비판과 도전요인들은 지배구조나 운영상의 제약, 금융위기 조기경보체제의 미흡, 감독 및 위기 예방 기능의 취약 등 최종대부자로서의 기능이 미약하다는 점을 지적한다. 우선 IMF의 개혁이 금융위기 해법과 관련하여 주로 논의되는 근거는 다음과 같다. 첫째, 이 기구의 금융위기 관리능력에 대한 회의론이다. 글로벌 금융위기의 진행과정에 있어서 IMF의 위기예방 역할이 미흡했다는 비판이 제기되는 가운데 IMF 개혁에 관한 주요 이슈 중의 하나로 대출제도 개선이 제기되고 있다. IMF는 현장 전문성 부족 등으로 위기경고 기능이 약하고 신속대응 대처능력이 떨어진다는 비판으로부터 자유롭지 못하다. 둘째, 금융지원에 부수되는 지원조건의 문제점이다. IMF는 과거 구제금융 지원에서 과도한 긴축재정과 높은 이자율을 요구했을 뿐 아니라 거시안정성과 직접 관련이 없는 구조개혁 목표들을 과도하게 제시함으로써 피지원국의 경제주권을 침해하고 경제회복 실패

비정부간기구의 입지를 소극적이나마 인정하고 있다. 최영종(2010), p.96.
17 최영종(2010), pp.6-7.

를 조장했다는 비판을 받았다. 하지만 IMF는 2008년 선진국에서 촉발된 글로벌 금융위기 당시 선진국에게 경기부양을 요구하는 모순을 보이기도 했다. 셋째, IMF의 지배구조 문제이다. 신흥국과 개도국의 경제적 비중이 IMF 쿼터와 투표권, 그리고 이사회 구성에 제대로 반영이 되지 않고 있다. IMF의 쿼터비중이 주요 정책 및 의사결정에 대한 영향력으로서뿐 아니라 위기해결을 위한 주요 수단으로 기능한다는 점에서 쿼터의 합당한 배분이 필요한 것이다.[18]

국제금융기구가 최근 주도하고 있는 국제개발 영역에서의 거버넌스도 많은 도전에 직면해 있다. 거버넌스의 정당성을 확보하기 위해서는 우선 IBRD와 세계은행의 지배구조 개선이 시급하다. 세계은행의 정통성 약화, 빈곤문제 해결기구로서의 실효성 결여, 그리고 개발재원의 확충문제 등이 그 핵심이다. 우선 정통성 문제는 세계은행이 정치적으로 취약한 빈곤계층보다는 금융과 기업의 이익을 우선시한다는 비판이다. 둘째, 세계은행 거버넌스에서 채무국이 소외되었다는 점이다. 세계은행은 자본공여국과 대출국이 동등하게 의사결정에 참여하는 일종의 협동조합으로 설립되었기 때문에 그 설립취지를 유지하기 위해 채무국들도 기구의 우선순위와 정책을 결정하는 데 참여해야 한다는 주장이 설득력이 높다. 셋째, IMF와 마찬가지로 세계은행의 투명하지 못한 경영도 개혁의 대상이다. 의사결정과정의 비공개 원칙이 많은 비난을 받고 있다.

한편 국제제도의 관점에서 국제법의 헌법화constitutionalism 문제는 세계경제 질서의 규제 영역에서 먼저 현실화되어 가고 있다. 세계경제질서 규제의 문제와 관련하여 국제법의 헌법화로 인한 국제적 하부체계의 헌법화 사례로 WTO 규범의 헌법화 문제가 제기된다. WTO와 연관하여 헌법화라는 용어는 단지 최초의 초국가적 구조의 출현, 기구 내에서 법과 질서의 근본적 이상을 개발하거나 사법적 결정을 통해서 헌법적 규범과 구조들이 만들어지는 규범적 진행과정 그리고 최종적으로는 공동체의 이해관계와 지구적 관심사

---

18 최영종(2010), p.8.

에 대한 존중을 목표로 한 WTO의 지속 성장과 관련된 진로의 설정 등의 문제와 깊이 연결되어 있다.[19] 그러나 WTO의 국제법 헌법화 진행과정을 분석해보면, 헌법화라는 용어가 너무 막연하게 사용되고 있고, 주로 개별 국가의 의무를 과도하게 부과하는 일반적 방향 설정만 되어 있다는 사실을 알 수 있다.

이렇듯 신자유주의적 지구화를 지지하는 국내적 혹은 국제적 법적 개념의 변형과 대체를 향한 노력들은 다양한 국제 네트워크형 이니셔티브들을 통한 국제 하부구조로부터의 조직적 저항에 직면하고 있다. 브라질에서는 결집된 소외계층과 진보정당들이 연대하여 공적 예산의 배분과정과 같은 공적 영역으로부터 효과적으로 배제시키는 국내외의 규제구조를 변화시키는 민주화 운동을 전개한 것은 그 대표적 사례이다. 또한 남과 북의 격차가 심화되면서 비정부기구, 노동조합 국제연대, 소비자 등 주요 노동주체들이 근로조건들에 대한 시장친화적 규제들에 대해 조직화된 저항을 하고 지적재산권과 미국에서의 노동착취 확산, 아프리카 AIDS 전염 확산 문제, 지구촌의 환경 악화 문제 등에 대해 기존 기득권 국가들의 책임의식을 일깨우는 시도들이 이어지고 있다. 또한 가장 소외된 계층들을 중심으로 하는 사회운동들은 토지, 문화, 환경에 대한 그들의 권리를 주장하기 위해 전략적으로 국내 법원과 초국가적인 지원 네트워크Transnational Advocacy Networks: TANs를 동원하기도 한다.[20] 이렇듯 지역 혹은 글로벌 수준에서 잘 조직화된 메커니즘을 통해 제시된 무수한 이니셔티브들은 향후 국제기구가 상향식 법적 개혁의 도전에 직면할 수 있음을 경고하고 있다.

---

19 박진완, "글로벌 거버넌스와 국제공법," 『법학논고』 41(2013.2), p.361.
20 박진완(2013), pp.359-360.

3. 행위자의 확대와 '글로벌 민주주의'의 도전

개별국가의 행위가 국가 간의 협약에 의해 통제되고 제약받을 수 있다는 전제는 오래전부터 있어왔다. 국제레짐이론은 그러한 전제에 의해 태동되었다. 서로간의 분쟁을 해결하고 공동이익을 달성하기 위해 국제기구와 관련된 정치적 절차와 과정에 의존하는 국가들의 행위는 국가관계의 원시적 제도화의 단계에서 세련된 헌정주의sophisticated constitutionalism의 단계로 이동하는 것이다. 현대 국제사회에서 수많은 국제기구들은 커뮤니케이션 네트워크로서 전 세계를 거미줄처럼 연결하는 일종의 제6의 대륙을 형성하고 있다고 주장될 정도이다.[21] 그중에서도 유엔은 글로벌 사회의 유일한 보편적 기구로서 국제평화와 안전의 보장을 1차적 목적으로 하는 일종의 국제공공정책의 실현을 추구해왔다.

전통적으로 국제사회는 국가들과 국제기구들의 정치무대였다. 하지만 글로벌 거버넌스의 등장으로 이러한 국제정치의 관행이 깨지고 있다. 특히 1980년대 이후 급성장한 비정부기구들은 기존 국제기구들의 활동을 감시하고 견제하면서 국제무대에서 자신들의 영향력을 행사하기 시작했다. 특히 1995년 WTO 체제 출범 이후 지구적 차원의 저항을 불러온 선진국 주도의 신자유주의적 세계화 정책은 제3세계 비정부기구들의 국제연대를 통한 항의행동으로 속도가 늦추어진 것을 목도한 바 있다. 이러한 흐름은 국민국가 독점구조가 이완되는 최근 현상으로 어쩌면 제4차 글로벌 거버넌스 물결의 도래를 예고하는 전조일지도 모른다. 예를 들면 초국적 인권 네트워크들의 전통적인 역할들도 계속해서 국가 간의 상호작용 양식을 변화시키고 있다. 국제엠네스티처럼 인권침해 국가들에 대한 비판과 압력을 행사하는 단체의 중요성은 오늘날에도 더욱 커지고 있는 실정이다. 특히 초국적 네트워크의 작동으로 과거에는 불가능했을 개별국가에 대한 간접적 압력, 우회적 압력

---

[21] 강성학, "현대국제기구이론과 포스트냉전 시대의 유엔헌정질서," 김달중·박상섭·황병무 공편, 『국제정치학의 새로운 영역과 쟁점』(서울: 나남출판, 1995), p.136.

의 정도와 범위가 더 확장되곤 한다. 또한 초국적 인권네트워크들이 국제적 함의와 국제인권기준에 대한 '승인자endorser' 및 '감시자monitor'의 역할을 수행하는 덕분에 국제관계는 더 이상 국가들 간의 배타적 상호작용의 장이 아닌 것으로 인식된다.[22]

그렇다면 지금 그 기반이 구축된 것으로 인식되는 글로벌 거버넌스는 국제기구가 주도하는 글로벌 민주화와 어떤 연관성을 지니는가? 글로벌 거버넌스의 핵심적 행위자 중 하나인 국제기구들은 일반적으로 글로벌 거버넌스를 "국제적 관계의 조직화를 목적으로 하는 합법적인de jure 메커니즘을 뜻하는 것으로서, 국제적인 규칙뿐 아니라 공적/사적 행위자들을 지정하고 적용하는 것을 책임지는 행정체계에 관련된 것"으로 정의한다.[23] 국제관계론의 관점에서 글로벌 거버넌스는 그 자체로 민주주의의 정신에 보다 더 접근하는 노력으로 이해된다. 그러나 이런 이해에 대해 비판가들은 민주주의의 또 다른 원리인 평등의 관점에서 문제를 제기한다. 그 비판은 세 가지로 나누어 설명할 수 있다. 첫째, 지금까지 글로벌 거버넌스 논의에서 민주주의 이슈는 그것이 새로운 행위자로서 INGOs와 기업 등 사적 행위자를 포함시켜야 한다는 주장에 제한될 뿐, 그 외 다양한 민주주의들의 핵심가치들을 제대로 반영하고 있지 못하다는 점이 지적되었다. 대표성과 민주적 절차라는 전통적 민주주의 이슈뿐 아니라, 사회경제적 불평등의 해소라는 실질적 민주주의 가치나, 참여의 권리, 인간안보 등의 새로운 민주주의 가치들이 사실상 거의 반영되지 못하고 있는 상태라는 것이다. 둘째, 지금까지의 민주적 글로벌 거버넌스 논의는 경제발전을 위한 도구적 관점에 편향되고 있다는 것이 자주 비판되고 있다. 즉 민주주의 발전보다는 그것이 경제발전을 위해 가지

---

22 조효제(2002), pp.10-11.

23 Alliance for a Responsible, Plural and United World, "Redefining the Global Governance to Meet the Challenge of the 21st Century," www.alliace21.org/2003/article.php3?id_article=455 2000(검색일: 2013.6.20); 이선미, "국제이주의 글로벌 거버넌스: 민주화를 위한 차원 간 균형의 함의를 중심으로,"『시민사회와 NGO』6-1(2008), p.38에서 재인용.

는 도구적 기능에 초점을 두고 있다는 것이다. 이에 따라 민주주의 측정 척도에 있어서도, 경제발전을 위해 필요한 것으로 가정되는 합리성, 투명성, 효과성 증대 등에 초점이 맞추어 있다는 한계가 있다는 것이다. 세 번째 비판은 국가적 차원에서 구성된 민주주의 가치들을 가지고 글로벌 거버넌 스의 민주화를 평가하고 추진했을 때, 후자를 효과적으로 추진하는 것은 결국 전통적인 주권 인식과 긴장관계에 들어갈 수밖에 없을 것이라는 비판 이다.[24]

지구화 과정을 통해 주권국가 내의 국민들의 사회적·경제적·문화적 행동의 범위가 국민국가의 경계를 넘어 세계로 확장됨에 따라 국민국가의 합치조건이 더 이상 유지되기 어렵게 되었다. 이는 곧 집합적 정체성 형성, 민주적 의사결정 및 의지의 형성, 사회적 연대 등 집합적인 재화가 더 이상 국민국가의 틀 안에서 안정적으로 재생산될 수 없게 된 것을 의미한다. 이는 곧 국민국가적 민주주의의 위기를 의미한다. 또한 지구화된 삶 속에서 특정한 의사결정이 이루어지는 경계인 국민국가와 그 행위의 실질적 영향력의 경계인 지구촌이 불일치를 보이는 것으로서 통치의 위기가 도래했음을 의미하기도 한다.

베일리스[John Baylis]도 지구화 과정에서 새로이 등장하는 거버넌스에서는 누가 초국가적 사회운동을 책임지며 누구에 대해 민주적으로 책임을 질 수 있는지가 염려된다고 밝혔다. 예를 들면 IBM이나 Shell과 같은 초국가적 기업들이 세계에서 강력해질수록 이들이 얼마나 민주적인 통제에 따를 것인가의 문제를 제기하는 것이다.[25] 많은 저명한 학자들이 세계시민적 민주주의의 발전을 역설했으나, 이는 법적·민주적 특성에 한정된 것이었다. 지구화된 세계에서 부상하는 강력한 행위자들 대부분이 사후 책임을 지지 않는다는 사실이 우려되는 것이다. 이는 국제기구에게 상당한 도전이며 극복해야만 하는 매우 중요한 도전과제이다.

---

24 이선미(2008), pp.40-41.
25 하영선(2003), p.21.

IV. 새로운 환경에 대한 국제기구의 대응과제

새로운 범지구적 이슈들의 등장과 도전은 이에 대응해온 국제기구들에게
여러 해결과제들을 던져준다. 첫째, 많은 정치과정의 변혁을 경험하는 국가
의 국내정치에서 새로운 환경에 부응하지 못한 정치정당의 이익집약과 표출
기능이 다양한 정치적 이익의 등장으로 시민집단에 의해 상당한 침해를 받
았듯이, 글로벌 정치과정에서 국제기구도 지구시민사회의 등장과 초국가 행
위자들의 글로벌 연대 등으로 정책수립과정의 전문성과 정책집행과정의 효
율성에서 큰 도전을 받고 있다. 둘째, 국가의 영향력이 축소되는 대신 비정
부기구의 영향력이 증대되는 현상 속에서 국제기구가 이를 적절히 수용치
못하면 오히려 위기를 맞을 수도 있는 환경에서 정부간기구의 전통적 위상
에 지구시민사회의 목소리를 적극적으로 반영하는 제도 및 조직의 변혁이
국제기구에게 요구된다. 셋째, 이런 지구화의 경향 속에서 국제기구는 지구
화를 추동하는 국제기구와 지구화의 문제점을 지적하고 윤리적으로 성찰하
는 국제기구로 확연히 양분되고 있다. 만약 유엔이 적절한 지도력을 발휘하
지 못할 경우, 이러한 양분 현상은 심화될 수 있다. 이는 지금까지 국제기구
가 강대국 헤게모니의 도구였지만, 약소국에게도 상당한 이익을 주는 기능
을 했다는 결합의 논리가 분리됨을 의미한다.[26]

1. 국제기구무용론에 대한 방어적 기제

정당성의 측면에서 현 글로벌 거버넌스는 2차 대전 이후의 질서를 그대로
반영한다고 볼 수 있다. 전후 패권국과 기존 강대국 중심의 국력 배분상태
를 반영하여 구축된 특성이 아직까지 이어지고 있는 것이다. 20여 년의 세계

---

[26] 정우탁(2006), p.32.

화의 경험이 진행되면서 소위 '나머지의 부상Rise of the Rest'에 따른 기존 글로벌 거버넌스체제와 새로운 글로벌 권력 분포 간의 괴리가 확대되었고 이로 인해 정당성의 문제가 제기된 것이다. '효과성'의 측면에서 현재의 거버넌스 체제는 국제평화와 번영의 달성이라는 관점에서 위기에 봉착해 있다.[27] 글로벌 거버넌스의 이러한 효과성 위기는 내부제도의 문제, 불충분한 재원, 정책 실패, 미국의 일방주의 등 다양한 요인에서 비롯된 결과로 이해된다.

탈냉전 이후 최근까지 안보리에 회부된 사안 중 약 1,200여 건이 통과되었고, 20여 건만이 부결되었다. 이는 이전 시기인 냉전기와 비교하면 압도적으로 높은 통과비율이다. 또한 국제분쟁에 대한 유엔의 PKO 활동도 과거 냉전기에 비해 월등히 많은 수를 기록하고 있다. 하지만 문제는 이러한 안보리의 왕성한 의지가 국제평화를 확보하는 실천력으로 잘 이어지지 않고 있다는 점이다. 기본적으로 안보리의 문제는 결국 법적 구속력의 문제로 압축된다. 안보리에서 결정하는 결의resolutions, 의장성명presidential statement, 언론성명press statement이 비록 유엔헌장 7조에 근거하여 국제법적 구속력을 지니지만, 현실적으로 주요 강대국이 반대하거나 소극적인 경우 그 구속력을 유지하기가 매우 어려워진다는 문제가 있다.[28]

이렇듯 미미한 성과와 현실주의 시각에서 분쟁은 유엔의 무용론을 제시하지만 분쟁해결능력의 결여에도 불구하고 유엔은 현재 존재하는 지구적 차원의 글로벌 거버넌스로서 가장 적합하고 합리적인 정당성을 지닌 국제기구임에 분명하다. 또한 분쟁에 관한 가장 중요한 유엔의 역할은 의제의 설정이다. 분쟁에 관한 글로벌 거버넌스로서의 역할이 반드시 분쟁의 해결이나 예방의 직접적인 행위로 제한되지는 않는다. 유엔은 분쟁에 관한 의제를 설

---

[27] 유엔의 글로벌집단안보 임무의 실효성에 대한 의문이 제기되고, IMF는 1990년 후반 아시아 금융위기와 2008년 글로벌 금융위기를 예방하는 데 한계를 드러냈다. 세계은 행 역시 개도국의 현실을 무시하거나 오히려 저발전 구도를 악화시킨다는 비난에 직면하고 있다. 또한 WTO 도하라운드는 조기 타결이 난망하고 양자 무역자유화 협정의 확산으로 인해 다자무역레짐의 존립 근거가 위협을 받고 있는 실정이다. 최영종 (2010), p.1.

[28] 최영종(2010), pp.62-63.

정하여 각 국가나 지역레짐에 참여를 촉구하고 강력한 구속력은 없지만 자발적으로 규제에 응하도록 한다. 실제로 분쟁뿐 아니라 전지구적 차원의 글로벌 이슈의 설정은 중요한 의미를 갖는다.

국제기구 회의론 혹은 무용론을 제기하는 쪽에선 국제기구가 글로벌 문제를 관리하고 해결할 능력이 없다고 주장한다. 2002년 47개국, 3만 6천명을 대상으로 국제기구 신뢰도를 조사한 세계경제포럼에 따르면, 유엔을 신뢰하는 비율은 55퍼센트, WTO는 44퍼센트, 세계은행은 43퍼센트, IMF는 39퍼센트로 나타났다.[29] 비록 지구화 문제를 치유하고 사전 예방하는 직무를 주도하는 국제기구집단이 지구화를 주도하는 국제기구집단에 비해 여전히 높은 신뢰감을 주는 것은 그래도 다행이다. 하지만 이 조사결과는 국제기구의 효과적인 임무수행을 위해서 여전히 더 높은 신뢰가 요구됨을 반증한다. 그렇다면 인류는 지구사회가 직면한 다양한 도전을 극복하고 적절한 거버넌스체제와 안정적인 국제질서를 창출할 수 있을 것인가? 국제기구 중심 글로벌체제의 장래에 대한 비관적인 전망은 지금처럼 위기에 대해 임기응변식 대응을 반복하고, 현상유지적인 기존의 제도가 유지되며, 선진국들이 거버넌스의 책임을 전담하는 양상이 지속된다면, 궁극적으로 국제기구 중심의 글로벌 거버넌스체제는 붕괴위기에 직면할 것이라고 본다.

또한 각종 지역주의가 배타적인 성격을 띠게 되고 특히 유럽이 자신의 역내 문제 해결에만 집중할 경우, 이는 연쇄반응을 통해 지역 간 경쟁 구도를 만들어 낼 수도 있다. 그리고 선진국과 개도국 사이의 갈등이 심화되고, 개도국 중에서 실패한 국가들이 늘어날 경우, 이는 글로벌 거버넌스체제에 심각한 부담으로 작용할 수도 있을 것이다. 결국 이런 사태를 예방하기 위해서는 무엇보다도 국제질서의 제도적 개혁이 필요하고, 기존 강대국은 물론 새로운 행위자를 중심으로 한 책임의 분담이 절실히 요구되는 것이다.[30]

---

29 WEF, "Trust Will Be the Challenge of 2003: Poll Reveals a Lack of Trust in All Institutions, including Democratic Institutions, Large Companies, NGOs and Media across the World," Press Release(8 November 2002); 이신화(2011), p.15에서 재인용.

비전통적인 행위자들과의 조화를 통해 비전통적인 리스크를 다루게 된 현재의 상황은 한편으로 복잡성이 커지는 문제를 안고 있지만, 다른 한편으로는 다양한 문제에 대해 유연하고 신속한 해결책을 제시할 수도 있는 가능성을 내포하고 있기도 하다. 하지만 제도적 기반, 여전히 유효하고 중요한 국제기구 기능의 핵심주체인 국가 간 협력사업의 경험 등을 고려할 때 이러한 유연한 대응 네트워크의 주도자는 국제기구일 수밖에 없다.

이런 문제의식을 바탕으로 본다면, 글로벌 거버넌스는 국내법상의 국가와 같이 특별한 강제 권력을 가진 해결자가 없는, 한 국가 혹은 지역을 넘어서서 여러 국가들과 지역들에 영향을 미치는 문제들을 해결하는 것을 목적으로 하는 국제기구를 포함한 초국가적 주체들의 정치적인 상호작용이다. 그렇다면 공법적 측면에서 글로벌 거버넌스를 이해하는 착안점을 어디에서 찾을 것인가의 문제가 제기된다. 지구화의 진전 과정에서 국내 법질서에 타당하게 적용되는 헌법주의constitutionalism 혹은 법의 지배rule of law의 원리는 점점 더 국제 법질서에서도 원리적이고 제도적인 내용들을 실현해나가고 있다.

이와 관련하여 국제기구들은 어떻게 법의 지배원리를 현재의 지구적 맥락 속에서 적용할 수 있도록 법의 지배의 관념을 재개념화할 것인지 고민해야 한다. 법현실적 실무에서 지구화의 문제는 또한 국내헌법에서 실현되는 헌법주의 혹은 법의 지배의 국제법적인 영역으로의 확산의 문제와 연관된다. 어떻게 국내적 영역에 친숙한 개념인 법의 지배가 계속적으로 증가되어지는 국제적 영역에서 가장 잘 이해되고, 기능할 수 있는지에 대한 원칙적 문제가 제기된다. 이러한 문제의 제기는 인권, 국제무역, 상업, 국제정치와 안보와 관련된 중심적인 법적 가치의 재개념화와 재적용에 대한 논의와 연관성을 지닌다. 이러한 법의 지배를 전 세계적인 영역에서 적용하는 것을 강조하게 만드는 가치들에는 적법성legality, 평등equality, 정당성legitimacy, 책임성accountability, 근본적 인권에 대한 책임commitment to fundamental human rights 등

---

30 최영종(2010), p.3.

이 있다.[31]

웨스트팔리아체제의 해체과정이 가속화되면서 주권국가는 자신의 권력을 국제적 그리고 지역적인 정치경제적 기관 및 조직의 운영자와 공유하는 경향이 증대하고 있다. 국가는 여전히 국제 법질서의 핵심주체로서 자리매김하고 있지만, 이른바 세계와 개인의 흡인력은 국가의 전통적 권위를 서서히 침식하고 있다. 지구차원의 법과 거버넌스는 그 본질에 있어서 다중심주의적polycentric이고, 지구사회의 사회경제적 문제들과 개인과 집단의 관심사에 대한 대응에 있어서 규제적 행위자들의 결합을 통해 연립적인 대응을 시도하고 있다. 그렇다면 다원화된 국제사회에서 특정한 지구화 관련 논점을 국제적·지역적 그리고 국내적 규제기관들이 어떻게 해결해나갈 것인가? 이에 대한 법적인 논의들이 누구에 의하여 누구의 법률에 의하여 보다 전개될 것인가? 이러한 법적 논의의 전개과정에서 지구화와 관련된 중요한 문제점들을 해결하는 척도는 무엇이 될 것인가?[32]

지구화 개념은 국제법의 충분성, 유효성 그리고 국제법상의 제도들을 시험대에 올리게 하는 초국가주의에 대한 국제기구의 조응을 요구하고 있다. 이러한 도전에 대한 국제법적인 대응은 국가차원에서 보장되는 시민의 공동이익의 보호를 국가가 국가를 넘어서는 국지적 혹은 지구적 차원에서 수행할 수 있도록 공통의 제도를 창설함으로써 손상된 지구시민 공동의 이익을 보상하려고 하는 시도가 될 수 있다. 결국 이러한 시도는 법 공동체의 국제법적 영역으로의 확대과정으로 인식되며, 그 과정에서 국제법을 창출한 국제기구의 역할과 책임은 더욱 확대될 것이기에, 국제기구의 정통성 확립을 위한 규범과 제도의 창출, 이의 적용을 위한 전지구적인 공동 가치 형성에 있어서 기존 국제기구들의 섬세한 대응이 요구되는 시점이다. 이런 관점에서 연성법 이론을 구체적인 정책모델로 발전시킨 사례인 EU의 개방형 정책

---

31 Spencer Zifcak, "Introduction," in Spencer Zifcak, eds., *Globalization and the Rule of Law*(London: Routledge, 2005), p.1.

32 박진완(2013), p.358.

EU의 개방형 정책조정

유럽연합(EU)과 회원국 간에 적용되고 있는 개방형 정책조정방식(Open Method of Coordination: OMC)은 오랜 유럽통합의 경험으로부터 만들어진 산물이며, 연합 내의 많은 문제들을 다루는 과정 속에서 끊임없는 수정과 보완을 거쳐 시도되고 있는 거버넌스 양식이다. 우선 이 방식은 유럽연합의 다양한 정치적 시도 중에서도 복합적 행위자들 사이에 수직·수평의 네트워크 구조에 부합하는 운영 메커니즘이다. 고용정책 분야의 경우, 기본적으로 국가 간 조정이라는 성격을 지니지만, 정책과정에서 다양한 정부계층과 관련 부처, 사용자단체와 노동자단체, 전문가 집단 등 여러 이해관계집단의 개방적인 참여와 논의가 보장되며, 정책학습을 위한 여러 수단을 활용하여 보다 적실성 있는 정책을 개발하는 메커니즘이다. 전반적으로 OMC는 회원국의 정책수립과정에 긍정적인 영향을 미치는 것으로 나타나고 있으며, 공동목표 달성을 위한 능률적이고 효과적인 방법으로 인식되고 있다. 유럽연합 회원국들의 연금개혁에 대한 적극적인 노력과 이러한 과정에서 나타난 각 회원국 내부의 다양한 집단 간의 조율과 회원국 간 정책조율의 노력은 다자협력 글로벌 거버넌스에 시사하는 바가 적지 않다. 일반적으로 OMC는 회원국 간의 정책조정과 아울러 회원국 안의 지방정부, 노동계, 시민사회 등 다양한 이해관계 집단들을 포함하는 거버넌스의 기본 속성을 지닌다.

조정Open Method of Coordination: OMC을 주목할 만하다.33 이는 EU위원회가 설정한 규범 목표에 대해 각 회원국과 지자체의 자발적 실천과정과 성과를 상호 점검하면서 정책을 지속적으로 개선하는 시스템이다. 주요 이행 메커니즘은 1)평판/부끄러움shaming을 활용한 이행 동기 부여, 2)우수사례의 모

---

33 David M. Trubek, Oartick Cottrell and Mark Nance, "'Soft Law', 'Hard Law' and EU Integration," in G. de Burca and Joanne Scott, eds., *Law and New Governance in the Eu and the US*(Oxford: Hart Publishing, 2006), p.79와 미우라 히로키, "이주노동자 문제와 동아시아 다층거버넌스: 연성법 관점에 기반한 분석과 함의,"『국제정치논총』제51집 3호(2011), pp.160-161.

방을 통한 규범, 담론, 정책평가 기준 등의 전파, 3)국내외적 정책 네트워크 형성에 의한 학습효과와 심의적 정치의 촉진 등이다.

2. 국제기구 주도의 지구촌 공동가치의 창출

현재의 글로벌 거버넌스가 지향하는 민주화의 방향에 대해 비판적인 숄테Jan Aart Scholte는 신자유주의자들이 강조하는 글로벌 거버넌스에서 비정부기구 및 기업의 참여 증대가 그 기대와는 달리 민주주의의 실질적 가치에 중대한 위협이 될 수도 있다고 주장한다.34 무엇보다도 민족국가 경계 내에서 유용한 민주주의 이론 및 실천이 글로벌 거버넌스의 민주화를 위한 과제로서 비정부기구의 참여 확대 및 권한 위임, 네트워크 구축 등을 제시하는 것은 현실을 너무 순진하고 단순하다는 관점이다. 또한 '글로벌'이라는 별도의 독립적인 수준을 가정하고 글로벌 거버넌스의 민주화를 논의하는 것은 전지구화 논쟁에서 변형론자들이 강조한 사실, 즉 전지구화 과정에서도 개별 민족국가는 그 재구성을 통해 여전히 중요한 역할을 담당하고 있는 현실을 완전히 무시한 중대한 오류를 범하고 있는 것에 대한 비판이다.35 전지구화가 진행되는 과정에서 주권국가의 경계는 여전히 존재한다. 이는 국민국가가 비정부기구의 국제적 활동을 위한 중재자로서 핵심적인 역할을 할 수 있음을 의미한다. 이는 곧 지역과 전지구화의 연계local-global linkage를 강조하면서 지구시민사회의 역할뿐 아니라 국민국가 차원의 거너번스 구조를 보다 강화시킴으로써 통합된 네트워크를 구축하는 것이야말로 민주적인 글로벌 거버넌스의 핵심적 실천방안이라는 주장과 일맥상통한다. 여기서 중요한 것은 단순히 글로벌 차원에서 등장하는 행위자만이 아니라, 로컬, 국가,

---

34 Jan Aart Scholte, "Global Civil Society," in Ngaire Woods, ed., *The Political Economy of Globalization*(Basingstoke: Macmillan, 2000).

35 이선미(2008), p.41.

지역, 글로벌 차원에서의 의사결정 간의 조정인 것이다. 그런 의미에서 국제기구들이 지역적 차원에서 제도화과정을 거쳐 현실화되어 가고 있는 추세는 매우 긍정적인 현상이라고 볼 수 있다.

비록 기존 국제기구들은 심각한 도전요인으로 인식하는 경향이 있지만, 지역기구 기능의 활성화는 궁극적으로 국제기구의 정책효율성을 제고시키는 효과를 기대하게 한다. 지역주의가 지니는 가장 큰 장점은 실천 가능성이 제고된다는 점이다. 현재까지 다자주의에 입각한 국제기구 중심의 글로벌 거버넌스체제는 현실성 높은 해결책의 모색보다는 다자주의의 당위성에 대한 강조나 주요 국제 문제들을 글로벌 이슈로 발전시키는 데 중점을 두었다고 평가된다. 환경, 난민, 인권, 안보 등과 같은 이슈들은 글로벌 차원에서 해답을 찾는 것이 효율성 측면에서 바람직하지만, 배신이나 무임승차가 팽배한 국제정치의 현실에서 실효성을 담보하기 어려운 측면이 있다. 하지만 지역주의는 지역 차원에서 문제를 인식하고 지역 차원에서 해법을 찾을 수 있다는 점에서 보다 현실적 대안으로 인식된다. 특히 지역제도는 참여자 수가 제한되어 있어 다자주의적 협력이 상대적으로 용이하다.

집단안보의 경우가 지역주의의 긍정적 측면을 평가할 수 있는 항목이다. 집단안보 개념은 공동영역 내외로부터 회원국들의 안보이익을 공약한다. 그러나 안보리에서 합의가 어렵고, 어렵게 통과된 결의나 성명서 이행도 개별 국가들의 이익과 충돌할 경우 한계를 나타내며, PKO 역시 문제해결보다 문제완화가 주목적이다. 반면, 지역수준의 집단안보기구들은 강대국의 주도나 집단방위체의 지원을 받을 경우, 보다 결속력 있는 형태로 발전하고 있다. OAS, EU, CSTO 등이 여기에 속하고, EU와 CSTO는 신속대응군을 창설하여 테러리즘, 초국가적 위협 등 사태에 대비하고 있다. 이는 지구적 차원의 유엔 역할이 약화되는 반면, 지역 집단안보기구들은 문제해결 능력이 보다 증진되고, NATO와 OSCE의 협력에서처럼 포괄, 공동, 협력안보 기능들이 보완 작동되는 것이다.[36]

---

36 집단방위체는 '침략군을 공동영역 내에서 응징하는 것'을 목적으로 해왔으나, 냉전종식

또한 지역주의는 다자주의가 용이하게 정착되고 확산될 수 있는 수단이 될 수 있다. 글로벌 다자주의는 현재 구성원의 발전 수준이나 가치 정향, 그리고 국력 면에서 다양성과 격차가 크기 때문에 제대로 기반을 구축하기가 어려운 면이 있다. 그러나 지역 차원에서는 구성원 사이의 유사성이 크기에 힘보다는 다자주의적 규범에 바탕을 둔 국제관계의 형성이 보다 용이하다. 구성원 사이의 세력배분이 균등할수록 강력한 규범을 갖는 제도가 등장할 가능성이 높아지는 것은 많은 연구가 증명하고 있다. 따라서 지역 차원에서 다자주의가 뿌리를 공고하게 내리고, 각 지역이 보다 효율적이거나 보편적인 규범 및 규칙을 수용하고 준수하기 위해 경쟁하고 모방하면, 지역 차원의 다자주의는 궁극적으로 국제기구 중심의 글로벌 거버넌스체제를 강화시킬 수 있을 것으로 기대된다. 지역주의는 문화, 가치, 발전수준 면에서 동질성이 높은 구성원들 사이에 형성되는 것이기 때문에 다자주의가 형성되기 좋은 여건이며, 현재처럼 지역간 지역주의inter-regional regionalism가 활발하게 전개되면 글로벌 다자주의는 물론이고 국제기구 중심의 글로벌 거버넌스체제 자체를 공고하게 만들 수 있을 것으로 본다.[37]

글로벌 민주주의 규범과 가치의 창출은 기존의 이른바 '이익추구형' 국제기구들에 대한 비판과 이들의 반성에서 시작될 수 있다. 지구화와 국민국가 경계의 약화는 국민국가의 틀 속에서 케인주의적 복지정책을 실행해온 많은 사회민주주의형 복지국가들이 기존의 복지정책을 유지하기 어렵게 만들고 있다. 세계자본주의 시장경제 속에서 국가 간 경쟁이 심화되면서 복지보다는 시장의 효율성을 중시하는 경향이 강화되어 국가복지가 위기를 맞고 있

이후 집단방위 실천에 있어서 집단안보 개념으로 의미가 확장되고, 관할지역 역시 동맹국가 영역을 뛰어넘어 타지역 또는 세계로 광역화되는 특징을 보인다. NATO가 1999년 코소보전쟁 개입으로 세르비아를 굴복시켰고, 2001년 아프가니스탄전쟁, 2003년 이라크전쟁, 2008년 그루지야사태 시 미국, EU, NATO의 대러시아 강압정책, 2010년 3월 이래 한미일 안보협력관계 등이 유엔의 집단안보 기능을 대행하는 형태이다. 이원우, "안보협력 개념들의 의미분화와 적용: 안보연구와 정책에 주는 함의,"『국제정치논총』제51집 1호(2011), pp.42-43.

37 최영종(2010), pp.53-54.

는 것이다. 최근 경제통합에 이어 정치통합에 관한 논의까지 활발히 진전되고 있는 EU는 미국 헤게모니하의 세계시장 재편과정에 대한 유럽의 집합적 자기보호 전략의 산물로 볼 수 있다. 결국 EU의 출현은 국민국가 중심의 기존 복지정책에 대한 일정한 수정을 수반할 수밖에 없는 것으로 보인다. 이런 현상을 감안한다면, 국제기구의 효율성을 제고함에 있어서 다른 나라에 비용을 전가하면서 자신들은 이익을 누리는 '근린 궁핍화beggar-my-neighbor policy'에 대한 규제가 시급하다.38 세계경제는 국제공조가 점점 더 힘들어지는 새로운 국면이다. 미국과 EU는 저성장과 높은 부채 외에도 내부의 구조적인 문제에 시달리고 있다. 이는 곧 이 경제강대국들이 국제적인 원칙을 새로 세우거나 다른 국가들을 자기 체제 안으로 끌어들이기가 어려운 상황이라는 것을 의미한다. 한편 중국과 인도 같은 신흥 경제대국들은 국가주권과 외부의 내정불간섭에 중요한 가치를 부여한다. 결과적으로 이 국가들은 국제적인 원칙을 따르지 않고, 다른 나라들에 이런 규칙을 지키라고 요구하지도 않는 형국이다. 또한 이들은 다자협력의 틀 안에서 국제기구에 투자하는 것에도 큰 관심이 없다.

결국 특정 국가의 국제적인 지도력과 협력의 작동은 한정된 범위 안에서 가능하게 될 것이며, 국제환경의 다양성과 정책적 자율성을 인정하라는 강력한 요구에 발맞춰 국제규범과 제도들은 장기적으로 축소될 가능성마저 있

---

38 영국의 여류 경제학자 J. V. Robinson이 명명한 '베거 마이 네이버 폴리시(beggar-my-neighbor policy)'의 역어로 '베거 마이 네이버(beggar-my-neighbor)'란 상대방의 카드를 전부 빼앗아 온다는 트럼프에서 사용되는 말에서 유래된 것이다. 이것은 특히 세계경제 전체가 침체하여 각국이 불황으로 어려움을 겪을 때 흔히 행하여지는 국제수지 개선책으로, 자국의 수출을 증가하고 수입을 삭감하여 국내의 경기나 고용상태를 개선하게 하는 대신 타국에게는 실업 증가와 경기의 악화를 야기하는 자국 본위의 경제정책을 말한다. 이를 위해서는 환율인상·임금인하·수출보조금지급 등으로 수출을 증진하고 관세율인상·할당제 등으로 수입을 삭감 또는 억제하는 구체적인 방법이 시행된다. 그러나 한 나라가 이러한 정책을 채택하면, 다른 나라도 역시 같은 형태의 보복조치를 취하므로 세계무역은 침체하고 국제경제는 더욱 악화된다. 따라서 현재는 가트(GATT)나 국제통화기금(IMF) 등을 통하여 모든 나라가 국제협조의 입장을 취하도록 강조되고 있다.

다. 그럼에도 불구하고 WTO와 같은 국제무역 주도 기구는 물론 G20와 같이 새로이 등장하는 글로벌레짐도 더 많은 규칙과 개별 국가정책에 대한 더 많은 통제 등이 문제해결의 최선임을 여전히 강조하고 있다.

제도주의자들은 패권국의 패권유지나 이익 보호를 위해 형성된 국제기구와 같은 국제제도가 패권이나 이익의 쇠퇴 이후에도 없어지는 것이 아니라 자체적으로 더욱 발전하고 역할을 증대시켜 국가들의 사익추구를 막는다는 가정을 내세운다. 이러한 가정이 꼭 틀린 것은 아니다. 하지만 국제기구 형태의 이러한 국제제도나 레짐들이 필히 긍정적인 방향으로 작동한다고 볼 수 없다. 실제로 자원 분야에서의 국가들 간의 레짐 자체가 발전하여 개별 국가들 능가하는 권력을 행사한다는 점은 사실이나, 역으로 자원민족주의를 부추겨 궁극적으로 자원전쟁을 더욱 격화시키는 부정적인 효과를 낳기도 한다. 1차 걸프전은 OPEC 내에서의 이라크와 쿠웨이트가 유가 상응정책에 대한 대립으로부터 시작되었다.[39] 새로운 자원레짐을 형성하여 자원을 확보하는 방식은 중국의 자원정책에 잘 반영되었다. 중국이 CIS 국가들과 지역 간 신뢰를 높이고 군비를 감축하는 등 정치적 문제 해결을 위해 설립한 상하이협력기구Shanghai Cooperation Organization는 설립 취지와는 달리 중국의 자원확보 필요성이 증대하면서 점차 자원레짐으로 변화하고 있다.

이는 곧 국가 간 다자협력이 글로벌 거버넌스의 형태와 같이 전지구적 협력으로 이루어짐으로써 세계 모든 국가들이 이익을 공유하고 공동 관리하는 형태의 국제협력이 발생하지 않는 한 그 협력이나 기구화를 통한 제도화는 오히려 이익경쟁과 전쟁을 부추기는 부정적인 역할을 할 수 있음을 의미한다.

---

[39] 1980~88년에 발생한 이란-이라크전쟁에서 이라크는 이란을 견제하기 위한 미국의 군사지원에 힘입어 승리하지만 국가 채무가 1천억 달러에 달하는 엄청난 경제위기에 봉착한다. 이를 해결하기 위해 후세인은 OPEC를 활용한 유가인상을 시도하지만, 미국의 지원을 등에 업은 쿠웨이트는 이라크의 유가인상 시도에 제동을 건다. 결국 이라크는 쿠웨이트를 침공하고 미국 중심 다국적군은 1991년 이라크에 전쟁을 선포, 1차 걸프전이 시작되었다. 이후 미국 승리 후 미국 주도하에 이루어진 유엔결의안에서 이라크는 석유수출을 금지당한다.

글로벌 차원에서 조율할 문제와 각국이 자율적으로 결정해야 하는 문제를 구분하는데 유용하다는 점을 염두에 두면, 원칙적으로 국제사회에서는 '보완성의 원리'만이 글로벌 통제 문제에 대한 해결책을 제공한다. 이 원리

보완성의 원리

보완성의 원리(principle of subsidiarity)란 초국가기구와 연방제에서 정책을 결정할 때 본연의 자세를 가리키는 말이다. '보완성'이라고도 한다. '정책 결정은 그 형성 과정과 실행의 유효성을 유지할 수 있는 범위에서 가장 낮은 수준으로 실천해야 한다고 하는 사고방식'으로 정의된다. 곧, 권력분배이다. 권한을 분산하고 많은 사람이 찬동할 수 있는 것으로 할 것, 최소 단위의 정치공동체가 하는 의사결정권을 존중하고, 상위 단위의 개입을 최소한으로 하려고 하는 것이다. 유럽 통합을 목표로 하는 과정에서 사용한 조어이다. 1975년 유럽위원회(European Commission)는 처음으로 '보완성 원리의 원칙'을 공식적으로 내걸고, 유럽연합(EU)의 여러 기구의 권한에 일정한 제한을 두는 기준으로 삼았다. 이 개념은 1991년 네덜란드에서 열린 유럽공동체(EC) 정상회담인 마스트리히트 조약(1992년 조인)에서도 언급되었다. 이 원리는 EC/EU의 고유한 것은 아니지만 통합의 심화로 인한 유럽연합(EU)의 지나친 권한 확대와 그것에 따른 비효율의 확대를 방지하기 위한 마스트리히트 조약 제3조 b항에 명시적으로 일반원리로서 도입되어 있으며, 전속(專屬)적 관할에 속하지 않는 부분에 대해서는 구성국에 의해서는 충분히 목적을 달성할 수 없고 규모와 효과 면에서 보다 잘 달성할 수 있는 경우에만 EC/EU가 행동할 것을 규정한 것에 의해 주목을 받게 되었다. 마스트리히트 조약의 비준과정에서 유럽연합(EU)으로의 과도한 권한이양에 대한 시민의 불안에 대처하기 위한 다양한 추가 해석이 가해져 암스테르담 조약의 의정서에서 상세한 규정이 이루어졌다. 그러나 아직 해석에는 가맹국 간에 차이가 있기 때문에 실제의 운용은 정치판단에 의하는 경우가 많다. 어떠한 단계의 행위주체가 정한 문제해결에 가장 적합한지를 판단하고 또한 어떻게 행위주체 간의 권한을 분배할 것인지를 묻는 이 원리가 제시하고 있는 문제는 자명하다고 인식되어 온 국가의 역할이 축소되고 있는 현재 매우 중요하다.

는 인도적 개입 문제에 대한 접근을 포함하기도 한다. 한 국가에서 반인륜적 행위가 발생한 경우 일차적 해결 권한은 해당국가에 있지만, 그 해당국가에 범죄자를 처벌할 수 있는 현지법정의 의지와 능력이 결여되어 있다면, 국제사회 혹은 국제기구는 보완성의 원리에 입각하여 국제사법재판소에 재판을 의뢰할 수 있다. 다른 한편 정책의 유형을 통해 이해해보도록 하자.

한 극단에는 국경을 넘어도 아무런 부작용이 발생하지 않는 국내정책이 있다. 예를 들어 교육정책은 어떤 국제적인 협약도 필요 없고 국내 정책 입안자들이 정하면 된다. 한편 국제적인 공통관심사와 연관된 정책들도 있다. 이런 정책들은 국내뿐 아니라 다른 나라의 정책에도 영향을 받는 문제들이다. 온실가스 배출 문제가 전형적인 예이다. 이런 결정을 각국의 결정에만 맡긴다면, 각국이 문제를 해결하기 위해 맡아야 할 몫을 무시하기 십상이어서 국제규칙을 세워야 할 필요성이 발생하는 것이다. 이 두 극단적인 정책 유형 사이에는 다른 나라에도 영향을 미치게 되는 두 가지 다른 유형의 정책이 있다. 첫째로는 '근린 궁핍화 정책'이다. 이는 다른 나라들이 치르는 비용 덕분에 경제적 이익을 얻는 국가들이 사용하는 정책이다. 국제자원 가격을 올리기 위해 공급을 제한하는 경우가 그 예이다. 이런 근린 궁핍화 정책은 다른 나라에 비용을 떠넘기면서 자국의 이익은 확대하기 때문에 국제적인 수준에서 규제되어야 한다. 뜨거운 논쟁에 휩싸여 있는 일본의 통화정책이나 독일의 무역수지 흑자 등은 국제적인 규제로부터 자유롭지 못하다고 볼 수 있다.

하지만 근린 궁핍화 정책은 반드시 '자기 궁핍화beggar thyself' 정책과는 구분되어야 한다. 자기 궁핍화 정책에 따르는 비용은 대부분 자국에서 떠안게 되지만 일부는 다른 나라에도 영향을 미친다. 농업보조금이나 유전자조작식품금지 등은 타국에 일부 비용을 전가하긴 하나, 그 국가들로부터 경제적인 이득을 얻기 위해 집행되지는 않는다. 오히려 이런 정책은 분배문제 해결이나 국민건강 증진 등을 목적으로 경제적인 비효율성에도 불구하고 집행되는 경향이 있다. 자기 궁핍화 정책의 경우 국제규제의 필요성은 크게 줄어드는 것이다. 정책이 다양한 만큼 국제기구의 국제적인 대응도 이제 다양해져야 한다. 요즘은 국제사회의 정치적 자본이 무역이나 금융규제 등 '자기 궁핍화' 정책을 조율하는 데 너무 과도하게 투입되는 경향이 있다. 반면 거시경제 불균형 등의 '근린 궁핍화' 정책을 조화시키는 것에는 충분한 정치적 자본의 투입이 이루어지고 있지 않다.[40]

3. 지구시민사회의 역할 강화

국제기구 연구에 비판이론을 도입하여 분석하는 연구자들은 전 세계적 차원에서 추진되어온 글로벌 거버넌스의 기획이 신자유주의적 경제지구화가 퇴조하기 시작하면서부터 그 정당성에 있어 상당한 도전이 가해지고 있다는 인식을 지닌다. 이는 단지 서구자본주의 국가들의 패권이 약화된다거나 국제금융기구와 글로벌 관리계급의 공신력이 실추했음을 의미하는 것은 아닐 것이다. 오히려 개발협력, 경제발전, 환경 등의 쟁점영역에서 활동하던 수많은 비정부기구들에 대한 비판을 함축하는 문제이기도 하고, 글로벌 거버넌스 담론의 확산에 일조해온 지식생산자들의 판단에 대한 평가문제이기도 하다. 이 비정부기구들이 정당성 문제에 직면하게 된 근본적인 원인은 지구시민사회가 국가들로 이루어진 국제체제와 만나는 제도 구축, 국가이익 개념의 변형, 국가 간 상호작용 양식의 변화 중에서 제도화 영역에만 치중했던 것에서 기인한다고 보는 것이 이들의 견해이기도 하다.[41]

1863년에 시작된 〈국제적십자위원회〉의 활동을 비롯하여, 〈마약거래금지를 위한 앵글로-오리엔탈 소사이어티〉, 〈아동구호국제연맹〉 등 과거에도 많은 비정부기구들의 활동이 있었다. 1939년에는 700여 개의 비정부기구들이 활동하였으며, 이후 그 숫자가 크게 늘어났다. 그렇지만 과거와 같은 비

---

40 Danny Rodrik, "Why Did Financial Globalization Disappoint?" *IMF Staff Papers* 56-1(March 2009), pp.112-138와 대니 로드릭, "지도자 없는 글로벌 거버넌스,"『한겨레신문』, 2012.1.20을 참조.

41 조효제(2002), pp.4-5.

정부기구들의 활동만으로는 오늘날과 같이 세계시장의 통합에 따른 세계경제의 불평등 심화와 지구생태계의 파괴, 선진국, 특히 미국 중심의 세계질서 재편과 같은 문제들에 대해 적극적인 대응을 하기에는 역부족이다. 그러므로 전지구적으로 통합되고 있는 세계시장하에서 경제적 불평등과 빈곤, 질병, 노동, 인권, 환경 등의 문제를 해결하기 위해서는 지구시민사회에서 보다 적극적인 국제적 연대가 이루어져야 할 것이며, 그런 면에서 비정부기구들의 활동이 무엇보다 중요한 희망이 되었다고 할 수 있다.

사실 모든 사회적 변화는 정당성의 논리 위에서 진행된다. 글로벌 거버넌스의 경우 전 세계 NGO들의 참여가 정당성 구축의 핵심내용 중 하나였다. 특히 비정부국제기구들은 이러한 글로벌 거버넌스의 과정에서 결여된 민주적 정당성을 보완하는 역할을 수행하고 글로벌 거버넌스의 내용을 현장에서 실행하는 실무주체가 되었다. 의료, 빈곤, 노동, 인권, 평화, 여성 등 다양한 문제들을 해결하기 위한 국제적인 노력들은 오래전부터 있어왔다. 그런데 세계시장의 통합과 정보통신의 발달에 따른 지구화가 심화되면서 점차 국제적·전지구적 문제들이 늘어나게 되었다. 특히 신자유주의적 세계시장의 불평등과 전지구적 환경 문제, 국제분쟁 등 글로벌화된 문제들을 해결하기 위해서는 초국가적 의사결정과 글로벌 거버넌스가 필요하게 된 것이다. UN, OECD, IMF, WTO 등 많은 국제기구들이 형성된 것도 바로 이러한 필요성에 따른 것이라고 할 수 있다. 국제기구들이 실질적으로는 국제적인 문제의 해결에 나름대로 기여를 해왔다. 하지만 이 기구들이 자국의 경제적 이익을 희생하면서까지 인권, 환경정의, 전지구적인 평등과 복지, 세계평화 등 지구 차원의 문제 해결에 적극적으로 나서리라고 기대하기는 어렵다. 그래서 더 많은 국제적 연대를 위해 많은 국제적 연대들이 생겨나고 있다. 전지구적인 문제를 해결하기 위해 유엔을 비롯한 다양한 국제기구에 압력과 영향력을 행사는 지구시민사회의 가치를 공유하는 비정부기구들과 기존 국제기구들과의 협업은 필수불가결한 사안이 된 것이다.

경우에 따라 비정부기구들은 그들이 행사하는 일종의 권력이 무엇으로부터 비롯되는가에 따라 그리고 어느 수준까지 자신의 권력이 영향을 미치길

원하는가에 따라 과도한 요구를 할 수 있다. 비록 노벨평화상위원회도 비정부기구들이 국가나 공공기관과 더불어 국제사회의 엄연한 일원이라는 입장을 공개적으로 표명한 바 있지만, 만약 비정부기구들이 유엔헌장에 명명된 '전 세계 대중peoples of the world'을 대표한다는 이유로 유엔과 같은 국제기구와 제휴하기 위해 권력과 권한을 위임받고 대중을 위한 활동의 권한을 요구한다면, 이는 국제질서의 예측하지 못한 혼란을 야기할 수도 있다. 더 나아가 만약 비정부기구들이 특정 세력이나 자신의 이익을 위해 국제기구나 정부에 로비를 하고 자신들이 하는 일에 대한 정확하고 검증된 전문지식과 능력을 바탕으로 자신들의 옹호론을 펼친다면, 그들은 정부와 국제기구의 실질적인 의사결정자들로부터 주목받을 가치가 있다. 비정부기구들의 적법한 영향력은 다른 국제행위자들이 그들의 주장에 설득을 당할 만큼의 근거와 보편적 가치가 동반될 때 인정되는 것이지, 세계 대중과는 무관하게 '대표성'만을 내세우면서 의지를 관철하는 것을 바람직하지 않다. 또한 훌륭한 옹호자다운 능력과 전문성과 지식을 지닌 비정부기구들은 자신들의 강력한 주장에 걸맞은 권력과 영향력을 누릴 가치가 있지만, 이때의 권력은 권리로서의 힘이 아니라 설득력으로서의 권력인 것이다.

초국가적 혹은 사적인 글로벌 행위자들과 국제기구의 연대 혹은 협업은 이렇듯 유엔이 추구해온 헌장과 보편적 가치에 동의하면서 재정적이거나 정책적 차원의 지원과 네트워킹을 추구하는 설득력 있는 비정부기구 혹은 초국가적 행위자와 함께 추구될 때 가능할 것이다. 국제기구는 이를 위해 기구의 보편적 규범가치이며 존재의 이유인 헌장과 제도를 시대적 요구에 부응하는 자세로 지속적인 개혁의 노력을 늦추지 말아야 하며, 이러한 국제기구 스스로의 정당성과 효율성의 개선은 결국 네트워킹 대상 행위자들과의 협력관계를 통해 발전된 역할과 기능을 할 수 있을 것이다.

4. 효율성과 정당성 회복을 위한 개혁의 과제: 유네스코 사례[42]

유네스코는 지적성찰을 통한 비정치적 국제사회 이슈들에 대한 정책/기술자문을 그 목적으로 하는 유엔전문기구 중 하나이다. 그러나 이념갈등의 양자구도하에서 지구사회의 평화가 화두였던 냉전기를 벗어나면서 전문기구로서의 유네스코에 대한 비판적 견해와 의견이 이 기구의 사업역량과 정책전문성 차원에서 강력히 제기되어 왔다. 이와 같은 유네스코의 기능과 역할에 대한 부정적 견해 속에서, 중견국가 이상의 국가들은 자국의 비정치적 사안의 해결과 개선을 위해 유네스코보다는 OECD나 해당 지역협력기구 혹은 선진국 중심 과두적 지배구조를 지닌 국제금융기관에 재정적 기여를 하고 문제해결을 위한 정책지원을 수혜하는 경향이 증대하고 있다. 반면 개도국들은 특정 조건을 전제로 브레턴우즈체제하의 국제금융기관이나 양자관계를 바탕으로 한 선진국의 '개입'을 통해 구호를 받거나, 유니세프나 세계보건기구 등 정책특화되고 전문성이 높으며, 사업투입 재원이 풍부한 전문기구들로부터 지원을 받는 현상이 늘고 있다. 지적 성찰을 통한 국제사회의 보편적 윤리 및 가치관을 형성하여 '평화도모peace promotion'를 모토로 기능하고 존재해온 유네스코의 위상이 흔들리고 있는 것이다.

유네스코는 교육 정책 전문기관을 표방함과 동시에, 과학, 사회과학, 문화, 커뮤니케이션 등 제반의 비정치경제적 국제 문제들에 대한 기술적 지원이라는 전통적 목적 위주로 운영되었고, 집행이사회의 구성이 민간에서 국가 협의체로 재편성되어 이사회가 국가 간 이익경쟁의 장으로 변모하면서, 사업 우선순위의 선정, 효율적 거버넌스의 구축, 관리운영 메커니즘의 개선 등에 있어서 난관에 부딪친 상태이다. 또한 유엔기구 중 집행이사국과 사무총장의 역할과 권한이 가장 강력하고 주요 재정공여국의 지위를 보장하는

---

42 이 절 대부분의 내용은 류석진·박홍순·정우탁·최동주, "UNESCO와 한국: 한국의 UNESCO 활용전략 마련을 위한 기초연구," 유네스코한국위원회(2011)에서 발췌 요약했음을 밝힘.

시스템이 결여되어 있어, 미국, 영국 등 전통적인 주요 회원국들로부터 지속적인 개혁을 요구받는 등 사면초가의 상태이다. 이러한 위기인식 속에서 지난 사무총장인 마츠라^{Koichiro Matsuura} 재임 초기부터 현 사무총장 선출 이후 유네스코는 적극적으로 개혁을 추구해왔다. 그러나 유네스코의 개혁과 변화에 대한 내외의 시각은 아직 부정적이다. 그 이유는 지금의 개혁 드라이브가 궁극적으로 유네스코 존재가치를 근본적으로 개선하거나 경쟁력을 극대화하기에는 부족하다는 인식에 근거한다. 이런 문제의식을 바탕으로 볼 때, 소중한 유네스코의 존재가치를 유지하기 위한 근본적인 변화와 개혁의 당위성은 명확하다.

2010년 9월 발표된 유네스코에 대한 「독립외부평가보고서^{Independent External Evaluation of UNESCO: IEE}」는 유네스코의 현 위상과 지구적 과제, 회원국에 대한 영향, 유엔체제하의 유네스코, 지배구조와 사무국의 역할, 시민사회와 민간 영역의 기여, 사업영역별 정책일관성 등 6개 분야에 걸쳐 현 유네스코의 현황과 문제점을 파악, 분석하고 방향성을 제안하였다.

〈표 1〉 유네스코의 사업 환경의 변화와 과제, 1946~2010[43]

	1946	2010	유네스코의 책임	현황
권력배분 (power distribution)	양극화, 중앙집권적 식민통치체제의 세계	분권화와 다극화 및 권력의 지역화	분권화 추진과 국제권력 체계 변화에 대응	분권화되고 권한 강화된 현장사무소의 결핍과 중앙집권적이고 관료주의적인 본부
유네스코 소유권 (who owns UNESCO?)	전통적 주권국가의 자발적 참여	거버넌스의 다양성 및 CSPS 역할 증대	정책수립과 집행과정에서의 외부협력 및 개방성	국가중심적 관념이 지배적이며 시민사회 등과의 연대에 회의적

---

43 Elliot Stern and Others, "Independent External Evaluation of UNESCO: Final Report," IOS/EVS/PI/107, 30 September 2010, p.15, Table 4와 UNESCO, *Medium-Term Strategy, 2008-2013*, 34 C/4(2007), pp.11-12.

국제기구의 과거·현재·미래

글로벌 평판 (global solidarity)	전후 '복구'의 규범적 기준과 민주주의 실현	새로운 개발협력 및 원조모델과 인권에 대한 국제적 합의	글로벌 규범과 국제협력 추진 관련 국가관련의제 재조정	'개발과' 국제사회의 전통적인 규범 아젠다 간의 긴장
지식의 근원 (foundations of knowledge)	엘리트 중심 지식	지식정보사회의 민주화된 지식	지식공동체와 토속지식 발굴 능력	이해도는 높으나 실행이 미흡하고 정보화 기반 능력 부족
변화과정 (change process)	완만하고 예측 가능한 변화	지속적 위기 하에서 급속한 변화와 불예측성	불확실성의 관리와 사전 기획능력	내부지향적이고 책임회피형의 조직문화로 자체적인 우선순위와 전략에 몰두
유엔과의 관계이해 (UN configuration)	경쟁기관이 없는 유엔 산하 기구	기능이 다른 기관과 중복되는 유엔 전문기구로서 타 기관과 경쟁적	파트너십과 협력, 집중화	'전문기관의 권리'에 집착하여 핵심경쟁력 투자에 실패
문화다양성 (cultural diversity)	선진국의 유산으로서의 문화	국제협력의 선행조건으로서의 다양한 정체성과 문화에 대한 이해	관련대화의 모색과 자체적인 이해 및 존중	인식에는 성공했으나 아직도 지나치게 국가중심적 접근
재원활용 (resources)	재원 활용에 있어서 비경쟁적	다양한 경로로 취합된 재원확보에 대해 심한 경쟁	사업수행능력의 확보와 더불어 핵심 과제를 위해 중점화 및 소통	재원의 성격에 따라 사업의 우선순위가 조정압력을 받음

　　창설연도인 1946년과 비교할 때 현재의 유네스코는 지배구조, 국제적인 연대, 지식의 축적, 변화의 과정, 유엔을 둘러싼 사업 환경, 문화 다양성, 회원국의 수와 구조 등의 측면에서 확연한 차이를 보이고 있다. 이 보고서는 이러한 환경변화에 부응하기 위해 2000년도부터 시작된 전략, 분권화, 우선순위 조정 등에 대한 유네스코의 개혁 드라이브는 생존과 발전을 위한 전략적 선택이었다기보다는 대부분 행정적인 고려에서 비롯된 것들이며, 시간이 상당히 경과되었음에도 불구하고 부분적으로 실현된 것에 불과하다고

비판했다.

유네스코의 사업과 정책방향성을 기반으로 형성되는 회원국에 대한 영향력과 효과성에 대한 평가 부분에 있어서 유네스코 재정지원의 효과에 대한 최대 공여국 중 하나인 영국의 비판적 평가는 주목할 만하다.[44] 이 보고서는 자국 재정기여의 효과를 분석한 기구 및 레짐을 재정기여의 가치가 '매우 높은very good value' 곳 9개, '높은good value' 곳 16개, '적절한adequate value' 곳 9개 그리고 '무용하거나 가치가 낮은poor value' 곳 9개로 각각 분류하였다. 첫 번째 평가 기준의 축은 기구나 레짐의 투명성, 조직 내부의 비용과 사업 가치에 대한 의식과 결과 지향성, 관리의 효율성과 책임소재의 체계성, 외부 기관 등 파트너들과의 협력 정도, 재정운용 체계, 효과를 극대화하기 위한 정책수단 보유 여부 등 '조직 경쟁력organisational strength'이다. 두 번째 기준의 축은 영국의 개발과 인도적 원조의 정책지향성과 기구나 레짐의 정책의 부합 정도contribution to UK development objectives이다. 주요한 영국의 정책지향성은 현장에서의 지원 효과의 구현 가능성과 관련된 것들로서 소녀를 포함한 여성 문제, 취약국가에서의 사업전개 능력, 기후변화와 환경 지속성, 빈곤국가 중점 지원 등의 문제를 포함한다.

두 축의 기준을 토대로 한 평가에서 유사 사업영역을 지닌 전문기구인 유니세프가 재정기여의 가치가 매우 높은 기관으로 평가된 반면 유네스코는 최하위인 41위로 평가되었다. 조직경쟁력과 자국의 정책과의 부합 정도에서 모두 최하 평가단위인 1.5를 겨우 상회하는 평가를 받았다. 하지만 특이한 사실은 사업 핵심영역인 교육사업 영역에서 중점지원하고 있는 EFA의 FTIFast Track Initiative는 재정기여의 가치가 높은 16개 기구와 레짐에 포함되었다는 점이다. 이는 유네스코 교육사업 영역에 대한 회원들의 기대와 효용이 유네스코의 사업경쟁력의 문제에도 불구하고 여전히 크다는 점을 의미한다.

---

44 UKDFID, *Multilateral Aid Review: Ensuring Maximum Value for Money for UK Aid through Multilateral Organisations*(March 2011).

유네스코가 '평화추구 혹은 모색peace promotion'이라는 비전을 지니고 있는 한, 유네스코의 낙오와 저평가는 불가피한 것일까? 기존의 분류처럼 유네스코는 향후에도 전문기구specialized agency로 기능할 것인가 아니면 유엔과 같은 일종의 포괄기구comprehensive organization로 그 존재의 가치를 부여받을 것인가? 개혁이 절실하다면 그 개혁은 유엔통합체제 차원에서 반강제적이고 외부 영향력에 의해 추진되어야 하는가, 아니면 유네스코 조직 내부에서의 제언과 제도적 변화를 통해 가능한 것인가? 누가 이 개혁을 주도할 것인가? 기금형 기구Fund Organization를 지향할 것인가 아니면 정책기술 지원 중심의 전문 기구Programme Organization를 지향할 것인가?

빈곤구제와 개발이라는 지구적 차원의 명제를 둔 미션 달성을 위한 유네스코 중기적 사업의 우선순위는 MDGs에 입각하여 아프리카를 지역 우선으로 그리고 젠더문제를 사회적 이슈의 정책 우선으로 설정하였다. 그리고 이를 달성하기 위한 구체적 전략은 전통적으로 유지해온 유네스코의 5대 사업 영역을 통한 해결이다. 그러나 과도한 행정 및 관리비용, 국가 간 기구의 성격으로 변한 집행부의 성격, 국가별 우선순위 조정의 정치적 어려움, 정규 예산의 제한성 및 정체, 사업영역별 전문성의 한계 등을 고려할 때 유네스코가 중기적으로 지향하고 있는 전략방향은 집중성과 전문성을 담보하지 않는 한, 그 결과에 대해 긍정적 기대를 하긴 어렵다. 특히 기구의 핵심경쟁력과 설립 취지와 그 철학적 기저 그리고 유네스코에 대한 국제사회 인식의 초점, 사업의 성공 경험과 전문성 등을 고려할 때, 전략의 우선순위와 전략수행의 과정과 체계, 그리고 거버넌스의 근본적인 개혁을 비롯한 전면적인 개편이 절실한 것이다.

개혁의 방향성은 그렇다면 무엇인가? 본문에서 수차례 강조된 바와 같이, 유네스코의 핵심경쟁력은 예전이나 지금이나 교육사업 영역에 있다. 인류사회의 보편적 철학기반의 확산이나 지구 당면과제인 지속성장을 위한 문제의 지구차원의 공유도 교육을 통해서만 가능하다. 한편으로 볼 때, 지속성장 관련 교육은 지구사회의 보편적 가치에 대한 교육과 더불어 제반 과학기술과 관련된 지식의 전이와 전파의 콘텐츠를 포함한다. 문화다양성과 지구사회 문화유산의 중요성과 보존에 대한 가치도 교육을 통해서만 가능하다. 이러한 교육의 실현과정에서 유네스코 5대 사업 영역의 하나인 정보 및 커뮤니케이션을 위한 기술은 필수불가결한 수단으로 작용한다. 이제는 교육사업을 출구로 하는 전략을 모색해야 한다. 문화, 인문사회, 과학사업들은 모두 유네스코의 전문영역인 교육사업의 콘텐츠와 지식재산을 제공하는 랩으로서의 기능을, 그리고 정보 및 커뮤니케이션 영역은 지구적 차원의 교육자산 제공을 위한 항시적이고 첨단의 기술수단으로 기능하는 사업영역의 횡적·종적 변혁이 필요하다.

이러한 변혁은 몇 가지 조건을 전제로 한다. 우선 사무총장에 집중된 권한과 견제기능의 부재, 국가 간 기구로 변모한 집행이사회의 정치적 의제에 대한 집착, 인적 자원의 배분과 본부 파생기관 운영의 과정에서 사무총장 선거의 후유증인 논공행상 수준에서 반복되는 회원국이나 지역에 대한 정치적 배려 등의 문제를 해결해야 한다. 이를 위해서는 헌장의 개정이 불가피하며, 집행이사국의 사무총장 견제기능이 제고되어야 하고, 이를 위한 집행이사국 수의 축소와 의사결정 구조의 개편이 요구된다. 이와 동시에 회원국의 책임과 이사국의 책임이 동시에 강화되는 변화가 선행되어야 한다. 1국 1표제와 가중투표제의 혼합형 제도의 모색도 재원확보와 집단적인 정치화의 문제를 해결하기 위해 변화가 고려되어야 하는 사안이다.

둘째, 조직과 인적 자원 관리의 문제가 해결되지 않는 한, 유네스코 사업의 전문성과 집중성 그리고 그 가치는 담보될 수 없다. 인적 자원 관리와 개발의 차원에서 유네스코는 직원들의 수행역량, 현장 전문성, 경력개발 계획수립 능력 등에서 문제점을 지니고 있다. 특히 분권화 시도를 통한 대규모 인력의 대규모 이동에 대응하기 위한 구체적인 인력운용 계획의 수립이 시급한 실정이다. 지속적으로 증대할 은퇴자의 수를 고려하여 신규인력 채용 및 추가인력 재배치 과정에서 지리적 배분과 양성평등의 목표를 동시에 달성할 수 있는 사전 노력이 요구된다. 또한 현장의 개혁이 단순한 구조조정이 아니라 현장사업의 효율적인 실행을 강화하려는 취지라는 점을 감안할 때, 현장 활동에 맞는 효과적인 직원 능력개발 프로그램의 제공이 시급한 실정이다. 특히 현장과의 연계성이 사업추진과정에서 확보되지 않고 사업결과에 대한 객관적인 평가체계가 확립되지 않는다면, 영국국제개발부 보고서의 평가처럼 여느 재정공여국도 추가적인 재원을 제공하지 않을 것이며, 기존 재정기여도 축소시킬 가능성이 높다.

마지막 관건은 누가 과연 유네스코 개혁이라는 뜨거운 감자를 먼저 만질 것인지의 문제이다. 분권화decentralization는 유네스코 개혁과정에서 고용, 지리적 위치, 이슈 문제 등을 총체적으로 해결할 기반을 제공할 중요한 사안이다. 유네스코는 전통적으로 비 현장중심적인 업무수행 체계의 문제로 국가별 정책영향력의 한계를 노출해온 바 있다. 특히 현장업무 수행 시 해당 국가의 행정처리능력과 교육수준이 유네스코의 관료주의적인 정책과 절차에 미치지 못할 때 현장업무를 효과적으로 수행하는 데에 한계가 있으며, 이와 같은 현상에 대한 평가와 개선방안이 시급한 것이다. 이를 위해서는 본부역할의 축소와 현장 업무에 대한 권한의 강화가 요구되고 있다. 특히 현장 사업팀에게는 사업예산 집행, 세부프로그램 기획, 인사결정에 대한 유연성이 필요하며, 본부와 현장팀 사이의 커뮤니케이션 간소화를 위한 코디네이터 기능이 강화될 필요가 있다.

본 연구는 그러한 변혁의 주도를 위한 기대를 국가위원회National Commission의 활동에 걸고자 한다. 독일과 한국 등의 선진국들은 국가위원회의 성공적 운영 사례를 통해 유네스코 설립의 가치와 이상을 실현해온 것으로 평가받는 기관들이다. 국가위원회는 유네스코 헌장에 명시된 유일한 국가 간 네트워크이고 유네스코의 기획, 이행, 평가과정에 참여하여 유네스코 활동의 변화, 전파, 확대 등에 큰 역할을 할 수 있는 권한과 역량을 지닐 수 있는 유일한 기관이다. 국가위원회는 앞에서 제시한 두 가지의 조건은 물론 다음과 같은 개혁 과제에 대해 적극적인 제안을 하면서 변화와 개혁을 주도할 수 있는 유일한 단체이다.

우선 국가위원회는 현장 중심 사업의 효과성 검토를 체계화하고 정례화하여 평가수준을 제고하고 타 유엔기구와의 협력 등 다양한 협력사업 모델의 개발과 이를 위한 행정지원 체계를 지원하기에 적합하다. 둘째, 지역사무소 구조조정 및 기능강화, 지역사무소 근무 권장 인사정책 도입, 현지 기관과의 협력 강화 등에 있어서 국가위원회는 중요한 역할을 수행할 수 있다. 셋째, 국가올림픽위원회가 IOC의 사업들에 대한 감사권을 지니듯이, 회계와 사업관리에 대한 감사권을 국가위원회가 보유하는 방향으로의 제도적 검토가 이루어져야 한다. 마지막으로 전문성 제고와 예산의 효율적 활용을 위한 외부와의 협력전략 구축과 현장친화적 사업의 추진을 위한 현장기관과의 연계 모색을 위해 국가위원회의 역할을 증대하고 활성화시킬 필요가 있다.

V. 결론

과거 냉전시대에 양극체제의 구조적 성격으로 인해 유엔 중심의 국제기구들이 매번 효율적으로 활용되지 못하면서 점차 조직의 비효율성이 증대했고 기구의 중요성도 축소되어 인식되었다. 하지만 탈냉전의 지구사회에서 이 기구들이 과적으로 인해 효율성을 상실하고 냉전시대 이상으로 지구시민의 이익을 저버린다면 글로벌사회는 큰 손실을 입는다. 탈냉전 구도가 심화되면서 이 기구들은 헌장이 지향했던 그런 지구사회를 실현할 수 있는 두 번째의 기회를 맞이한 것과 다름없다. 헌장의 원칙들이 일관성 있게 적용되어야 회원국의 신임이 증대될 것이며, 기구의 특성인 도덕적 권위가 유지될 수 있을 것이다. 그렇다고 유엔이 화석이 될 필요는 없다. 변화되는 국제사회에 적응하지 못하면 공룡의 운명을 면하기 어려울 것이다.[45] 따라서 새로운 국제경제질서의 헌법화를 추구하고 있는 대형 국제경제기구나 레짐을 포함한 국제기구들은 끊임없는 제도와 개혁을 추구해야 한다.

탈냉전 시대는 세계화의 심화, 중국의 급부상과 글로벌 전략 환경의 변

---

45 강성학(1995), p.137.

화, 자원 확보 경쟁, 초국가적 위협의 증대, 무역 마찰, 신흥경제국의 부상, 시민사회의 참여 확대 등 무한경쟁시대와 복잡한 상호의존 시대로 대변된다. 오늘날의 세계질서는 과거와는 다른 복합성·가변성 및 다양성을 특징으로 하며, 그 추이에 대한 예측이 힘들어 불확실성이 증폭될 개연성이 높다. 한편 세계화와 정보통신혁명 등으로 국가 간 혹은 비국가행위자들 간의 상호교류와 협력이 증대되고 네트워크 국가의 확산과 인류공동문제의 증가로 지역별 혹은 이해관계 국가 간의 통합화 현상이 나타나며, 동시에 민족분쟁 등으로 기존 국민국가의 파편화 현상이 나타나고 있다. 따라서 글로벌 거버넌스 프로세스가 진행되면서 다자주의, 협력과 소통, 중재와 이해 조정 등의 원칙이 강조되고 있다. 또한 환경문제나 초국가적 질병퇴치, 예방외교, 인간안보와 같이 상대적으로 새로운 영역에 관심을 갖고 중견국 외교 혹은 중견국 리더십을 추구해온 캐나다, 호주, 북구 국가들의 역할이 주목받고 있다. 또한 국제기구나 국제레짐의 역할도 부각되고 있다. 국제기구의 가장 대표적이면서 범세계적인 기구인 유엔은 '정부 없는 통치'의 질서를 수립하고 유지하는 주요 기구로 인식된다. 이렇듯 UN, IMF, WTO 등 국제기구들의 중요성이 강조되는 한편, 역으로 이 기구들의 정당성과 효율성 문제 그리고 개혁의 필요성이 대두되면서, 새로운 글로벌 거버넌스를 이끌 대안적 체제의 수립을 요구하는 목소리가 커지고 있다.[46]

서론에서 밝힌 바와 같이 국제기구는 지구화를 추동하는 기구집단과 지구화의 폐해를 치유하는 정책적 노력을 추구하는 기구집단으로 양분화되어 공존하고 있다. 두 집단이 서로 보완적이라는 주장과 서로 공존할 수 없다는 주장으로 상반된다. 이는 곧 국제기구가 정체성을 지닌 단일체가 아니라 다양한 가치와 규범을 유지하고 창출하면서 공존한다는 것이다. 그 공존의 현실과 필요성을 인정한다면 유엔을 포함한 많은 국제기구들은 다양한 글로벌 이슈들에 대한 대응을 수행하면서 글로벌 사회 변화의 매개자 역할을 수행할 것이 자명하다. 국제정치가 단순한 힘의 경쟁에서 복잡다단한 문제

---

46 이신화(2011), pp.3-7.

중심의 국제정치과정으로 발전해왔다는 과거의 역사가 미래의 전주곡이 될 수 있다면, 국제기구에서의 활동과 그에 대한 연구는 한국의 국제적 지위와 국제정치학 발전에 각각 절실히 요구된다. 초강대국 국가가 아닌 국가들이 국제사회의 의제를 결정하고 문제해결을 모색하는 데 아주 필요하고 또 적절한 수단이 될 것이다.

추천도서

✛ 모종린. 『국제기구 개혁과 미래』. 서울: 아산정책연구원, 2010.

이 책에서 저자는 국제사회가 국제기구의 효과성과 실효성 제고에 초점을 맞추어야 하며, 특히 이 과정에서 G20가 핵심적 역할을 해야 함을 국제기구 개혁의 방향으로 제시하고 있다. 또한 국제기구 개혁의 과정에서의 한국의 참여 및 역할에 대해서도 고찰하고 있다.

✛ Dijkzeul, Dennis, and Yves Beigbeder, eds. *Rethinking International Organizations*. New York, NY: Berghahn Books, 2003.

이 책에서 저자들은 국제 외교, 기금모금 및 실행 등에 있어서의 국제기구의 문제점을 지적하는 동시에 이러한 국제기구에 대한 비판들이 편협한 편견이나 특정국가의 내부 정치적 관심에 의한 것일 수도 있음을 인정한다. 따라서 국제기구의 병리와 함께 긍정적인 측면도 함께 논하여 기존의 비판들과는 다른 국제기구를 보는 새로운 시각을 제시하고 있다.

✛ Pease, Kelly-Kate S. *International Organizations: Perspectives on Governance in the Twenty-First Century*. Upper saddle river, NJ: Prentice hall, 2002.

이 책은 마르크시즘, 페미니즘, 현실주의와 자유주의의 관점에서의 국제기구에 대한 비판적인 해석을 제시함으로써 국제기구의 중요성과 국제사회에 대한 그들의 영향력을 설명하고 있다. 특히 이 책은 아랍 및 이슬람 조직과 팔레스타인의 유전자 변형 식품 공학에 대한 최근의 위기와 사건들 등 주요한 사례들을 통해 국제기구들이 새로운 도전에 어떻게 대응하고 있는지에 대해 설명하고 있다.

✛ Wilkinson, Rorden, and Steve Hughes, eds. *Global Governance: Critical Perspectives*. New York, NY: Routledge, 2003.

저자들은 UN, WTO, IMF, 그리고 World Bank와 같은 국제기구들이 어떻게 그들의 정책, 정책과정, 그리고 관행들을 전지구적 문제들을 해결하는 데 사용하는지에 대해 비판적 시각으로 고찰하고 있다. 구체적으로, 각각의 장에서는 노동, 금융, 환경, 보건, 문화, 젠더, 시민 사회, 빈곤, 그리고 발전의 문제들이 전지구적인 주요 이슈로서 다루어지고 있다.

참·고·문·헌

〈국문 자료〉

강성학. "국제기구 연구경향과 유엔체제."『국제정치논집』제30집 2호. 1991.
_____. "현대국제기구이론과 포스트냉전 시대의 유엔헌정질서." 김달중·박상섭·황병무 공편.『국제정치학의 새로운 영역과 쟁점』. 서울: 나남출판, 1995.
_____. "유엔과 미국 : 교황과 황제처럼?"『국제관계연구』제2집 3호. 1997.
_____.『유엔과 국제위기관리』. 서울: 리북, 2005.
곽진영. "거버넌스의 확산과 내재화." 곽진영 외.『거버넌스의 확산과 내재화』. 서울: 도서출판 대경, 2009.
김계동 외 역, 마가렛 P. 칸스 & 카렌 A. 밍스트.『국제기구의 이해: 글로벌 거버넌스의 정치와 과정』. 서울: 명인문화사, 2007, 2011.
김명섭. "탈냉전기 세계질서와 국가주권."『세계정치』제25집 1호. 2004.
김석준 외.『거버넌스의 이해』. 서울: 대영문화사, 2002.
김유은. "신국제질서와 국제연합의 개편방향."『국제정치논총』제33집 2호. 1994.
김치욱. "국제정치의 분석단위로서 중견국가(Middle Power): 그 개념화와 시사점."『국제정치학회보』제49집 1호. 2009.
_____. "G20의 부상과 중견국가 한국의 금융외교."『국가전략』15권 4호. 2009.

_____.『'복합네트워크 시기': 글로벌금융위기와 세계경제 거버넌스의 변화』. EAI 국가안보패널보고서: 경제위기 이후 세계질서. EAI 2011.2.

김태효. "글로벌 거버넌스의 변화와 글로벌 코리아 외교의 과제."『국제지역연구』 22권 1호. 2013.

남궁 곤·조동준. "국제규범의 국내확산경로: 대인지뢰금지규범의 국회내 유입과 발의를 중심으로."『한국정치학회보』. 2010.

류석진·박홍순·정우탁·최동주.『UNESCO와 한국: 한국의 UNESCO 활용전략 마련을 위한 기초연구』. 유네스코한국위원회, 2011.

미우라 히로키. "이주노동자 문제와 동아시아 다층거버넌스: 연성법 관점에 기반한 분석과 함의."『국제정치논총』 51-3. 2011.

박상섭. "근대 주권 개념의 발전과정."『세계정치』제25집 1호. 2004.

박재영.『국제기구정치론』. 서울: 법문사, 1998.

_____.『국제정치 패러다임』. 서울: 법문사, 2002.

_____.『유엔과 국제기구』. 서울: 법문사, 2007.

박진완. "글로벌 거버넌스와 국제공법."『법학논고』 41집. 2013.2.

서창록.『국제기구: 글로벌 거버넌스의 정치학』. 서울: 다산출판사, 1994, 2004.

_____. "국제 정책 결정방식의 변화사례." 곽진영 외.『거버넌스의 확산과 내재화』. 서울: 도서출판 대경, 2009.

성재호.『국제기구와 국제법』. 서울: 한울 아카데미, 2002.

유현석.『국제정세의 이해』. 서울: 한울아카데미, 2009.

윤병관·황병무.『국제기구와 한국 외교』. 서울: 민음사, 1996.

이동휘. "G20 서울 정상회의: 평가와 향후 전망."『주요국제문제분석』. 외교안보연구원, 2010.

이병희. "집단안전보장: 역사적 변천과정."『한국정치학회보』제37집 5호. 2003.

이선미. "국제이주의 글로벌 거버넌스: 민주화를 위한 차원 간 균형의 함의를 중심으로."『시민사회와 NGO』 6-1. 2008.

이수형. "중추적 중견국가론과 참여정부의 균형적 실용외교."『한국과 국제정치』제24권 1호. 2008.

이신화. "국제기구정책현황과 과제." 아산정책연구원 정책보고서. 2011.

이원우. "안보협력 개념들의 의미 분화와 적용: 안보연구와 정책에 주는 함의."『국제정치논총』 51-1. 2011.

장원창. "G20 출범과 우리의 대응."『주간 금융동향』. 한국금융연구원, 1999.

전봉근. 서울 핵안보정상회의 성과와 과제 외교안보연구 8권 1호. 2012.

전재성. "19세기 유럽협조체제에 대한 국제제도론적 분석." 『한국과 국제정치』 제15권 2호. 1999.

_____. "동맹의 역사." 『EAI 국가안보패널 연구보고서』 보고서 33. 2009.

정우탁. "국제기능기구의 정치적 분석을 위한 이론적 검토." 『국제지역연구』 제4권 1호. 2000.

_____. "지구화시대의 국제기구." 한국국제정치학회 연례학술대회 발표논문집(국제기구분과). 2006.

정희태. "사회통일교육의 실태와 문제점 그리고 개선: 거버넌스 구축을 중심으로." 『윤리연구』 제82권. 2011.

조동준. "제14장 세계정치 운영방식의 변환과 한국의 참여." 하영선·남궁 곤 편. 『변환의 세계정치』. 서울: 을유문화사, 2010.

_____. "신데렐라처럼 등장한 보호의무 개념과 개입." 『국제정치학회논총』 51집 2호. 2011.

조효제. "초국적 인권네트워크와 글로벌민주주의." 『다문화사회연구』 제34집 2호. 2002.

최영종 외. "글로벌 거버넌스의 변화와 한국의 외교전략." 외교통상부 연구용역 결과보고서. 2010.

피터 윌레츠. "지구정치에서의 초국가 행위자와 국제기구." 존 베일리스, 스티브 스미스, 퍼트리샤 오언스 편저, 하영선 외 역. 『세계정치론』. 서울: 을유문화사, 2012.

하영선 외 역. 『세계정치론』. 서울: 을유문화사, 2003.

한희원. "국제기구의 법인격과 그 권한에 대한 이론적 고찰." 『중앙법학』 제11권 3호. 2009.

_____. 『국제기구법 총론』. 서울: 법률출판사, 2009.

〈외국어 자료〉

Acharya, Amitave. "How Ideas Spread: Whose Norms Matters? Norm Localization and Institutional Change in Asian Regionalism." *International Organization* 58, Spring 2004.

Aldrich, George H., and Christine M. Chinkin. "A Century of Achievement and Unfinished Work." *The American Journal of International Law* 94-1. 2000.

Amerasinghe, Chittharanjan Felix. *Principles of the International Law of International Organization.* New York: Cambridge University Press, 2005.

Archer, Clive. *International Organization.* New York: Routledge, 2001.

Barnett, Michael, and Martha Finnemore. "Power of Liberal International Organizations." In Michael Barnett and Raymond Duvall, eds. *Power in Global Governance.* New York: Cambridge University Press, 2005.

Bederman, David J. "The Souls of International Organization: Legal Personality and the Lighthouse at Cape Spartel." *Vanderbilt Journal of International Law* 36. 1996.

Behringer, Roland M. "Middle Power Leadership on the Human Security Agenda." *Cooperation and Conflict* 40. 2005.

Berridge, Geoff R. *Diplomacy: Theory and Practice.* London: Palgrave Macmillan, 1995.

Best, Geoffrey. "Peace Conferences and the Century of Total War: The 1899 Hague Conference and What Came after." *International Affairs* 75-3. 1999.

Braithwaite, V., and Margaret Levi. *Trust and Governance.* New York: Russel Sage Foundation, 1998.

Bull, Hedley. *The Anarchical Society: A Study of Order in World Politics.* New York: Columbia University Press, 1977.

Camilleri, Joseph A. "The UN's Place in the Era of Globalization: A Four-Dimensional Perspective." In Albert J. Paolini, ed. *Between Sovereignty and Global Governance: the UN, State and Civil Society.* New York: St. martin's Press, 1997.

Carl, Ungerer. "The Middle Power Concept in Australian Foreign Policy." *Australian Journal of Politics and History* 53-4. 2007.

Charnovitz, Steve. "Non-governmental Organizations and International Law." *American Journal of International Law* 100. 2006.

Claude, Inis. *Swords Into Plowshares: The Problems and Progress of International Organization*, 4th ed. Random House, 1971.

Cohen, Amichai. "Bureaucratic Internalization: Domestic Governmental Agencies and Legitimization of International Law." *Georgetown Journal of International Law* 30. 2005.

Commission on Global Governance. *Our Global Neighborhood: Report of the Commission on Global Governance*. Oxford, UK: Oxford University Press, 1995.

Cooper, Andrew F., Richard A. Higgott, and Kim Richard Nossal. *Relocating Middle Powers: Australia and Canada in a Changing World Order*. Vancouver: UBC Press, 1993.

Cox, Robert. "Social Forces, States and World Orders: Beyond International Relation Theory." *Millennium: Journal of International Studies* 10. 1996.

Cox, Robert, and Timothy J. Sinclair. *Approaches to World Order*. New York: Cambridge University Press, 1996.

Dingwerth, Klaus. "The Democratic Legitimacy of Public-Private Rule-making: What can we learn from the World Commission on Dams?" *Global Governance* 11. 2005.

Dingwerth, Klaus, and Philipp Pattberg. "Global Governance as a Perspective on World Politics." *Global Governance* 12. 2006.

Duffield, John. "What are International Institutions?" *International Studies Review* 9. 2007.

Epstein, Charlotte. *The Power of Word in International Relations: Birth of an-Whaling Discourse*. Cambridge, MA: the MIT Press, 2008.

Evans, Gareth, and Bruce Grant. *Australia's Foreign Relations in World of the 1990s*, 2nd ed. Victoria: Melbourne University Press, 1995.

Farashahi, Mehdi, Taieb Hafsi, and Rick Molz. "Institutionalized norms of conducting research and social realities: A research synthesis of empirical works from 1983-2002." *International Journal of Management*

Reviews 7-1.

Finkelstein, Lawrence S. "The United Nations: then and now." *International Organizations* 19-3. 1965.

_____. "What is Global Governance?" *Global Governance* 1. 1995.

Finnemore, Martha. *National Interests in International Society.* Ithaca: Cornell University Press, 1996.

Florini, Ann. "The Evolution of International Norms." *International Studies Quarterly* 40-3, September 1996.

Fowler, Michael Ross, and Julie Marie Bunck. *Law, Power and the Sovereign State: The Evolution and Application of the Concept of Sovereignty.* University Park: University of Pennsylvania Press, 1995.

Frank, Andre G. "A Theoretical Introduction to 5000 Years of World-System History." *Review* 13-2. 1990.

Gaddis, John Lewis. *Surprise, Security, and The American Experience.* Harvard University Press, 2005.

Gallorotti, Giulio M. "The Limits of International Organization: Systemic Failure and the Management of International Relations." *International Organization* 45-2. 1991.

Goldstein, Joshua S., and Jon C. Pevehouse. *International Relations.* New York: Pearson Longman, 2007.

Grant, Ruth, and Robert O. Keohane. "Accountability and Abuses of Power in World Politics." *American Political Science Review* 99. 2005.

Grigorescu, Alexandru. "Mapping the UN-League of Nations Analogy: Are There Still Lessons to Be Learned from the League?" *Global Governance,* 11-1. 2005.

Hardin, Garret. "The Tragedy of the Commons." *Science* 161-3859. 1968.

Hirst, Paul, and Grahame Thompson. *Globalization in Question: The International Economy and the Possibilities of Governance.* Cambridge: Polity Press, 1996.

Holmes, Kim R. "New World Disorder: A Critique of the United Nations." *Journal of International Affairs* 46. 1993.

Holsti, Kalevi J. *Taming the Sovereigns: Institutional Change in International Politics.* New York: University of Cambridge Press, 2004.

Hook, Steven W. *US Foreign Policy: The Paradox of World Power.* Washington D.C.: CQ Press, 2011.

Jessop, Bob. "The Governance of Complexity and the Complexity of Governance: Preliminary Remarks on Some Problems and Limits of Economic Guidance." In Ash Amin and Jerzy Hauser, eds. *Beyond Market and Hierarchy.* Cheltenham: Edward Elgar, 1997.

Kahler, Miles. "Global Governance Redefined." Paper Presented at the Conference of Globalization, the State, and Society, Washington University School of Law, St. Louis, 13-4 November. 2003.

Kaldor, Mary. "The Idea of Global Civil Society." *International Affairs* 79. 2003.

Karns, Margaret P., Karen A. Mingst. *International organizations: the politics and processes of global governance*, 2nd ed. Lynne Rienner Publishers, 2009.

Kindleberger, Charles. *The World in Depression, 1929-1939.* Berkeley, Ca: University of Berkeley Press, 1973.

_____. "Dominance and Leadership in the International Relations: Exploitation, Public Goods, and Free Rides." *International Studies Quarterly* 25-2. 1981.

Klabber, Jan. "Presumptive Personality: The European Union in International Law." In Martti Koskenniemi, ed. *International Law Aspects of the European Union.* The Hague: Kluwer, 1998.

Knill, Christoph, and Dirk Lehmkuhl. "Private Actors and the State." *Governance* 15, 2002.

Kooiman, Jan. 1993. "Social-Political Governance: Introduction." In Jan Kooiman, ed. *Modern Governance: New Government-Society Interactions.* London: Sage Publication, 1993.

Kooiman, Jan, and Martin Van Vliet. "Governance and Public Management." In Kjell A. Eliassen and Jan Kooiman, eds. *Managing Public Organization.* London: Sage Publication, 1993.

Krasner, Stephen D. "Sovereignty: Organized Hypocrisy." In Henry Steiner and Philip Alston, eds. *International Human Rights in Context: Law, Politics, Morals.* New York, NY: Oxford University Press, 2000.

_____. "Sharing Sovereignty: New Institutions for Collapsed and Failing States."

International Security 29-2. 2004.

Krasner, Stephen D., ed. *International Regimes*. Ithaca: Cornell University Press, 1983.

Lake, David A. *Power, Protection, and Free Trade: International Source of U.S. Commercial Strategy, 1887-1939*. Ithaca, NY: Cornell University Press, 1988.

Lipschultz, Ronnie D. *Global Civil Society and Global Environmental Governance: The Politics of Nature from Place to Planet*. Albany: SUNY Press, 1996.

Maddison, Angus. *The World Economy*. Paris, France: Organization for Economic Cooperation and Development, 2006.

Mearsheimer, John J. "The False Promise of International Institution." *International Security* 19. 1994.

Mitrany, David. *A Working Peace System: An Argument for the Functional Development of International Organization*. London: Royal Institute of International Affairs, 1943.

Morgenthau, Hans J. *Politics among Nations*. New York: Knopf, 1967.

Murphy, Craig N. *International Organization and Industrial Change: Global Governance since 1850*. New York: Oxford University Press, 1994.

Nicolson, Harold. *Diplomacy*. Oxford, UK: Oxford University Press, 1963.

O'Brien, Robert, Anne Marie Goetz, Jan Aart Scholte, and Marc Williams. *Contesting Global Governance: Multilateral Economic Institutions and Global Social Movement*. Cambridge: Cambridge University Press, 2000.

Olson, Mancur. *The Logic of Collective Action*. Cambridge, MA: Harvard University Press, 1965.

Payer, Cheryl. *The World Bank: A Critical Analysis*. New York: Monthly Review Press, 1982.

Pierre, Jon. *Debating Governance: Authority, Steering, Democracy*. New York: Oxford University Press, 2000.

Puhanic, Andrew. "Council on Foreign Relations Reveals How World Government Can Be Achieved in 2013." *Globalist Report*. December 28, 2012.

Rodrik, Danny. "Why Did Financial Globalization Disappoint?" *IMF Staff Papers*, 56-1. March 2009.

Rosenau, James N. "Governance, Order and Change in World Politics." In James N. Rosenau and E. O. Czempiel, eds. *Governance without Government: Order and Change in World Politics.* Cambridge, UK: Cambridge University Press, 1992.

_____. "Governance in the Twenty-first Century." *Global Governance* 1. 1995.

Rosenau, James N., and Ernst-Otto Czempeil. *Governance Without Government: Order and Change in World Politics.* New York: Cambridge University Press, 1992.

Ruggie, John. "Global Governance Net: The Global Compact as Learning Network." *Global Governance* 7. 2001.

Russett, Bruce, M. *Grasping the Democratic Peace.* Princeton: Princeton University Press, 1993.

_____. Harvey Starr, David T. Kinsella. *World Politics: The Menu for Choice.* Thomson, 2004.

Satow, Ernest. *A Guide to Diplomatic Practice.* London, UK: Longman, 1958.

Schild, Georg. "The Roosevelt Administration and the United Nations: re-creation or rejection of the League experience." *World Affairs* 158-1. 1995.

Schlesinger, Stephen. "FDR's five policemen: creating the United Nations." *World Policy Journal,* 11-3. 1994.

_____. *Act of creation: The founding of the United Nations.* Westview Press, 2003.

Scholte, Jan Aart. "Global Civil Society." In Ngaire Woods, ed. *The Political Economy of Globalization.* Basingstoke: Macmillan, 2000.

Scholte, Jan. "The Globalization of World Politics." In John Baylis and Steve Smith, eds. *The Globalization of World Politics.* New York: Oxford University Press, 1997.

Shelton, David. *Commitment and Compliance: The Role of Non-Binding Norms in the International Legal System.* Oxford: Oxford University, 2003.

Smouts, Marie-Claude. "Multilateralism from Below: a prerequisite for global governance." In Michael G. Schechter, ed. *Future Multilateralism.* New York: St. Martin's Press, 1999.

Sprinz, Detlef, and Tapani Vaahtoranta. "Interest-Based Explanation of International Environmental Policy." *International Organization* 48-1. 1994.

Stern, Elliot, and Others. "Independent External Evaluation of UNESCO: Final Report." IOS/EVS/PI/107, 30 September 2010.

Sweetser, Arthur. "Perspective on the United Nations." *World Affairs*, 115-3. 1952.

Taylor, Paul. "The United Nations and International Organization." In John Baylis and Steve Smith, eds. *The Globalization of World Politics*, New York: Oxford University Press, 1997.

Trubek, David M., Oartick Cottrell, and Mark Nance. "'Soft Law', 'Hard Law' and EU Integration." In G. de Burca and Joanne Scott, eds. *Law and New Governance in the Eu and the US.* Oxford: Hart Publishing, 2006.

UKDFID. *Multilateral Aid Review: Ensuring Maximum Value for Money for UK Aid through Multilateral Organisations.* March 2011.

UNESCO. *Medium-Term Strategy, 2008-2013.* 34 C/4. 2007.

WEF. "Trust Will Be the Challenge of 2003: Poll Reveals a Lack of Trust in All Institutions, including Democratic Institutions, Large Companies, NGOs and Media across the World." Press Release, 8 November 2002.

Weiss, Thomas G. "Governance, Good Governance and Global Governance: Conceptual and Actual Challenges." *Third World Quarterly* 21. 2000.

Wendt, Alexander. "Constructing International Politics." *International Security* 20. 1995.

Willetts, Peter. "Transnational Actors and International Organizations in Global Politics." In John Baylis and Steve Smith, eds. *The Globalization of World Politics.* New York: Oxford University Press, 1997.

World Bank. *Globalization, Growth, and Poverty.* New York, NY: Oxford University Press, 2002.

Young, Oran. 1989. *International Cooperation: Building Regimes for Natural Resources and the Environment.* Ithaca, NY: Cornell University Press, 1989.

Yu, Hyun Seog. "The Role of Canada in Mainstreaming Human Security." paper delivered at the Conference on Promoting Human Security: The Experience of Canada and Korea. March 7, 2008, Embassy of Canada, Seoul. 2008.

Zifcak, Spencer. "Introduction." In Spencer Zifcak, ed. *Globalization and the*

Rule of Law. London: Routledge, 2005.

〈인터넷 및 언론 자료〉

대니 로드릭. "지도자없는 글로벌 거버넌스." 『한겨레신문』, 2012.1.20.

세계보건기구. "Female genital mutilation," http://www.who.int/mediacentre/ factsheets/fs241/en/(검색일: 2013.6.18).

손 열·이승주·전재성·조홍식. "신세계질서의 구축과 한국의 G20 전략," http:// www.eai.or.kr/data/bbs/kor_report/2010100711242471.pdf(검색일: 2013.6.1).

Alliance for a Responsible, Plural and United World. "Redefining the Global Governance to Meet the Challenge of the 21st Century," http://www. alliace21.org/2003/article.php3?id_article=455 2000(검색일: 2013.6.20).

Barbieri, Katherine, and Omar Keshk. 2012. "Correlates of War Project Trade Dataset, Version 3.0," http://correlatesofwar.org(검색일: 2013.6.21).

Bayer, Reşat. "Diplomatic Exchange Data Set, v2006.1," http://correlatesofwar. org(검색일: 2013.6.21).

Correlates of War Project. "State System Membership List, v2011," http://correla tesofwar.org(검색일: 2013.6.21).

Forward: Safeguard Life and Dignity. "Female Genital Mutilation: Human Rights and Cultural Relativity," http://www.forwarduk.org.uk/key-issues/fgm/ human-rights(검색일: 2013.6.30).

Ghosn, Faten, and Scott Bennett. "Militarized Interstate Disputes(v3.10)," http:// correlatesofwar.org(검색일: 2013.6.21).

OECD. "Paris Declaration and Accra Agenda for Action," http://www.oecd.org/ dac/effectiveness/parisdeclarationandaccraagendaforaction.htm(검색일: 2013.6.30).

Pevehouse, Jon C., Timothy Nordstrom, and Kevin Warnke. "International Governmental Organization(IGO) Data(v2.3)," http://correlatesofwar.org (검색일: 2013.6.21).

United Nation Treaty Collection. "Definition of key terms used in the UN Treaty Collection," http://treaties.un.org/Pages/Overview.aspx?path=overview/definition/page1_en.xml(검색일: 2013.7.2).

The UN's Role in Global Governance. August 2009, Briefing Note Number 15, UN Intellectual History Project.

"New Dimensions of Human Security." *Human Development Report 1994.*

색 · 인

| ㄱ |

가이드라인 152, 159, 166

각서 교환 156

강대국협조체제 100-102, 104, 105,
    107-112, 117-119, 121, 123, 131,
    132, 227, 228

개방형 정책조정방식 248

고위급회담 157, 160

공개외교 34

구성적 규범 151, 152

구유고 국제형사재판소 188

국가주권 20, 41, 59, 60, 162, 231,
    252

국제결제은행 115

국제공공연맹 46, 100-102, 107, 114,
    116, 117, 132, 228

국제공공재 28, 29, 37, 38, 49, 141,
    157, 229

국제공유재 29, 30, 49

국제관계이론 60, 75, 87, 89, 91, 227

국제관습 155

국제규범 37, 38, 63, 141-147, 149,
    157, 159, 162-165, 167-169, 175,
    179, 187, 200-202, 210, 229,
    252

국제금융기구 191, 237, 238, 256

국제노동기구 102, 116, 120, 132,
    155, 191

국제레짐 62, 63, 70, 151, 168, 224,
    240, 267

국제사법재판소 80, 231, 255

국제시민의식 200

국제에너지기구 194

국제연맹 34, 35, 79, 100, 101, 103, 104, 118-124, 127, 128, 130-132, 186, 191, 221
국제연맹총회 120
국제인권기준 241
국제인권협약 145, 146
국제저작권보호연맹 116
국제전신연합 115, 116, 132
국제정치적 환경 26
국제제도 62, 63, 68, 77, 78, 80, 82, 83, 106, 108, 113, 125, 132, 134, 202, 227, 233, 238, 253
국제조약 34, 56, 185
국제철도수송사무국 116
국제철도화물운송연합 115
국제통화기금 20, 21, 58, 133, 191
국제하천위원회 102, 115, 116, 132, 228
국제해사기구 175
국제해양법재판소 175
국제협정 154-156
국제형사재판소 80
규제적 규범 151
근린 궁핍화 (정책) 252, 255, 256
글로벌거버넌스위원회 71, 74, 140, 142, 198
금융안정포럼 206
금태환본위제도 22
기능주의 80, 81, 116, 117

| ㄴ |

나토 166
남남협력 160
녹색성장 195

| ㄷ |

다뉴브강위원회 116
다자주의 88, 124, 132, 235, 237, 250, 251, 267
대량살상무기 55
대인지뢰금지운동 147
대인지뢰금지협약 45
대항해시대 26, 27
덤바톤 옥스회담 126
독립외부평가보고서 260
동남아시아국가연합 42, 43
동아시아-라틴아메리카협력포럼 42
드라고 독트린 112

| ㅁ |

마스트리히트 조약 254
만국우편연합 115, 116, 132
만장일치제 101, 110, 120-122, 127, 131
무역블록화 236

국제기구의 과거·현재·미래

문제해결접근법 87
미국 주 기구헌장 154
민족자결주의 119-121

| ㅂ |

법의 지배 67, 246
베르사유 평화조약 120
보완성의 원리 254, 255
불간섭 (원칙) 22, 26, 99, 103
브레턴우즈체제 20, 21, 26, 111, 221,
    224, 231, 259
브룬트란트 보고서 174
브릭 정상회의 235
비국가 행위자 19-21, 39-41, 68, 72,
    83, 197
비동맹주의 118
비상임이사국 185, 187, 195, 229
비엔나협약 153-155, 165, 167
비엔나회의 103, 105, 106, 109, 110,
    127, 131
비정부기구 61, 64, 65, 74, 88, 89,
    91, 140, 174, 197, 201, 226,
    236, 239, 240, 243, 249, 256-
    258
비판이론 84, 87, 256

| ㅅ |

사회 구성주의 82
삼각협력 160
상설국제사법재판소 120
상주외교사절 23, 32
상하이협력기구 253
새천년개발목표 157
세계건강보건기구 102, 116, 132
세계은행 58, 74, 85, 88, 89, 133,
    160, 196, 221, 222, 238, 245
세계인권선언 145, 146, 170
세계체제론 86
세력균형(이론) 32, 34, 41, 104, 105,
    109, 110, 118, 119
세력분배구조 105, 106, 109, 110,
    123, 127, 132, 134, 228
스톡홀름선언 174
시민사회조직 58, 202
식량농업기구 102, 116, 132
신자유주의 21, 26, 133, 222, 231,
    239, 240, 249, 256, 257
신중세론 93
실패국가 57

| ㅇ |

아세안지역포럼 42
아세안확대장관회의 42

아시아-유럽정상회의 42
아시아-태평양경제협력체 42
IAEA(국제원자력기구) 192
얄타회담 126
양자간 기구 64
양해각서 156
언론성명 244
ADB(아시아개발은행) 191, 194
FTA 237
영구평화론 106, 119
OECD(경제협력개발기구) 74, 189,
　194, 196, 199, 257, 259
오타와 협약 147
외교협의회 232
우주협약 152
원조 피로 158
원조효과성 157-160
원조효과성에 관한 고위급회담 157,
　159
웨스트팔리아 조약 22, 56, 99, 103,
　107
웨스트팔리아체제 197, 247
윌슨, 우드로(Woodrow Wilson) 79
유럽·다뉴브위원회 114
유럽연합 28, 64, 81, 248, 254
유럽환경기준 27, 28
유엔 경제사회이사회 63, 74, 188
유엔 사무총장 162, 185-188, 195, 229
유엔 사회개발위원회 188
유엔 아동구호기금 116, 132

유엔 인권이사회 170, 188, 193
유엔 한국임시위원단 186
유엔난민최고대표사무소 193
UNDP(유엔개발계획) 46, 148, 192,
　193
유엔식량농업기구 175, 188
유엔안전보장이사회 47, 88, 101, 106,
　110, 131, 144, 162, 185, 186,
　228, 229
유엔유럽경제이사회 44
유엔인간환경회의 174
유엔특별기금 192
유엔헌장 73, 74, 114, 130, 141, 145,
　154, 162, 170, 186, 244, 258
유역국위원회 114
의장성명 47, 48, 244
의정서 45, 155, 156, 254
이산화탄소 배출량 27
2차 세계대전 41, 79, 101, 103-106,
　110, 123, 124, 126, 141, 145,
　165, 169, 170, 186
2002년 로마선언 158
2005년 파리선언 157, 158
2008년 아크라선언 158
2011년 부산선언 158
인간안보 46, 72, 147, 148, 174, 200,
　201, 223, 241, 267
인간안보네트워크 147
인간파괴 147
인간환경선언 174

인권규범　141, 145, 169
인권협약기구　193
인도주의적 개입　84, 141
인도주의적 위기　55, 65, 68, 144, 147
임시국제심의위원회　112

| ㅈ |

자기 궁핍화　255, 256
자유무역　19, 21, 111, 237
자유주의　26, 57, 75, 78-84, 87, 89,
　　　91, 167, 168, 179, 227, 234
잠정협정　156
장거리 국경이동을 하는 대기오염에 관
　　　한 제네바협약　44
전문적 국제기구　102, 116, 131
전지구적 문제　139, 141, 226, 228,
　　　257
전지구적 헤게모니　124
정부간국제기구　58, 63-65, 72, 80,
　　　83, 226
정부간기구　63-65, 74, 243
정책적 조정　56
제도주의자　253
주권 보편주의원칙　101, 130, 131
주권 평등주의　130, 131
주권공백　56, 57
중견국가　94, 199, 200, 224, 259
중앙위원회　114

지구시민사회(global civil society)　41,
　　　198, 222-224, 230, 243, 249,
　　　256, 257
지속가능한 개발　139, 141, 169, 174,
　　　229
GCF(국제기후기금)　185, 195, 196
GATT　191, 237
지역적 기구　64
지역주의　224, 225, 237, 245, 250,
　　　251
G20 정상회의　196, 202-204, 206,
　　　207, 235
GGGI(글로벌녹색성장연구소)　195,
　　　196
G-7　111, 133
집단안보(기능)　102, 120, 186, 250
집단안전보장　123
집합행위　56

| ㅊ |

체제전환전쟁　100, 102-104
초국경 행위자　21, 42
초국적 문제　18, 107, 115

| ㅋ |

codes of conducts 152
Korea Initiative 207
코펜하겐 유엔기후변화협약 195

| ㅌ |

테러리즘 55, 139, 195, 233, 235, 250

| ㅍ |

파리선언 158, 159
패권국 26, 27, 35-38, 43, 76, 79, 85,
　　100, 105, 106, 109, 110, 119,
　　120, 124, 126, 132, 133, 225,
　　243, 253
포괄적 협의지위 74

Post-MDGs 157
frameworks 152

| ㅎ |

핵무기 17, 55
핵안보정상회의 203, 207, 208, 209
헌법주의 246
헌정주의 240
헤이그회의 100-102, 107, 111-114,
　　117, 120, 121, 130, 131, 227,
　　228
현실주의 75-78, 81-85, 87, 89, 91,
　　119, 127, 129, 132, 133, 164,
　　167, 179, 227, 244
협력안보 250
환경규범 169, 179

필·자·소·개
(가나다 순)

✛ 유현석

　현 | 경희대학교 정치외교학과 교수
　미국 Northwestern University 정치학 박사
　연구분야: 국제기구, 국제제도, 지역협력, 통상의 정치경제,
　　　　　　글로벌 거버넌스, 다자안보

✛ 장혜영

　현 | 중앙대학교 국익연구소 전임연구원
　미국 University of Sourthern California 정치학 박사
　연구분야: 비교정치, 미국정치, 도시정치경제, 국제개발협력

✛ 정구연

　현 | 한양대학교 정치외교학과 강의교수
　미국 University of California, Los Angeles 정치학 박사
　연구분야: 미국외교정책, 외교정책결정과정, 비전통안보, 국제개발협력,
　　　　　　아프리카 거버넌스, 계량연구방법론

✛ 조동준

　　현 | 서울대학교 정치외교학부 외교학전공 교수
　　미국 Pennsylvania State University 정치학 박사
　　연구분야: 국제기구, 핵무기 확산

✛ 조정인

　　현 | 숙명여자대학교 글로벌서비스학부 교수
　　미국 Michigan State University 대학원 국제관계학 박사
　　연구분야: 개발학, 원조의 효과성, 정치적 태도의 결정요인

✛ 최동주

　　현 | 숙명여자대학교 글로벌서비스학부 교수
　　영국 University of London(SOAS) 대학원 정치경제학 박사
　　연구분야: 저개발국 발전, 국제정치경제, 국제협력